VISIONES DE EXILIO

Para leer a Zoé Valdés

Miguel González Abellás

University Press of America,® Inc.
Lanham · Boulder · New York · Toronto · Plymouth, UK

Library of Congress Control Number: 2007937864
ISBN-13: 978-0-7618-3932-3 (paperback : alk. paper)
ISBN-10: 0-7618-3932-1 (paperback : alk. paper)

Para Raquel e Isaac, con muchísimo cariño

ÍNDICE

PREFACE

"Ella vino de una isla que quiso construir el paraíso" ["She comes from an island that had wanted to build paradise"]. That's the beginning of *La nada cotidiana* [*Yocandra in the Paradise of Nada*], a novel that was first published in its French translation in 1995 and in the Spanish original the following year and that opened the doors of success, both critical and public, to its author, Zoé Valdés, who, like Yocandra, the protagonist of the novel, came from that island which had wanted to build a paradise, Cuba. Zoé Valdés is today one of the Cuban writers in exile with a bigger international scope, since her work is read not only across Europe but also in the Americas, including the United States, where her work is distributed in Spanish as well as in English translation, although only three of her novels have been translated into English so far: *Yocandra in the Paradise of Nada*, *I Gave You All I Had*, and *Dear First Love*.

Her narrative work so far consists of eleven novels, two collections of short stories, two children's books, half a dozen poetry collections, and other texts, ranging from introductions to compact discs or books, to chapters in books, or newspaper editorials, especially for *El Mundo* in Spain and *El Nuevo Herald* in the United States, as well as some French newspapers.

Visiones del exilio focuses on her narrative works: novels, short stories, and, to some extent, children's books. The first chapter offers a brief introduction to life and culture in Cuba during the 20th century, with special attention to its last decade, the 1990s, the years when Valdés began to work seriously on her narratives and managed to leave Cuba to live in Paris. This first chapter, therefore, places Valdés in her social and historical context, and frames the rest of the study, since the relationship between Cuba and Valdés is a strong one, both thematically as well as politically.

The second chapter proposes a classification of her narrative work in relation to its historical context. Two stages are observed in her works: the first one, composed of texts that were, for the most part, either completely or partially written while she was in Cuba, up to the mid-1990s, and that constitute a *sexagonia*[1]; and the second one, composed of works written mostly in exile and published from the late 1990s to the following decade, already in the 21st century. This chapter also explores the relevance of the autobiographical component in her narratives.

Chapter three explores the characteristics of Valdés's works, in terms of her *cubanness*, of language, and of the intertextual connection with other Cuban texts, from other writers, especially José Lezama Lima and Guillermo Cabrera Infante, two of her masters, as well as her own work, in what this study calls textual cannibalism. Thus, the study frames Valdés within Cuban narrative, especially in the translation sensibility stated by Pérez Firmat, although Valdés prefers to follow her own way, as she confesses in several interviews.

Chapter four presents two important topics in Cuban literature: sexuality (both erotic and gender issues) and race. Valdés's work is remarkable for the explicit treatment of sexuality from a feminine point of view, a treatment that does not stop at the mainstream heterosexuality, but goes beyond that to explore homosexual practices, mostly lesbianism. On the other hand, race has always been an issue for Cuban authors, since the 19th century, when slavery was present in the island, up to the present times, when, according to the official version, racism no longer exists on the island (or so says the government; extra officially, it does exist). Sexuality and race converge on the *mulata*, the mulatto-female, where not only race, but Hispanic sexism, is clear.

The fifth chapter focuses on space and, in particular, urban space in her narratives. Valdés considers herself to be a *habanera*, citizen from Havana, but she lives in Paris, and has visited other cities, like Madrid or Miami. These urban spaces build a view of exile in her works defined through space and the inability to find oneself neither outside the island nor inside, in Havana, because of the political situation. The continuous comparison and contrast between Havana and the other cities (Madrid, Paris, Miami) will help her to create a new sense of cubanness.

Chapter six deals with the representation of other arts (film, painting, music and popular literature) present in her novels. These arts work not only as intertextual referents, but also as technical and structural components of her novels. Her work oscillates between the high and the low, the cult and the popular, and that equilibrium is one of the keys of her success.

The final chapter, seven, explores the figure of Valdés as a star writer in the new globalized cultural economy. She has a powerful public persona, and doesn't hide herself, taking active part in cultural and political events: she competes for literary prizes that, besides money, offer publicity and an important cultural capital, and defends strongly freedom for Cuba and an end to Castro's dictatorship (this aspect of her life has cost her some physical risks). She has her own web site, writes for newspapers, and is aware of her cultural role. The combination of these elements is analyzed in the aspects relevant to her work.

This book is only a first step towards the study of Valdés's work, and it hopes to start a critical dialogue about the fictional world of this author who is becoming a cultural referent in contemporary Cuban letters. Although an attempt has been made to cover all her fictions, the reader will notice that her initial works receive more attention (her *sexagonía*), because their earlier publication dates give us a better perspective to study them, and also these works have created a bigger impact on critics and readers alike. However, this book is not a definitive study on her work, since she is still writing. It offers, though, an initial classification of her narrative fictions and discusses a series of relevant topics in her work, dealing with the female condition and the experience of exile, marked by solitude and nostalgia.

Miguel González-Abellás
Topeka, KS
August 2007

Notes

1. Although the term might better be *hexagonía* [hexagony], she calls it *sexagonía*, and I decided to keep that term, because if offers creative possibilities with the ideas of sex and agony, relevant components of her work.

PREFACIO

"Ella vino de una isla que quiso construir el paraíso". Así comienza *La nada cotidiana*, novela que, en su traducción francesa publicada en 1995 y después en su original en español al año siguiente, le abrió las puertas del éxito tanto de público como de crítica a Zoé Valdés, su autora, quien al igual que Yocandra, la protagonista de dicha novela, también vino de esa isla que quiso construir el paraíso, Cuba.

Zoé Valdés es hoy día una de las escritoras cubanas en el exilio con mayor proyección internacional, puesto que su obra se lee con igual intensidad en España, Francia y algunos otros países europeos, como Alemania o Italia. También en las Américas, incluidos los Estados Unidos, en dónde su obra se distribuye no sólo en español, sino también a través de la traducción al inglés de algunas de sus obras, como la ya mencionada *La nada cotidiana*. Sin embargo, hasta el momento, nadie había escrito un estudio monográfico sobre su narrativa, que es la tarea que este libro se propone.

Su narrativa está compuesta hasta el presente (comienzos de 2007, tras más de una década de publicación) por once novelas, dos colecciones de relatos, dos libros infantiles, media docena de poemarios y toda una serie de otros textos, desde introducciones a discos compactos o libros, hasta capítulos en libros sobre cine o artículos de periódico, sobre todo en los diarios *El mundo* de España y *El Nuevo Herald* de Estados Unidos, además de otros diarios franceses.

El presente estudio se centra en su obra narrativa: las novelas, los cuentos y, en menor medida, los libros infantiles. En principio, se ofrece una introducción a la vida y cultura cubana durante el siglo XX, con especial atención a la última década, los años noventas, que es cuando Valdés comienza a redactar su obra narrativa y consigue salir de Cuba para vivir en París. Este primer capítulo sitúa a Valdés dentro de su contexto sociohistórico y sirve de marco al resto de la obra, puesto que la conexión entre Cuba y Valdés es fuerte, tanto en términos temáticos como políticos.

El segundo capítulo propone una clasificación general de la narrativa de Valdés, profundizando en la relación con su contexto histórico. Así, se plantean dos etapas en su obra narrativa: la primera, compuesta por textos que ya estaban redactados en parte o en su totalidad mientras ella estaba en Cuba, hasta mediados de los años noventas, y que componen una sexagonía[1]; y una segunda, compuesta por obras ya redactadas en Francia, cuya publicación aparece a finales de la susodicha década y a comienzos de la siguiente, ya en pleno siglo XXI. También se explora aquí la importancia del componente autobiográfico en su narrativa.

El capítulo tres se centra en las características de la obra de Valdés, en término de su cubanidad, del lenguaje y de su conexión intertextual con otros textos cubanos, tanto de otros autores, sobre todo de Lezama Lima y de Cabrera Infante, sus grandes "maestros", como de su propia obra, en lo que denominamos canibalismo textual. De esta manera, se encuadra a Valdés dentro de las líneas de la narrativa cubana y de la sensibilidad de traducción indicada por Pérez Firmat, a pesar de que a ella le gusta ir "por libre" como confiesa en varias entrevistas.

El cuarto capítulo nos presenta el tratamiento de dos temas importantes en la narrativa cubana dentro de su obra: la sexualidad (tanto erotismo como género sexual) y la raza. La obra de Valdés destaca desde un comienzo por el tratamiento explícito de la sexualidad, sobre todo desde un punto de vista femenino, y que no se detiene en la heterosexualidad dominante, sino que explora aspectos de homosexualidad, sobre todo lésbica. Por otro lado, el tema racial ha sido una preocupación constante en la mayoría de los autores cubanos, desde el siglo XIX hasta nuestros días, tanto cuando la esclavitud era una realidad en la isla como en el presente, en el que, en la versión oficial, el racismo no existe en la isla (en la extraoficial, sí existe). Sexualidad y raza convergen en el mito de la mulata, enmarcada no sólo en la dinámica racial sino también dentro del machismo imperante en la cultura hispánica.

El quinto capítulo se centra en el estudio del espacio en su obra. Valdés se considera habanera, pero vive en París, y ha visitado otras ciudades como Madrid o Miami. Estos espacios, en su mayoría urbanos, van a servir para establecer una visión del exilio en su obra definido a través del espacio y de la incapacidad de localizarse fuera de la isla ni, por supuesto, dentro de La Habana tampoco, debido a la situación política de la isla. La comparación y el contraste entre las distintas ciudades (La Habana, París, Miami, Madrid) servirán para crear un nuevo sentido de cubanidad.

El capítulo seis nos mueve al estudio de la representación de otras artes (cine, pintura, música y literatura popular) en la obra de esta autora. Estas otras artes funcionan no sólo como referentes intertextuales, sino como elementos técnicos y organizativos de su narrativa. Su obra oscila entre lo culto y lo popular, y ese equilibrio entre ambos estratos culturales es, en parte, una de las claves de su éxito.

El último capítulo, siete, analiza la figura de Valdés como escritora-estrella. Ella no se oculta y es una persona pública relevante, tanto en el ámbito cultural, compitiendo por premios que, además de la retribución económica le suponen una buena publicidad de cara al mercado, como en el ámbito político, defendiendo la libertad para su isla y el fin de la dictadura de Fidel Castro (aspecto este último que le ha conllevado un castigo físico en ocasiones). Tiene su propia página en Internet, aparece en innumerables entrevistas en diarios, y es consciente de su papel como persona pública. La combinación de estos elementos se analiza en términos de cómo contribuyen a su obra.

Este estudio es un primer paso en el análisis de la obra de Valdés, y aspira a iniciar un diálogo crítico sobre la obra de esta escritora, que se está convirtiendo en un referente de la narrativa cubana contemporánea. A lo largo del estudio se intenta dar paso a toda su producción narrativa, si bien el lector encontrará que hay una mayor atención a su narrativa inicial (las obras que componen su sexagonía), debido tanto a que hay mayor distancia temporal para su estudio como a que se presentan como obras más interesantes y que han causado mayor impacto crítico y de público. No es, ni mucho menos, un estudio definitivo, puesto que Valdés todavía está creativamente activa. Sin embargo, ofrece una clasificación inicial de su obra y analiza una serie de temas relevantes en su novelística, y que giran en torno a la condición femenina y a la experiencia del exilio, marcada por la soledad y la nostalgia.

Miguel González-Abellás
Topeka, Kansas
Agosto de 2007

Notas

1. Aunque tal vez hexagonía pudiera ser un mejor término, ella emplea sexagonía, y nos decidimos por mantener ese término, puesto que ofrece más posibilidades creativas con las ideas de sexo y agonía, componentes importantes de su obra.

AGRADECIMIENTOS

Hay varias personas a quienes les debo de agradecer su ayuda. En principio, a Zoé Valdés, porque su obra inspira este estudio y porque tuvo la gentileza de contestar mis preguntas y aclarar varias dudas que tenía. También gracias a Enrico Mario Santí por ponerme en contacto con ella. Les agradezco también su ayuda a varios colegas que con sus comentarios o con la lectura de partes del manuscrito han contribuido a que este llegara a su fin; muy especialmente a Roberto Irizarry, que leyó la versión preliminar del libro, corrigió muchas erratas y ofreció comentarios muy acertados. También a Howard Faulkner y Carol Vogel por su ayuda con las partes en inglés. Si hay algún fallo no es sino producto de mi propia ineptitud.

Institucionalmente, gracias también a Washburn University en Topeka que, a pesar de ser una institución dedicada a la enseñanza, no deja de apoyar la investigación del profesorado, y me concedió un semestre sabático para terminar este estudio, además de la participación en dos de los coloquios para el profesorado que tuvieron lugar en dicha institución en los otoños de 2004 y 2005. Algunas secciones de este estudio han aparecido antes como parte de artículos en *Alba de América, Caribe,* e *Hispania.* Mi agradecimiento a los lectores anónimos que prestaron sus comentarios y sugerencias para mejorar el contenido y el estilo de esos artículos. En University Press of America, gracias especialmente a Patti Belcher, por su paciencia con las sucesivas demoras en la entrega del manuscrito, y a Patricia Stevenson, por su cuidada lectura de las pruebas y sus comentarios de estilo y formato.

Finalmente, gracias a toda mi familia por su apoyo, especialmente a mis padres, en la distancia, y a mis suegros, que cuidaron pacientemente del pequeño Isaac para que su papá pudiera terminar este estudio. Y, por supuesto, a Raquel, por estar siempre ahí.

CAPÍTULO PRIMERO

Cuba, el periodo especial en tiempo de paz y Zoé Valdés

Zoé Valdés dejó la isla de Cuba con destino a su exilio parisino en enero de 1995, en medio de la peor década para Cuba, tal vez, desde el inicio de la revolución castrista. Si bien la situación de Cuba nunca fue fácil, incluso ya antes del triunfo de la Revolución de Castro en 1959, lo cierto es que, con la caída del muro de Berlín y la debacle del sistema comunista en Europa a finales del siglo XX, las cosas se pusieron muy difíciles para los cubanos, hasta tal punto que el gobierno declaró en 1991 el "periodo especial en tiempo de paz", que incluía el endurecimiento de la cartilla de racionamiento y otras restricciones que antes se habían utilizado de manera más relajada.[1] Con su salida de la isla a mediados de esa década, Valdés se uniría a una—desgraciadamente—gran lista de intelectuales y escritores cubanos (y, en general, latinoamericanos) que se han visto obligados a vivir alejados de sus países de origen por razones políticas, y que reflejarán la temática del exilio en sus obras, de manera más o menos explícita.

Para llegar a las condiciones que propiciaron este periodo especial hay que remontarse a los principios de la revolución castrista y al bloqueo que los Estados Unidos le impusieron al nuevo régimen isleño y que encaminó a éste a los brazos de la Unión Soviética. En gran medida, la problemática a la que la isla se vio abocada en la última década del siglo XX se debe a la dependencia que tenía con respecto al bloque soviético, dependencia que había hecho fracasar el propósito de convertirse en el "territorio libre" de las Américas, una de las justificaciones revolucionarias para cortar la dependencia a la que la isla había estado sometida por los Estados Unidos antes de 1959. De hecho, una de las razones que explican en principio el triunfo de Castro era la necesidad de justicia social y de una verdadera independencia en la isla (Fernández Retamar, *Cuba* 240). Muchas de las primeras medidas tomadas por Castro son similares a las tomadas por otros gobiernos de la zona, de índole política contraria a la castrista, en los cuarentas y cincuentas.[2]

En la primera mitad del siglo XX, la isla había estado prácticamente subyugada a los intereses de Estados Unidos, país que ya desde el siglo anterior tenía puestos sus ojos en la isla de Cuba, primero con el deseo de comprársela a España y más adelante sólo a través de sus inversiones en la isla.[3] Por fin, con el pretexto de defender estas inversiones, decidió ayudar con la independencia y luego controló la república con la Enmienda Platt primero y después con un control económico casi total hasta tal punto que,

[b]y the time of the revolution, the United States controlled forty percent of sugar production, held seven of the ten largest agricultural enterprises, more than ninety percent of the telephone and electric utilities and two of the three oil refineries. By 1959, U.S. investment in Cuba dominated all sectors of the economy, including public services and banking. (Jatar-Hausmann 12)

[en el momento de la revolución, los Estados Unidos controlaban el cuarenta por ciento de la producción azucarera, tenían siete de las diez empresas agrícolas más grandes, más del noventa por ciento de los servicios eléctricos y telefónicos y dos de las tres refinerías petrolíferas. En 1959, las inversiones estadounidenses en Cuba dominaban todos los sectores de la economía, incluidos los servicios públicos y la banca.]

Este control incluía el subsidio del azúcar también, al igual que ocurriría después con los soviéticos.[4] De hecho, el azúcar es en parte culpable del embargo estadounidense contra la isla, puesto que cuando triunfó la revolución, el gobierno de Washington amenazó al cubano con retirar la cuota azucarera que compraba, con lo que Cuba se vio obligada a vender su azúcar a otros países, entre los que se encontraba la Unión Soviética, que accedió a cambiar ese azúcar por petróleo. Cuando las refinerías estadounidenses en la isla se negaron a refinar el crudo soviético, el gobierno cubano se vio forzado de nuevo a intervenir las refinerías y como represalia los Estados Unidos suspendieron la compra de azúcar e impusieron un embargo económico sobre la isla en noviembre de 1960. En este momento comienza la división de opiniones sobre los hechos acontecidos en la isla, puesto que si para algunos críticos, la "agresiva reacción de Wáshington precipitó el carácter socialista de una revolución que comenzó no siéndolo" (Fernández Retamar, *Cuba* 241), o que carecía de un carácter socialista esencial o intrínseco en principio (Pérez, *Cuba* 332), otros consideran una falacia histórica el hecho de que los Estados Unidos forzaran a Cuba a alinearse con la Unión Soviética (Thomas et al. 17).

En un principio, no obstante, el triunfo de la revolución en 1959 fue acogido bien tanto por la mayoría de la población cubana (hasta un 90% según algunos intelectuales hoy críticos del sistema) como por muchos intelectuales latinoamericanos y europeos, que veían en la utopía revolucionaria un rayo de esperanza a la intromisión estadounidense en las Américas, dentro del marco de la guerra fría.[5] En los primeros años de la revolución se llevaron a cabo algunos actos admirables, como la campaña de alfabetización o la educación gratuita incluso a nivel universitario. Este interés en la educación y la cultura influyó en campos como el cine, no sólo en el aspecto de producción de películas (los filmes revolucionarios de los sesentas) sino en el acercamiento de este arte a la gente, incluso la que vivía en el campo a través del cine móvil (Chanan 25-6), aspecto que atrajo el apoyo de gran parte de la intelectualidad occidental. Como indica Rafael Hernández, "la Revolución cubana representó para muchos intelectuales latinoamericanos el sueño de la emancipación, la utopía de la libertad realizada" (74).

Sin embargo, otros actos no fueron tan admirables, como las ejecuciones y represalias posteriores al triunfo revolucionario, y dentro ya del ámbito intelectual, la supeditación de los intelectuales a la revolución por el bien de la nación, puesto que la cultura debería ser patrimonio de toda la población. Esta supeditación de la cultura a la revolución quedó reflejada en las palabras de Fidel Castro a los intelectuales cubanos: "Dentro de la Revolución, todo. Fuera de la revolución, nada" (Castro 18). Así se incrementó la censura en la isla y, al mismo tiempo, aparecieron las primeras críticas a la revolución por la rigidez de esa "línea divisoria" entre lo que estaba dentro y fuera de la revolución, y que con los años incrementaría la desilusión de la intelectualidad tanto isleña como extranjera. Como indica Jean Franco:

A definitive history of the Cuban years has still to be written. Certainly disaffection would be a central theme of such a history, a disaffection that gradually extended to the most persistent supporters and one that was thoroughly exploited by those hostile to Cuba. Many of those who left or were expelled were not only among the country's most talented writers but in some cases—for instance, Jesús Díaz—had been poster boys of revolutionary literature. (100)

[Todavía se tiene que escribir una historia definitiva de los años cubanos. El desafecto será un tema primordial de dicha historia, un desafecto que se extendió gradualmente a los defensores más acérrimos y que fue explotada a conciencia por aquellos hostiles a Cuba. Muchos de los que salieron o fueron expulsados eran no sólo los escritores más talentosos sino que además en algunos casos—por ejemplo, Jesús Díaz—habían sido los ejemplos modelo de la literatura revolucionaria.]

Efectivamente, la insistencia en la revolución y en un arte comprometido motivó que, tras un esperanzador comienzo, muchos autores, como Lezama Lima o Virgilio Piñera, se vieran abocados al silencio o, por llamarlo de otra manera, a un exilio interior, mientras que otros optaran por la vía del exilio real, como es el caso de Guillermo Cabrera Infante, uno de los "maestros" de Valdés, quien dejaría la isla en esa década de los sesentas para instalarse definitivamente en Londres.[6]

Es en este periodo turbulento de la historia cubana (aunque, ¿qué periodo de la historia cubana no ha sido turbulento?) que comienza la carrera vital, que no literaria todavía, de Zoé Valdés, quien nace justo con el triunfo de la revolución, si bien no se considera una hija de ésta (Bertollini-Ciano): la autora vio la luz el 2 de mayo de 1959, al igual que Yocandra, la protagonista de *La nada cotidiana*, en lo que no es sino el comienzo de una serie de paralelismos autobiográficos entre su vida y la de las protagonistas de sus ficciones. Su infancia transcurrió en esta convulsa década de los sesentas, época de terror por un lado (desde los ajustes de cuentas revolucionarios en el plano nacional hasta la crisis de los misiles en el internacional, entre otros aspectos), de esperanza, aunque cuestionada desde la intelectualidad, por otro. Valdés, cuya ascendencia oriental será el componente de otra de sus novelas, *La eternidad del instante*, crece triste y solitaria en una familia eminentemente femenina, como ha declarado en varias entrevistas, puesto que su padre abandonó el hogar familiar pronto, cuando Valdés tenía solamente dos meses, con lo que ella fue criada por su madre, su tía y su abuela; un ambiente femenino que quedará reflejado después en su obra, centrada en el mundo de la mujer y sus problemas, un mundo en el que el hombre es un elemento a veces secundario y no necesariamente positivo. Con respecto a estas tres mujeres, Valdés señala que su madre era la que la atraía a la realidad y a las cosas prácticas, mientras que su abuela era todo lo contrario, puesto que había sido actriz y le encantaban la poesía y el teatro, además de la religión (gracias a su origen irlandés, mezclaba lo celta y lo católico con lo yoruba); su tía era un auténtico personaje de ficción que leía las novelas de Corín Tellado. Toda esta mezcla sería una fuente de inspiración para su futuro ("Conferencia").

En la década siguiente, los años setentas, Valdés comienza sus pinitos literarios, puesto que a los once años comenzó a escribir diarios, aunque no es hasta una década más tarde que encara la literatura con decisión, según sus palabras, motivada por una lectura de la novela de Miguel de Cervantes *Don Quijote de la Mancha*, a instancias de su madre. No es la década de los setentas la mejor para iniciarse en la literatura, puesto que comenzaba con una de las grandes desilusiones de la revolución en el plano intelectual, el "caso Padilla", que culminó con la prisión del poeta en 1971, acusado de ser un parásito de la revolución y no escribir una obra suficientemente revolucionaria tras la censura de algunos poemas de su obra *Fuera de juego* publicada tres años antes.[7] A medida que la libertad artística se tambaleaba y la política se imponía a la experimentación estética, los creadores que se resistían a la violación de su imaginación, como Padilla, comenzaron a pagarlo caro.

La revolución, no obstante, también sufrió, puesto que además de perder el apoyo de varios intelectuales extranjeros por culpa de este caso, semejante a una purga estalinista, como señala Franco, este caso generó muy mala publicidad para el gobierno castrista y dejó claro que la relación entre la estética y la revolución iba a ser muy difícil, sobre todo si esa estética se alejaba de unos cánones revolucionarios y masculinos, y caía en el catolicismo o la homosexualidad, como demostraban los casos de Lezama Lima, Virgilio Piñera o Reinaldo Arenas (Franco 95-7). De esta manera se rompió definitivamente el idilio y la euforia con el nuevo régimen por parte de la intelectualidad a nivel internacional, tras casi una década. Muchos intelectuales enviaron al gobierno cubano una carta de protesta ante estos hechos y muchos rompieron públicamente con la Revolución tras el "arrepentimiento" de Padilla (Strausfeld 12-3). El comienzo de esta década es la época definida por Ambrosio Fornet como el "quinquenio gris" (de 1971 a 1977), época en que se persigue la homosexualidad y la política cultural dominante "se caracteriza por la inflexibilidad, la censura y la obediencia al Partido" (Strausfeld 14). La reacción cubana a los eventos de la Primavera de Praga, en 1968, constituyó un primer aviso para muchos intelectuales y políticos de lo que se avecinaba en Cuba e inició la desilusión de los intelectuales con el régimen de Castro (Hernández 76).[8]

La influencia soviética era innegable. Además de colaborar con el mercado del azúcar, inflando los precios que pagaban a Cuba, los soviéticos también colaboraban con los cubanos a través del mercado negro, vivito y coleando ya por la década de los setentas, si bien los rusos no se mezclaban con los cubanos y tenían sus propias zonas residenciales, sus tiendas e incluso—no es sólo una plaga del turismo actual—sus propias playas, como indica Jatar-Hausmann (20). Tras unirse al Consejo de Ayuda Económica Mutua (el equivalente comunista a la Comunidad Económica Europea), la vida cubana sufrió una mejora con la sovietización, puesto que comenzaron a llegar más bienes de consumo, pero hacia mediados de la década de nuevo volvió la crisis. La Habana en esta época comienza a distinguirse de las otras metrópolis latinoamericanas porque no tiene grandes supermercados, no tiene anuncios de neón ni publicidad capitalista. Sólo hay las pintadas de "socialismo o muerte", pintadas que comienzan a marcar a nuestra autora.

Como correspondía a una ciudadana cubana en esos años, Valdés participó durante su adolescencia en las labores del campo, a través de las Escuelas al campo. Según indica en varias entrevistas, ella fue por primera vez a estas escuelas cuando tenía 12 años, y continuó asistiendo por seis años, lo que nos indica que durante esta década de los setentas ella vivió las experiencias que luego quedarían retratadas en *Querido primer novio* (Santiago 27). Ya de joven, sin embargo, comenzó su actitud "revolucionaria", no en un sentido oficialista dentro del contexto cubano, sino personal, puesto que comenzó a leer a escondidas libros prohibidos por la oficialidad, lo que la llevó a cuestionarse el régimen, algo que marcaría su vida (Valdés, "¿Por qué..."). A finales de la esta década, con 19 años, Valdés se encuentra en "Mercaderes dos", una casa de vecindad de La Habana vieja, en donde viviría casi cuatro años. Esta casa, que había sido entregada a un grupo de artistas y tipos "especiales", es un lugar para ella mágico en donde pasó una época muy agradable ("Conferencia").

La década de los ochentas trajo nuevos problemas para el régimen. Hacia finales de los años setentas, el sistema centralizado de Cuba y sus ineficiencias habían impedido que el sector agrícola cumpliera sus metas. Para aliviar la falta de alimentos, se habían tomado una serie de medidas, como la legalización en 1978 del autoempleo (como medida de control de los artistas y artesanos que trabajaban fuera del aparato estatal) y en 1980 se legalizaron los mercados libres campesinos, de los cuales había 250 para mediados de los ochentas (Jatar-Hausmann 33-4). También se lograron algunos éxitos anecdóticos para el sistema, como el caso de "Ubre Blanca" en 1982, la mezcla de vaca Holstein y cebú africano salida de los laboratorios cubanos que produjo más de cien litros de leche en tres ordeños y entró, así, en el libro Guinness de los récordes (Vicent "Clonad..."), con el efecto mediático que ello supuso. Esta anécdota llegará también a las páginas de *Te di la vida entera*, una de las novelas de Valdés (187).

Esta liberalización económica coincidió con una apertura cultural, tras el incidente en la embajada de Perú y la salida de los marielitos. Se invitó a editores extranjeros a que conocieran la isla y a sus autores, y también se les concedieron permisos a ciertos autores y estudiantes para visitar o ir a estudiar en el extranjero. En algunos casos, esto sirvió para que algunos autores aprovecharan para quedarse fuera del país. Al no haber dejado la isla en confrontación directa con el gobierno, a estos se les permitía el retorno (sobre todo si llevaban consigo divisas), de tal manera que se constituyó, en palabras de Strausfeld, la "diáspora", cuya obra, sin embargo, no se dio a conocer en Cuba por motivos ideológicos (15).

De todas maneras, estos experimentos del régimen con el libre mercado, que resultaron eficientes desde un punto de vista económico, generaron una serie de tensiones sociales que motivaron que en 1986 la cúpula del gobierno se embarcase en un "proceso de rectificación de errores y tendencias negativas" (Pérez-López ix-x) y terminase con ese experimento de seis años, con la conclusión de que los cubanos empleados por cuenta propia eran unos "parásitos corruptos" (Jatar-Hausmann 38). Este proceso contribuyó a centralizar aún más la economía eliminando los pocos mecanismos orientados al mercado que existían. Con esta supresión comenzó un periodo de recesión de la economía cubana que no haría sino agravarse con la caída del bloque soviético en 1989.

La década de los ochentas no fue sólo una montaña rusa para Cuba sino también para Valdés en particular, una década llena de altos y bajos. A pesar de la liberalización económica que tuvo lugar en esta década en la isla, ésta no se vio acompañada de una liberalización ideológica, por lo que la mayoría de los textos publicados dentro de la isla responden a las inquietudes ideológicas y a los valores de la revolución. Es en este contexto que aparecen las primeras publicaciones de Valdés, dentro del género poético. La primera, *Respuestas para vivir*, había recibido el premio Roque Dalton de poesía en 1982, pero no se publicó hasta cuatro años más tarde, y la segunda, *Todo para una sombra*, ganadora del premio Carlos Ortiz, se publicó en el mismo año que la anterior, 1986. Si bien la misma autora califica hoy estas obras como pretenciosas, lo cierto es que la introdujeron en el mundillo literario. Además de publicar estas obras, Valdés también empezó a viajar y a involucrarse, aun dentro de un segundo plano, como esposa acompañante, en el mundo de la política. Puesto que el gobierno cubano no permitía que los diplomáticos viajaran sin estar casados (tal vez por miedo a que los sedujera una espía del enemigo capitalista), Valdés se casó con quien era en ese momento su acompañante sentimental, un colaborador de Alfredo Guevara en el Instituto Cubano de Artes e Industria Cinematográficos (ICAIC). Alfredo Guevara había sido designado embajador cultural en París y se le permitió llevarse a su equipo de colaboradores a la capital francesa.

Sin embargo, esta experiencia en el extranjero no fue del agrado de Valdés, quien considera que fue un castigo en donde fue empleada de modo esclavista, con jornadas desde las 9 de la mañana hasta las 7 de la tarde, para evitar que tuviera tiempo libre. Aunque, antes de llegar a París pasó por España y observó cosas que no había visto en su vida, como supermercados repletos de alimentos ("Conferencia"), como ella indica, su primera experiencia en París "no fue coser y cantar".[9] El final de la década sería todavía más trágico, puesto que Valdés perdería a su segundo marido en un accidente aéreo el 3 de septiembre de 1989:

un vuelo de La Habana hacia Italia, con casi todos los pasajeros italianos, que cayó al poco de despegar debido a las malas condiciones meteorológicas. Si bien figura como accidente, algunos sospecharon de una posible intencionalidad en la caída del avión, incluida Valdés misma (Valdés, "Senilidad...").

Todos estos eventos cambiarían definitivamente la forma de ver el mundo de Valdés, si bien la disconformidad con el régimen ya estaba palpable antes. Entre finales de los ochentas y comienzos de los noventas, ella comienza a escribir las que serían sus primeras novelas, entre ellas su gran éxito, *La nada cotidiana*, que pese a ver la luz en Francia y en francés primeramente, fue escrita con anterioridad dentro de la isla, al igual que su única obra narrativa publicada en Cuba, *Sangre azul*; además de otras obras como la novela breve *La hija del embajador* y partes de *Te di la vida entera* y *Café nostalgia* ("Conferencia", Hernández Cuellar). En estas novelas, Valdés ofrece una visión de Cuba no como un paraíso, sino como un infierno, de forma que, en cierto sentido, estas obras son revolucionarias... en contra de la Revolución, contra el discurso homogéneo de la isla como paraíso propiciado por el gobierno y por algunos estamentos de Francia o España, que todavía apoyan el proceso revolucionario en la isla y son más condescendientes con sus errores.

Al igual que para Valdés, aunque por otras razones, los noventas trajeron un gran cambio para el ciudadano cubano a consecuencia del colapso del bloque socialista, reflejado en la imagen de la caída del muro de Berlín en noviembre de 1989. Si bien este evento no recibió mucha atención por parte del diario oficial *Granma*, como indica Quiroga (5-6), sus consecuencias se harían sentir en la isla, ya que la crisis de los noventas supuso una caída del ya no de por sí muy boyante nivel de vida de los cubanos. Así, los cubanos comenzaron a vivir una época llena de terrible escasez: en el transporte público, debido a la escasez de petróleo soviético; en la electricidad, con la llegada de los apagones, que con indudable choteo los cubanos llamaban *alumbrones*, puesto que cuando la luz se iba raramente volvía y su llegada era lo novedoso; en el suministro de agua potable; en los alimentos. Además de estas restricciones, grandes logros revolucionarios, como la educación y la sanidad, sufrieron cortes también (Pérez-López x). Según Hernández, entre 1991 y 1993 "la economía cubana cayó entre un 35 y 50%" (108). Todo esto motivó que la gente en Cuba comenzase a alzar la voz y a oponerse al régimen, un régimen en el que poco a poco Fidel Castro iba cobrando más importancia como líder al tiempo que decaía el prestigio de las instituciones.

La nueva situación forzó al régimen a tomar medidas y lo obligó a un cambio de política exterior, debido a la ausencia de apoyo económico del antiguo bloque socialista. Cuba buscó nuevas relaciones al igual que una revitalización de las ya existentes con el resto de América Latina, con Europa occidental, especialmente con España, e incluso con China (Pérez-López xiii). Al mismo tiempo se tomaron una serie de medidas internas que buscaban sustituir las importaciones con lo autóctono (como el programa alimentario, que buscaba la autosuficiencia alimentaria; o el uso animal para sustituir la gasolina en el transporte) y fomentar la inversión extranjera.[10] A pesar de eso, "la cosa" estaba dura.

El desempleo subió a un nivel alto, y como los desempleados sólo cobraban un 60% de su salario, ya de por sí exiguo, la cosa se puso peor. Además, la caída de la oferta de productos soviética y la mayor presión del embargo estadounidense tras la Ley para la Democracia en Cuba, más conocida como Ley Torricelli, en 1992 motivaron que no hubiera en la isla prácticamente nada que comprar.[11] Incluso la gente que tenía parientes en Miami pasaba apuros, puesto que la posesión de dólares era ilegal. Hacia julio de 1993, Cuba estaba al borde del colapso (Jatar-Hausmann 55). Manuel Vicent, en una crónica al diario español *El País*, cuenta como a mediados de los noventas, cuanto se acababa de autorizar el trabajo por cuenta propia y era la peor época de la crisis, "la televisión proponía recetas como 'picadillo de cáscara de plátano' y la gente llegó a inventar un desodorante casero hecho a base de bicarbonato y leche de magnesia. La realidad era tan dura que no había forma de escapar a ella, pesaba demasiado. Por aquel tiempo, cuando dos o más cubanos coincidían en una cola o en una fiesta era difícil que no se pusiesen a hablar de 'lo mal que estaba la cosa'" (Vicent, "Prohibido hablar…"). Ante la caída del apoyo soviético se pasó en Cuba, como indica Eckstein, de la solidaridad comunista a ser el solitario comunista (607).

Efectivamente, ni siquiera había comida a pesar de todos los esfuerzos del gobierno. Antes de la caída soviética, en 1989, un 51% de las calorías consumidas en Cuba provenían del extranjero (Jatar-Hausmann 56). Para intentar paliar un poco la situación, y con el objetivo de conseguir las muy ansiadas divisas, el gobierno de Cuba tomó una serie de medidas entre julio de 1993 y diciembre de 1994, entre las que la más importante fue la legalización del dólar estadounidense para que aquellas personas que tuvieran familiares en Miami pudiesen poner en circulación el dinero recibido. Unida a esta aprobación, también se crearon las "diplotiendas", tiendas gubernamentales para compras en dólares, que ya existían antes pero para uso exclusivo de los soviéticos (Jatar-Hausmann 68). Ahora, sin embargo, tanto los extranjeros que vinieran de turistas como los mismos cubanos que tuvieran dólares, podrían comprar. De esta forma, el gobierno ponía su mano en los ansiados dólares. Ni que decir tiene que los precios en estas tiendas estaban inflados, de manera que el gobierno conseguía así un amplio margen de ganancias para paliar el déficit fiscal. Al lado de esta dolarización, se establecieron otras medidas como la reapertura de los mercados libres campesinos que habían aparecido a comienzos de los ochentas, la legalización del trabajo por cuenta propia y la aparición de proyectos en comandita entre empresas cubanas y extranjeras.

Estas medidas ayudaron a frenar un poco la caída del régimen desde un punto de vista económico, caída que había llegado a su punto culminante en el verano de 1994, en que miles de balseros abandonaron desesperados la isla en dirección a Estados Unidos, algunos en balsas tremendamente creativas pero muy frágiles para la travesía, algo que también va a reflejar la obra de Valdés. Sin embargo, las medidas adoptadas por el régimen para frenar la caída económica, si bien ayudaron en un sentido a superarla, al igual que había sucedido en la década anterior, contribuyeron a crear otro problema: el problema social, centrado en la posesión o no de dólares. Aparecieron ahora dos clases sociales en Cuba: aquellos que tenían parientes en el extranjero, especialmente en USA, y aquellos que no. Las dos Cubas que en el poema "Dos abuelos" de Guillén se habían basado en términos de raza, ahora lo hacían en términos económicos. El aburguesamiento, grave pecado en los inicios de la revolución, comenzó a ser algo respetable: ya se podía vivir de dólares y practicar cierto tipo de consumismo (Hernández 114). Y resurgió con fuerza otro fenómeno: la prostitución, que técnicamente había desaparecido con la revolución. Es en medio de esta situación cuando Valdés deja Cuba y se instala en París, a donde había ido invitada por el gobierno francés para dar una conferencia. Ella deja la isla junto a su tercer esposo y a su hija, acto que coincide con la publicación de *La nada cotidiana* en su traducción francesa primero y después en español. El gran éxito de esta obra motivó que ella y su familia inmediata decidieran quedarse en Francia, país en el que tuvieron ciertas dificultades por un par de años, al estar sin documentación legal, lo que le causaba problemas a Valdés para moverse con libertad, hasta que finalmente el gobierno español le concedió de forma extraordinaria la ciudadanía en diciembre de 1997. Desde ese momento su situación se estabilizó y ahora tiene mayor libertad de movimientos y no se le impide el acceso a ciertos países que sufría antes.[12] Se puede decir que Valdés sufrió en carne propia la naturaleza más desagradable de vivir el exilio, no por elección, sino por necesidad; o en términos de Kaminsky, vivió el verdadero exilio.

Mientras, la situación en la isla siguió evolucionando. A pesar de que el gobierno no estaba cómodo con la idea de permitir atisbos capitalistas en la isla, el cuentapropismo y la presencia del dólar ayudaron a solventar la crisis, algo notorio a partir del año 1996. El gobierno llegó a firmar acuerdos de protección con los inversores extranjeros e incluso a permitir la propiedad 100% extranjera de una empresa en suelo cubano, aunque los trabajadores deben ser cubanos y contratados por el estado, el cual cobra de la empresa en dólares pero les paga a los obreros en pesos, al cambio de un dólar por peso (Jatar-Hausmann 80-2). Sin embargo, "las dos Cubas" era un hecho que había debilitado al régimen, puesto que para los que estaban atrapados en la economía del peso, especialmente los empleados del gobierno, la presente situación era el fin de la revolución, a pesar de los mensajes que enviaba el gobierno en sentido contrario. Tal vez por eso, una vez solventada la crisis ya en el siglo XXI, con la mejora de la economía y el endurecimiento de la política estadounidense hacia Cuba, Castro derogó la circulación del dólar a partir de noviembre de 2004. Sin embargo, el turismo, las compañías binacionales, y el cuentapropismo siguen presentes, aunque "tolerados" pero no aprobados por el sistema. Como señala Jatar-Hausmann, "the self-employed have been *legalized*, but not *legitimized* by the establishment (en bastardilla en el original, 117-8) ["los empleados por cuenta propia habían sido *legalizados*, pero no *legitimizados* por la clase dirigente]. Pero el capitalismo del estado, menos visible para el cubano de a pie, existe y es el que hace que sobreviva la economía del país.[13]

No obstante, a comienzos del siglo XXI, la "cosa" sigue siendo muy dura para el cubano medio y es la pregunta constante que los extranjeros que llegan a Cuba preguntan (Vicent, "Prohibido hablar..."). Mientras, los cubanos siguen intentando cogerle la vuelta al sistema, entre noticias de clonaciones milagrosas para garantizar la cuota de leche y otras de violencia y corrupción.[14] A pesar de algunos logros, incluidos los logrados en el campo de la ciencia, donde Cuba ha descubierto y comercializado la única vacuna mundial contra la meningitis B, la situación es todavía muy dura para los cubanos. La reciente operación sufrida por Fidel Castro, unida a su avanzada edad, abren de nuevo los interrogantes sobre cuál será el futuro de la isla, sobre todo cuando falte la figura de quien ha sido el mandatario por casi medio siglo.

Esta situación económica en los años noventas tuvo, obviamente, una gran repercusión en términos culturales, puesto que supuso una caída de la producción cultural debido a la ausencia de recursos, como por ejemplo el papel. Sin embargo, no decayó la actividad intelectual, y los escritores continuaron publicando, ahora en editoriales extranjeras, y los directores haciendo cine, aunque en coproducciones con España o Argentina. Sin embargo, esta nueva situación de crisis causó un cambio importante en cuanto a la producción cultural:

> As Cuban officials declared the beginning of the so-called Special Economic Period (1990—) and labored desperately to stave off economic collapse, something peculiar began to happen on the cultural scene. In some quarters, the formulaic "revolutionary" rhetoric that had long characterized works produced on the island and that had begun to abate in the late 1980s gave way to works that emphasized citizens' utter disillusionment and the physical and spiritual decay of the country. (Howe 3)

> [Como declaraban los oficiales cubanos al comienzo del así llamado Periodo Económico Especial (1990—) y trabajaban desesperadamente para evitar el colapso económico, algo peculiar comenzó a ocurrir en la escena cultural. En algunos lugares, la retórica "revolucionaria" formulaica que había caracterizado por largo tiempo las obras producidas en la isla y que había comenzado a caer a finales de los años ochentas dio paso a obras que hacían hincapié en la completa desilusión de los ciudadanos y el decaimiento físico y espiritual del país.]

Efectivamente, mientras al final de la revolución muchos dirigentes e intelectuales habían comenzado a unir la producción cultural al cambio político y al espíritu revolucionario, labor por la cual habían sido recompensados con ciertos privilegios, como la publicación de sus obras, aquellos que no habían obrado así se habían visto marginados por el régimen. Ahora, las circunstancias abrían un espacio para la crítica al sistema, no sólo desde el exilio, sino también desde la isla. A pesar de que algunas instituciones como la Casa de las Américas habían sido más abiertas y liberales que otras, como la Unión de Escritores y Artistas de Cuba (UNEAC), en cuanto a la producción cultural, algunos intelectuales preveían lo que iba a pasar y optaron ya por la vía del exilio. Pero ahora, los autores gozan de mayor flexibilidad y, tras la muerte de algunos escritores que habían sido marginados por el régimen, si su obra no era abiertamente "antirrevolucionaria", se les volvía ahora a reintroducir en la cultura mayoritaria, como en los casos de Lezama Lima o Virgilio Piñera.[15] Tras casi diez años de periodo especial, las autoridades cubanas se percataron de que tenían problemas más graves que resolver que el seguimiento de cualquier tema cultural o la censura de ciertos intelectuales desafiantes. De esta manera, los artistas se encontraron súbitamente con más espacio para maniobrar, y tras un primer momento de incertidumbre, para el año 2000 ya estaban muchos clamando en sus obras temas de decadencia, corrupción y destrucción de la sociedad cubana, temas que ya Valdés había tocado en su obra desde mediados de la década de los noventas gracias a su residencia en el exterior. Aprovechando su tirón editorial, toda esta temática se ha convertido actualmente casi en un cliché. Como indica Howe,

> By the time the Special Period was no longer special, several Cubans had lost their fear of expressing previously censured ideas. Like impatient children whose reverence for paternal care and authority unexpectedly gives way to rebellion and sassiness, the artistic community reacted with critical interpretations of "socialist reality." The cultural elite surfaced to express the general malaise and the bitterness of the oxymoronic Special Period, more eternal than special and, ironically, with no end in sight. (55)

> [Para la época en la que el Periodo Especial ya no era tan especial, varios cubanos habían perdido el miedo a expresar ideas censuradas con anterioridad. Como chiquillos impacientes cuya reverencia por el cuidado y la autoridad paternos da paso inesperadamente a la rebelión y al descaro, la comunidad artística reaccionó con interpretaciones críticas de la "realidad socialista". La élite cultural apareció para expresar el descontento general y el amargor del oximorónico Periodo Especial, más eterno que especial e, irónicamente, sin un final a la vista.]

Para esta crítica, Valdés desarrolla un papel protagónico gracias al éxito de *La nada cotidiana* en esta nueva reacción contra el sistema que tiene lugar no sólo en el los autores del exilio, sino también en escritores que todavía radican dentro de la isla. Aunque más recientemente Valdés ha moderado un poco su tono inicial, es importante destacar esa obra, *La nada cotidiana*, por el impacto que tuvo:

> When one mentions the name Zoé Valdés or her novel *La nada cotidiana*, published outside Cuba during the Special Period, in 1992, Cuban intellectuals on the island tend to cringe. They have nicknamed her "Soez" Valdés (the word means "vile" or "coarse") and they protest that her work is cheap, opportunistic trash. It is true that Valdés's erotic and gaudy themes of discontent embody the trendy bitching that has become cliché par excellence in Cuban cultural production in the diaspora and in Cuba since the early 1990s. . . . Even when Cuban critics describe *La nada cotidiana* as trivial and poorly written, they acknowledge the tremendous impact the work has had on European literary circles, especially in France, Spain, and Germany. The fact that Cuban officials condemned Valdés's book as a compilation of tawdry lies confirms that they found it significant enough to complain about. (Howe 63)

[Cuando uno menciona el nombre Zoé Valdés o su novela *La nada cotidiana*, publicada fuera de Cuba durante el Periodo Especial, en 1992, los intelectuales cubanos en la isla tienden a encogerse. La han apodado "Soez" Valdés y argumentan como protesta que su trabajo es basura oportunista y de mal gusto. Es verdad que los temas de descontento eróticos y chabacanos de Valdés plasman la insidia tan de moda que se ha convertido en un cliché por antonomasia de la producción cultural cubana en la diáspora y en Cuba desde comienzos de los noventas. . . . Incluso cuando los críticos cubanos describen *La nada cotidiana* como una obra trivial y pobremente escrita, reconocen el tremendo impacto que esa obra ha tenido en los círculos literarios europeos, especialmente en Francia, España y Alemania. El hecho de que los oficiales cubanos condenen el libro de Valdés como una recopilación de mentiras de mal gusto confirma que le confieren al libro la suficiente importancia como para quejarse de él.]

Efectivamente, se puede considerar que Valdés es la iniciadora de este movimiento de novela "sociológica" que ha tenido una larga lista de imitadores, tanto fuera de la isla como, gracias a esta nueva permisividad, dentro de ella. Desde que Valdés publicó *La nada cotidiana*, varias obras que mezclan la decadencia isleña, el sexo y la crítica política han aparecido, entre ellas las obras de Daína Chaviano (*El hombre, la hembra y el hambre*, *Casa de juegos* o *Gata encerrada*), Teresa Dovalpage (*Posesas de La Habana*), la tetralogía de "las cuatro estaciones" de Leonardo Padura Fuentes (*Máscaras*, *Paisaje de otoño*, *Pasado perfecto* y *Vientos de cuaresma*), el sobrecogedor testimonio *Dulces guerreros cubanos* de Norberto Fuentes, o la *Trilogía sucia de La Habana* de Pedro Juan Gutiérrez, por mencionar sólo unas pocas obras. El trabajo de Chaviano comparte características con el de Valdés, las autoras emplean narradoras en primera persona que viven vidas llenas a rebosar de calamidades cómicas y hambre constante, pero todos estos autores revelan la corrupción y arbitrariedad del sistema político-social.

Al igual que Cuba enfrenta ahora muchos dilemas, centrados en su futuro, también la obra de Valdés está en un momento de impasse. Sus primeras novelas le granjearon la fama y el éxito, pero ahora su obra parece un poco estancada y será interesante ver rumbo toman los acontecimientos. Pero es indudable que merece un lugar dentro de las letras cubanas por su importancia histórica al igual que por el reflejo que esas primeras obras hacen del periodo especial y la apertura de toda una corriente "sociológica" (en palabras de Abilio Estévez) en las letras cubanas.

La combatividad de Valdés desde el exilio se demuestra tanto en sus editoriales para distintos diarios (*El mundo* de España, *El Nuevo Herald* de Estados Unidos, además de otras publicaciones) así como por su figura pública, que ha sido objeto de violencia física por su activismo. Si bien su literatura puede tomar otros rumbos, su combatividad sigue presente como el primer día en que se vio obligada a salir de su tierra. Esta combatividad la aleja un poco de sus coetáneas dentro de las letras cubanas, como observa Ortiz Cebeiro (116). Valdés misma reconoce ser una solitaria de la literatura, solamente responsable de lo que ella escribe y con una formación caótica. De esta manera, las distintas generaciones o grupos que los críticos señalan para sus contemporáneas, como la generación de la diáspora (Álvarez Borland, "A Reminiscent..." 347) o los nuevos narradores nacidos a partir de la década de los cincuentas y desarrollados ya con la revolución (Argentina Rodríguez) o los "novísimos" o promoción del noventa (Valle Ojeda, *Brevísimas*), no funcionan en su caso, si bien sí presenta algunas características de estos grupos, como su tratamiento del exilio cubano en el caso de la generación de la diáspora, o el tratamiento de la marginalidad, el jineterismo, el sida, los balseros y el humor en el caso de los novísimos. Pero siempre como una autora solitaria que disfruta yendo por libre en el mundo de la literatura.

Notas

1. Se le llama periodo especial en tiempo de paz porque, según Hernández, se trataba de "un escenario de mínimo acceso y máxima austeridad que había sido imaginado para una contingencia propia de la guerra" (109). En cierta medida, se podría aseverar que en ningún momento durante sus casi cuarenta años de existencia se había encontrado la revolución cubana tan agobiada como en la década de los noventas. A toda esta presión por causa de la caída del comunismo y de la falta de apoyo político y sobre todo económico del bloque socialista se unió la aparición de movimientos autóctonos sin precedentes que buscaban un cambio político y económico en la isla (Pérez-López ix).
2. Sirvan como ejemplo Perón, mandatario altamente anticomunista, que llevó a cabo varias nacionalizaciones, mientras que otros movimientos más afines al socialismo, como APRA en Perú, también llevaron a cabo reformas agrarias, que incluían expropiaciones de tierra, algo también perseguido por Acción Democrática en Venezuela y por la izquierda guatemalteca. Para más información, ver Jatar-Hausmann (5-8).
3. Varios presidentes estadounidenses, comenzando primero con Jefferson en 1809 y luego Polk hacia 1845, habían demostrado interés en comprar la isla, debido sobre todo a su posición geográficamente estratégica, así como también su importancia económica como región esclavista y productora de azúcar. A pesar de no lograrlo, comenzaron una campaña inversionista que, durante la Guerra de los Diez Años en Cuba, motivó que el gobierno estadounidense presionara al español puesto que peligraban sus intereses económicos en la isla. Tras el incremento inversionista en 1880, no es extraño que con la nueva irrupción independentista en la última década del siglo XIX, Estados Unidos decidiera intervenir para defender la situación socioeconómica de la isla (Artalejo 93-4).
4. Como indica Jatar-Hausmann, mientras que las implicaciones políticas de los subsidios estadounidenses al azúcar cubano casi nunca se mencionan, lo contrario ocurre con las soviéticas, que son bien conocidas. Ella señala que los precios pagados por los Estados Unidos eran un sesenta por ciento más altos que los precios de mercado en el mundo (Jatar-Hausmann 12).
5. La revolución cubana despertó la admiración de varios intelectuales: Susan Sontag en los Estados Unidos, Jean Paul Sartre y Simone de Beauvoir en Francia, Carlos Fuentes en México, Gabriel García Márquez en Colombia, y así una extensa lista. Fuentes llegó a publicar en el diario mexicano *Política* que ahora Cuba era el primer territorio liberado de América latina (citado en Franco 39). Jean Franco, en su obra *The Decline and Fall of the*

Lettered City sitúa esta admiración intelectual en el contexto de la guerra fría y de la "lucha" entre la revista cubana *Casa de las Américas*, así como los premios otorgados por esta institución, y otras revistas creadas para extender los valores neoliberales y capitalistas de los Estados Unidos, como *Mundo Nuevo*, subvencionadas por la CIA (Franco 43-5).

6. El gobierno revolucionario actuó con rapidez en el tema cultural, tanto en el cine como en la literatura. Mientras se llevaba el cine a todos los pueblos y se le concedía gran importancia a la imagen, en las letras se creaba una editorial nacional en 1960 (que comenzó publicando *Don Quijote*) y se aprovechaba el éxito de las campañas de alfabetización para crear editoriales y publicar obras, al tiempo que se organizaban premios literarios y concursos, como el de Casa de las Américas, y se creaban revistas literarias (*Casa de las Américas, El caimán barbudo*, etc.). Sin embargo, ya en 1961, apenas dos años después del triunfo revolucionario, se clausuraba la revista *Lunes de Revolución*, se impedía la exhibición del documental *P.M.* sobre la vida nocturna habanera en el que Cabrera Infante había trabajado, y otra serie de medidas que avisaron de lo que sería una censura implacable al terminar la década. Para más información, ver Franco (90-5), o las obras de Jatar-Hausmann o Quiroga.

7. Heberto Padilla defendía la independencia del artista, desafiando a otros autores como Lisandro Otero o José Antonio Portuondo, que apoyaban el punto de vista del artista comprometido con la revolución socialista. Por esto, Padilla sufrió un juicio en el que se vio forzado a rectificar públicamente. A partir de entonces sí comenzó un periodo de estricta adherencia a la cultura oficialista socialista, que se reflejó en las varias purgas que tuvieron lugar durante esa década. Sólo al final de la misma, y hasta mediados los años ochentas, hubo un cierto periodo de liberalización, si bien la represión se agudizó otra vez a finales de los ochentas y durante los comienzos del periodo especial. Hay que resaltar que, en algunas ocasiones, la política servía de excusa para las rencillas y la vendetta personales, en una isla en la que la mayoría de los escritores se conocían unos a otros. El caso Padilla, sin embargo, no es sino la culminación de un proceso que había comenzado antes con varios incidentes que mostraban el control en esos años del gobierno sobre las artes: la censura del documental *P.M.* de Cabrera Infante, la clausura del suplemento "Lunes de Revolución" en 1961, la clausura de Ediciones El Puente en 1965 (una humilde editorial que estaba publicando a autores jóvenes y nuevos) y, como colofón, el caso Padilla.

8. Esta desilusión en el plano intelectual se vio acompañada en el plano económico con otra desilusión, la del fracaso de la zafra de los 10 millones de toneladas de azúcar, la cual se había convertido en una obsesión para el sistema. Pese al relativo éxito de la cosecha (unos ocho millones y medio de toneladas), la no consecución del número mágico, diez, fue un golpe tanto para la economía de la isla como, sobre todo, para la moral revolucionaria, como indica Pérez (*Cuba* 341).

9. Sus vivencias en París son parte de un correo electrónico que me envió la autora.

10. Entre estos cambios se encontraban la sustitución de automóviles y autobuses por bicicletas, la sustitución en el campo de tractores por carros tirados por bueyes y mulas, una reducción del uso de gasóleos tanto para uso estatal como privado de casi un 80%, la reinstauración del racionamiento de comida y ropa, la clausura de la refinería petrolífera para ahorrar energía, un regreso a programas de trabajo intensivo en la agricultura que conllevaba el desplazamiento de obreros de la ciudad al campo, una mayor tolerancia de descentralización y autonomía del sistema de producción económico y una fuerte promoción de exportaciones y del desarrollo de nuevos mercados para conseguir divisas, especialmente la biotecnología y el turismo. Estos cambios también hicieron posible la expansión del decreto ley 50 de 1982, que permitía la formación de empresas en comandita con

compañías extranjeras, mientras éstas no pasaran del 49% de la propiedad. También se abolió el monopolio del estado sobre el comercio exterior, hecho que fue aprovechado por algunos países, como España, en el campo del turismo, si bien otros campos, como las manufacturas, también aprovecharon este nuevo cambio. Una serie de cambios auspiciados por el gobierno y dirigidos hacia una mayor austeridad también contribuyeron a intentar aliviar la situación. Para más información, ver Jatar-Hausmann (48-9), Pérez-López (xiii-xiv).

11. Esta ley incluía una serie de medidas que hacían mucho más duro el embargo estadounidense contra la isla de Cuba. Entre otras cosas, prohibía que las subsidiarias de las empresas estadounidenses comerciaran con Cuba. Además, también les impedía cargar o descargar mercancías en los puertos estadounidenses por 180 días a los barcos extranjeros que hubieran anclado en puertos cubanos con motivos comerciales. También había un incremento en las restricciones a los ciudadanos estadounidenses para gastar dinero en Cuba, así como un permiso para enviar dinero a los familiares en Cuba. Para más detalles, ver Kaufman Purcell.

12. En agosto de 1997 se le impidió la entrada a Valdés al Reino Unido y, un mes más tarde, a los Estados Unidos, a donde acudía con motivo de la Feria Internacional del Libro que se iba a celebrar en Miami en octubre de ese año. En el caso estadounidense, sin embargo, la embajada cambió de parecer a la semana siguiente y finalmente ella pudo arreglar sus papeles. Para su alivio, tras dos años de incertidumbre e indocumentada, en estos tiempos de globalización en que vivimos, el Consejo de Ministros de España le concedió la ciudadanía en base a las circunstancias especiales de su caso en diciembre de 1997. En la actualidad, también posee la ciudadanía francesa.

13. Este nuevo capitalismo de estado hace que en el plano internacional exista una disputa en torno al bloqueo de la isla. Los Estados Unidos, en parte por herencia de la Guerra Fría y también en parte debido a causas de su sistema electoral, para asegurarse el estado de Florida, en donde radica la mayoría del ala dura del exilio cubano, persiste con el embargo a la isla. La Ley Torricelli de 1992 y la Helms-Burton de 1996 pueden verse como intentos de derrocar la revolución por medio de una mayor restricción en el embargo, durante una década particularmente dura con el sistema cubano. Sin embargo, otros países, especialmente los latinoamericanos y también muchos de Europa occidental, e incluso Canadá, desafían ese bloqueo estadounidense, lo que produce una situación paradójica, como el hecho de que la ley Helms-Burton haya provocado manifestaciones de apoyo a Cuba fuera de la isla (Jatar-Hausmann 136). Sin embargo, la caída de nivel de vida era un hecho irreversible:

> In 1957, Cuba ranked second in per capita income behind oil-booming Venezuela. By 1953, seventy-six percent of the population was literate, placing Cuba fourth in literacy after Argentina, Chile, and Costa Rica. Cuba ranked third in average food intake behind Argentina and Uruguay. Only Mexico and Brazil exceeded Cuba in the number of radios owned by individuals (one every 6.5 inhabitants). Cuba was first in per capita telephone consumption (one per thirty-eight), newspaper circulation (one copy per eight inhabitants), private automobile ownership (one to forty) and rail mileage per square miles (one to four). It now lags behind most of the region in all these areas. (Jatar-Hausmann 140)

> [En 1957, Cuba era segunda en renta per cápita tras una Venezuela llena de petróleo. En 1953, el 76% de la población era letrada, lo que colocaba a Cuba cuarta en alfabetismo tras Argentina, Chile y Costa Rica. Cuba era tercera en

consumición alimenticia tras Argentina y Uruguay. Sólo México y Brasil sobrepasaban a Cuba en número de radios por individuo (una por cada 6,5 habitantes). Cuba era la primera en uso de teléfono per cápita (uno por cada 38), circulación de diarios (una copia por cada ocho habitantes), posesión de vehículos privados (uno por cada cuarenta), y millaje por milla cuadrada (una por cuatro). Ahora está bastante atrasada con respecto a toda la región en todas estas áreas.]

14. Las crónicas de Manuel Vicent para el diario *El País* en España son muy interesantes, entre otros documentos que se podrían incluir aquí, para tener una perspectiva del día a día en la isla. Según él, hay planes para la clonación de Ubre Blanca, el gran éxito lechero, por así decirlo, de la revolución a comienzos de los ochentas, con récord de producción lechera en un día y en un año, que llegó a tener obituario en el diario *Granma* (Vicent, "Clonad..."). Además, se está combatiendo la corrupción, incluyendo el enriquecimiento indebido—o así lo denomina el régimen—en el campo de la vivienda, a través de la compra-venta ilegal por parte de extranjeros, incluyendo cubano-americanos que están invirtiendo para cuando "caiga Castro" (Vicent, "Cuba confisca..."), pero hay signos de violencia, en algunos casos contra funcionarios del gobierno (Vicent, "18 años...").

15. Lo que todavía da lugar a varias bromas, como la que tuvo lugar en una conferencia organizada por la revista *Caribe* en Milwaukee en 2004, donde un crítico le hizo la broma al dramaturgo y ensayista Matías Montes Huidobro de que no se preocupara que cuando muriese se le publicaría de nuevo en Cuba.

CAPÍTULO SEGUNDO

Hacia una clasificación de la obra de Valdés: Autobiografía y contexto

"Ella viene de una isla que quiso construir el paraíso"
Zoé Valdés

Así comienza *La nada cotidiana*, novela que en 1995 abrió las puertas del éxito tanto crítico como de público a la escritora Zoé Valdés y que, a juicio de algunos críticos, supuso un momento clave en el reciente bum de la narrativa cubana que existe entre finales del siglo XX y comienzos del XXI, sobre todo en Europa. Al igual que Yocandra, la protagonista de la novela, Zoé Valdés viene de esa isla, la isla de Cuba, que quiso construir el paraíso pero que, según la autora, terminó construyendo un gran infierno que llega hasta el siglo XXI. Para acercarse y entender mejor la obra narrativa de Zoé Valdés, es necesario entender una condición que va a marcar su vida y su obra: el exilio. Tras haber nacido con la revolución, en un determinado momento ella aprovechó una invitación proveniente de Francia para salir e instalarse en ese país. Comenzaba así su exilio, exilio que todavía no ha terminado, si bien ella no pierde la esperanza de regresar algún día.

El exilio ha sido, ya desde antiguo, una experiencia asociada al vivir humano, y unida a la idea de pérdida o de separación. Paul Tabori ha hecho un interesante y completo seguimiento de lo que cabría llamar la historia del exilio, desde Egipto hasta el siglo XX. Es precisamente en este siglo, más que en cualquier otro, cuando se ha observado un mayor número de gente desplazada, como señala María Inés Lagos-Pope, quien también arguye que no es una coincidencia que entre los más recientes ganadores del Premio Nóbel de literatura se encuentren varios exiliados (7). Esta tendencia se observa sobre todo en las letras hispanoamericanas, en donde la temática del exilio es, desgraciadamente, un referente bastante común. Hace unos años, el escritor argentino Julio Cortazar señalaba que dentro de poco habría que dedicar un capítulo a la literatura del exilio al escribir la historia literaria de Latinoamérica (Cymerman 523). Como indica Lagos-Pope, Cortázar había observado que para muchos escritores latinoamericanos "exile has become not only a fact of life, but a leitmotiv of Latin American reality and literature" (8) ["el exilio se ha convertido no sólo en una triste realidad, sino un tema principal de la literatura y la realidad latinoamericanas"]. Efectivamente, muchos países de habla hispana han visto durante el presente siglo a muchos de sus escritores en el extranjero, principalmente por causas políticas. Claude Cymerman ofrece en su estudio "La literatura hispanoamericana y el exilio" una lista de los escritores hispanoamericanos más conocidos que se han vistos obligados a vivir en el exilio durante el siglo XX (524-5).

En el caso particular de Cuba, ya desde el siglo XIX, cuando la isla luchaba por su independencia contra España, el exilio comenzó a ser una constante en varios de sus escritores más destacados, como José María de Heredia, Félix Varela o José Martí. La lista continúa en el presente siglo, sobre todo tras la Revolución castrista: Reinaldo Arenas, Guillermo Cabrera Infante, Jesús Díaz, Severo Sarduy o René Vázquez Díaz son algunos ejemplos conocidos. A esta lista se une desde hace unos años Zoé Valdés. Al igual que los anteriores, ella también participa activamente del debate en torno a Cuba desde el exterior no sólo por medio de la literatura, sino con una participación activa como figura pública de la que se hablará en el último capítulo de esta obra.[1]

El exilio va a articular, en gran medida, la producción de Valdés en dos grandes etapas hasta el momento: una directamente política, visceral, relacionada con su exilio y con un alto componente autobiográfico, compuesta por obras que, pese a su publicación en el exterior fueron compuestas mayormente en la isla en su totalidad o al menos parcialmente, y que en opinión de su autora forman parte de una "sexagonía", y luego otra etapa posterior, en la que la autora explora otras inquietudes.[2] Este último bloque se podría subdividir a su vez en dos: una producción infantil y otra de literatura adulta con elementos cercanos al realismo mágico característico en el exterior de la literatura latinoamericana y que en ocasiones se aleja del presente para explorar el pasado.

Como ella misma indicó en una entrevista con Hernández Cuellar, hay una serie de obras que o bien en su totalidad o bien en parte fueron gestadas en la isla y responden a esa inmediatez de su desilusión con la revolución, acentuada por el elemento personal que ya se mencionó en el capítulo anterior, la desaparición de su primer marido. Estas obras son *Sangre azul*, *La nada cotidiana*, *La hija del embajador*, *La ira: Cólera de ángeles*, *Te di la vida entera* y *Café Nostalgia*, además de algunos cuentos de la colección *Traficantes de belleza*. Estas obras van a constituir un corpus muy unido en torno a varios elementos, como se verá a continuación, salvo *Sangre azul*, que se distingue por su estilo lírico y que, incluso, no fue publicada en su traducción francesa como "roman" (novela) sino como "récit" (más o menos una narración, lo que amplia el campo a la prosa poética de Valdés). A estas obras se unen en la mente de Valdés otras dos, *Querido primer novio* y *Milagro en Miami*, que complementan un gran tapiz sobre la Cuba experimentada por la autora. Sin embargo, estas dos últimas obras, elaboradas ya durante el exilio, ostentan ligeras diferencias con las anteriores en cuanto al estilo. El resto de su narrativa intenta explorar otros campos y, si bien conecta con esta primera etapa—hay que recordar que forman parte de ese YO que es Valdés—no son tan homogéneas en cuanto a su relación entre sí. Estas obras son *El pie de mi padre*, que transcurre en el presente y que retoma una historia, la de *La ira*, que Valdés parece olvidar, *Lobas de mar*, *La eternidad del instante* y *Bailar con la vida*, obras que se alejan en el tiempo o el espacio de la realidad cubana actual, al menos en cierta medida, más la colección de viñetas *Los misterios de La Habana* que llevan al lector al pasado. A estos dos bloques habría que añadir su reciente vena de narrativa infantil, con *Los aretes de la luna* y *La luna en el cafetal*, motivada por el nacimiento de su hija, y que se centra en Luna, la protagonista (nombre también de la hija de la autora).

La "sexagonía": Cuba aquí y allá

La primera etapa de su narrativa, con la excepción de *Sangre azul*, se centra casi exclusivamente en la reacción a la situación cubana, en especial al periodo especial, tanto dentro de la isla como en el exilio, de tal manera que ella construye a través de sus novelas un mapa textual de "aquella isla", la Cuba de los años noventa. Así, *La nada cotidiana, La ira: Cólera de ángeles, Te di la vida entera* y *Querido primer novio* se centran en La Habana—esta última obra cede gran protagonismo al campo cubano, más que a la ciudad—mientras que *La hija del embajador* y *Café Nostalgia* reflejan París, y *Milagro en Miami* transcurre en dicha ciudad estadounidense. De esta manera, Valdés refleja la Cuba moderna, que no sólo se circunscribe a los límites geográficos de la isla, sino que se expande al exterior, a una serie de "islas" urbanas (las distintas ciudades en las que radica la comunidad cubana exiliada) ofreciendo al lector una visión más completa del exilio cubano.

Hay que resaltar que el espacio no es homogéneo en estas obras y fluctúa incluso dentro de la misma obra. Así, en *La nada cotidiana* Yocandra recibe una carta de su amiga "la Gusana", que ahora vive en Madrid tras haberse casado con un español. La carta ocupa la mayor parte de un capítulo y permite apreciar la vida del exiliado (o, en este caso más particularmente, la exiliada) en la capital de España. De igual modo, en *Sangre azul* y en *La ira: Cólera de ángeles*, hay partes que transcurren en París, y un capítulo de *Te di la vida entera*, que se centra en Juan, transcurre en los Estados Unidos. Igualmente, las obras que se centran en la vida en el exilio francés tienen inclusiones cubanas: *La hija del embajador* comienza en La Habana, con los preparativos de Daniela para su viaje a París, y en *Café Nostalgia* aparece todo un guión cinematográfico en cursiva que transcurre en Cuba en los noventa, además de los recuerdos de Marcela en su infancia, que también transcurren en La Habana y un viaje con un ejecutivo francés.

No es sólo el espacio lo que se muda de una novela a otra, sino que este movimiento afecta también a los personajes, puesto que se observa la presencia de varios personajes que se repiten en distintas obras, e incluso algunas novelas ofrecen la terminación de otras, que habían quedado con un final abierto. *La nada cotidiana* cuenta en primera persona la historia de Patria, una mujer así llamada por nacer durante el año del triunfo de la Revolución, y que con el paso de los años y los desencantos en Cuba, se cambia el nombre por el de Yocandra y se dedica a reflexionar y a escribir sobre la nada que observa a diario en la isla—ella trabaja para una revista en una época en que no hay ni tinta ni papel para imprimirla—y también a dividir su amor (o su sexualidad) entre dos hombres, el Traidor y el Nihilista. Al final de la obra, ella comienza a escribir lo que parece ser el texto que el lector tiene en sus manos, y un clima de desesperanza, del que sólo es posible escapar a través de la creación literaria, parece terminar su obra. Sin embargo, en otra obra posterior, *Milagro en Miami*, el lector descubrirá que Yocandra ha logrado escapar de la isla como balsera, y es encontrada, extenuada en una playa de Florida, por su amigo el Lince, que había escapado de igual manera años antes y se encontraba en ese momento viviendo en Miami.

Si bien Yocandra es la protagonista de *La nada* y aparece brevemente como personaje secundario en *Milagro*, también aparece como secundario en *Te di la vida entera*, novela que Valdés considera un homenaje a su madre. La estructura de esta obra es más compleja que la de *La nada cotidiana*, puesto que aquí la voz narrativa oscila entre varios personajes, aunque uno de ellos domina sobre los demás: el cadáver de María Regla, la hija de Cuca, que es quien le dicta a la escritora (¿tal vez el alter ego de Valdés?) la novela. *Te di la vida entera* cuenta la historia de Cuca desde su llegada a La Habana prerrevolucionaria (en lo que parece un homenaje a Cabrera Infante) hasta el presente, en un salto temporal de tres décadas entre las dos partes que constituyen la novela. Cuca le guarda una fidelidad casi exagerada a su primer amor, Juan, ("el Uan"), un mafioso que aparece y desaparece en diversos momentos de su vida, y que le deja una hija. Cerca del triunfo de la Revolución, éste le confía un dólar que contiene en su número de serie la clave para una cuenta corriente en un banco suizo, billete por el que se pelean tanto los cubanos exiliados como los representantes del gobierno isleño. La llegada de Juan años más tarde a la isla para recuperar este billete propicia el reencuentro final entre Cuca y Juan, así como el reconocimiento por parte de éste de la hija de ambos, aunque el final no será del todo feliz. En *Te di la vida entera* Yocandra aparece como la vecina y amiga de Cuca en numerosas ocasiones. Dos pistas nos indican que se trata del mismo personaje: su antiguo nombre era Patria (103) y se mencionan sus tribulaciones entre dos amantes masculinos (208), lo cual forma parte del hilo argumental de *La nada cotidiana*.

Otras dos novelas que comparten personajes son *La hija del embajador*, que narra en tercera persona las experiencias de Daniela, hija del embajador cubano en París, especialmente sus relaciones con Maurice, un personaje dedicado a dudosas actividades en la capital francesa; y *Café Nostalgia*, que es la historia de Marcela Roch, quien además de protagonista es también voz narrativa de la obra, una fotógrafa triunfadora que intenta conservar las memorias y la nostalgia de todos sus amigos cubanos exiliados por el mundo adelante, y que se dedica, en palabras de Álvarez Borland, a bojear y nombrar los espacios de París ("A Reminiscent..." 349-50). La novela se compone de una gran multitud de textos: mensajes telefónicos, faxes y guiones cinematográficos; y también tiene su trama de suspense, puesto que Marcela se creía la culpable del asesinato de un hombre, con quien ella había tenido una relación superficial en La Habana cuando era una jovencita, a manos de su esposa por celos. El asesinado resultó ser el padre de Samuel, el interés amoroso de Marcela ahora en París. En este caso la relación es más íntima, en el sentido de que las protagonistas de las dos novelas aparecen como personajes secundarios en la obra que no protagonizan, con lo que el lazo de unión es más profundo. Marcela, la fotógrafa protagonista de *Café Nostalgia*, se presenta en *La hija del embajador* como una de las amigas de Daniela en París (40-1), y la presencia se extiende también al espacio: la habitación de Marcela aparece también reflejada en *La hija del embajador* (82-3). Algo semejante sucede con Daniela en *Café Nostalgia*, si bien aquí se presenta una relación estructural de continuidad con la novela anterior: en *Café Nostalgia* se ofrece, al igual que ocurría con Yocandra en *La nada cotidiana* y *Milagro en Miami*, la conclusión de *La hija del embajador*. Si en *Milagro en Miami* se veía a Yocandra, la protagonista de *La nada cotidiana*, instalada en Miami y feliz, tras haber escapado finalmente de la isla en balsa, en *Café Nostalgia* tiene lugar algo parecido con respecto a *La hija del embajador*: al final de esta novelita breve, Daniela está bañada en sangre en el baño del apartamento de Marcela en París, a consecuencia de un aborto, y el lector se queda con la incógnita de si sobrevivirá o de si la muerte será el final inevitable a su alocada vida; es decir, el lector se encuentra con un final abierto que se "cierra" en una escena de *Café Nostalgia* con la llegada providencial de Marcela para salvar a su amiga y llevarla al hospital (49-51).

Si bien por ahora tenemos dos grupos de novelas, éstos se unen a través de un personaje secundario que cobra protagonismo en "A cuerpo de rey", uno de los cuentos de *Traficantes de belleza*: el pianista. En este cuento él está en París, y decide no venderse al capitalismo por autoestima. En dos novelas ocupa una referencia secundaria: en *La hija del embajador* aparece un momento cuando Daniela está, por supuesto, en París, y también tiene una mención en *La nada cotidiana*. De esta manera, este personaje enlaza los dos grupos "independientes" de novelas vistos hasta ahora, al tiempo que su papel protagonista aparece en otra obra. "Un paseo prometido", otro de los relatos de *Traficantes de belleza*, también le presenta al lector a un personaje familiar: Cuca Martínez, la protagonista de *Te di la vida entera*. Y la descripción de "la prima de Vera", alocada protagonista del cuento homónimo, nos recuerda mucho a Anisia, personaje que aparece tres veces en *Café Nostalgia*, y de quién se nos dice en dicha novela que es, efectivamente, prima de Vera. De esta manera, y aunque Valdés no incluye *Traficantes* en su sexagonía por ser una colección de cuentos y no una novela, esta obra funciona como un buen engranaje al conectar estas novelas de Valdés en un solo corpus.[3]

La tela de araña crece con la inclusión del campo cubano en *Querido primer novio*, que retrata las escuelas al campo en los años setentas, a través de la historia de Dánae, la protagonista, que huye de La Habana en los noventas, dejando a su marido e hijas, para volver al campo, en donde años atrás, en una de esas escuelas, había conocido a una extraña guajira de quien se había enamorado. Así, a la visión de La Habana y del exilio europeo en París, se une el campo cubano. Al igual que en *Te di la vida entera*, esta obra adquiere una gran complejidad narrativa con multitud de voces que ofrecen distintas perspectivas sobre lo que ocurre, y que no sólo son los personajes (Dánae o su marido) sino que también aparece una Ceiba centenaria e incluso animales. El exilio estadounidense también tiene su representación en *Milagro en Miami*, obra que cuenta una historia fantástico-policíaca en 9 entradas (como el béisbol), con abundancia de elementos afines al realismo mágico. Esta obra está protagonizada por el detective Tierno Mesurado, tal vez la respuesta de Valdés a los detectives cubanos Mario Conde, de la tetralogía "las cuatro estaciones" de Leonardo Padura Fuentes, o Alain Bec, de las obras detectivescas de Amir Valle Ojeda. Y en ella, como ya se mencionó, aparecen viejos conocidos de la narrativa de Valdés, como el Lince o Yocandra. De esta manera, a través de la creación de un grupo estable de personajes que aparecen sucesivamente en varias obras, se ofrecen diferentes perspectivas sobre la situación de Cuba.

Este movimiento de personajes entre las novelas crea la impresión en el lector de que está asistiendo a una misma obra, desde diferentes puntos de vista; un gran tapiz que ofrece las diferentes perspectivas sobre el exilio cubano, tanto exterior como ese exilio interior que sufren muchos cubanos dentro de la isla. Además de la repetición de personajes, ciertos elementos técnicos y temáticos ayudan a cohesionar firmemente esta primera etapa de su producción: la intertextualidad, el lenguaje, el humor, el mar, el cine y el sexo desde una perspectiva femenina están presentes en todas sus obras. Lo sorprendente de estas obras, que se podrían enmarcar dentro de lo que Whitfield llama "género del periodo especial" ("Fiction(s)..." 6), no es el hecho de que posean una temática común centrada en las consecuencias de la Revolución para Cuba, sino la forma en que se entretejen para formar un universo común que ofrece la experiencia del exilio desde múltiples perspectivas.

A pesar de formar parte de un solo bloque, se pueden apreciar, no obstante, diferencias entre las obras. Así, mientras *La nada cotidiana*, *La hija del embajador* y *Café Nostalgia* son más bien crudamente realistas, en *Querido primer novio* y *Milagro en Miami* se aprecia, en consonancia con las expectativas del mercado, una orientación hacia la visión más tradicional que se tiene de la literatura hispanoamericana en el extranjero, sobre todo tras el éxito del "boom", a medio camino entre el realismo mágico, la elocuencia verbal y una crítica a veces ya no tan ácida. *Te di la vida entera* funcionaría como eje central dentro de estas dos etapas estilísticas de su sexagonía.

La obra de Valdés cumple así con los postulados que, según Azade Seyhan, cumple la novelística del exilio. Seyhan señala que existen tres características de lo que ella califica como "escritura inmigrante," dentro de la cual enmarca a la del exilio: (a) la naturaleza autobiográfica, (b) la celebración de un lenguaje pasado y otro presente en la nueva construcción del individuo y (c) la autoría colectiva que refleja los conflictos y las ideas de distintos personajes que comparten la misma experiencia (178). Efectivamente, las novelas de Valdés reflejan memorias y ambientes hasta cierto punto presentes en su biografía: La Habana, París y Madrid, el mundo de la fotografía y del cine, la experiencia femenina y la experiencia internacional. Esta división presente en su narrativa entre Cuba, Europa y los Estados Unidos no hace sino responder a la situación de la propia Valdés, cuya familia se encuentra también (al igual que la de muchos cubanos) desperdigada por el mundo: su madre permaneció en la isla hasta poco antes de su muerte (Valdés consiguió llevársela a París un par de años antes de que falleciera), otros familiares viven en la actualidad en los Estados Unidos. Esa amplia visión del exilio que refleja su obra refleja la situación que los cubanos viven, afectados por la soledad al estar separados de su tierra y sus seres queridos.

Este reflejo de las experiencias de múltiples personajes en torno a la revolución como hecho histórico ayuda a reconfigurar la nación cubana. En el juego por la búsqueda de la identidad que estos personajes procuran (Yolanda, Marcela, Daniela, Cuca...) Valdés presenta, como indica Ortiz Cebeiro, un paralelismo entre la configuración de la identidad individual y la de la nación (118).[4] Además, algunas de las obras que componen esta sexagonía comparten varios elementos con el género del testimonio, puesto que pese a no ser unas narrativas directas, sus cualidades autobiográficas y el llamado de atención y denuncia sobre la condición cubana, las unen a las características del género, al menos según lo ven Beverly o Yúdice. En este sentido, se asemeja a otras obras posteriores como *El hombre, la hembra y el hambre* (Whitfield, "Fiction(s)..." 138). Tal vez esto se deba a que el testimonio es una "invención cubana" (se considera *Biografía de un cimarrón* de Miguel Barnet como el primer testimonio moderno y Casa de las Américas fue la primera en ofrecer un premio por este género) y por lo tanto los cubanos, Valdés incluida, son "hijos del testimonio", como indica Yvette Sánchez (165).[5] Por último, esta multiplicidad de puntos de vista en torno a un hecho común, la experiencia de ser cubano, nos remite a las ideas sobre la cubanía que se han desarrollado en el presente siglo, especialmente la idea de una identidad cubana independiente del límite geográfico, como han señalado varios críticos recientemente.[6] Gustavo Pérez Firmat, en *Life on the Hyphen*, muestra como la división geográfica presenta un problema de definición en torno a la idea tradicional de nación, no en el sentido único de homogeneidad frente a heterogeneidad, sino en la ausencia de una geografía común. Él lo solventa al señalar que los criterios que definen la cubanidad "are those of ethnicity rather than of nationhood" (*Life* 17). Iván de la Nuez, en *La balsa perpetua*, habla en este caso de "transterritorialidad de la cultura cubana" (29).[7] Las novelas de Valdés participan en la creación y el reflejo de esta particularidad cubana, sobre la que se hablará más en el siguiente capítulo.

Las otras obras: más visiones de Cuba

Como ya se indicó, no toda la obra narrativa de Valdés forma parte, según ella, de esa sexagonía. *Sangre azul*, publicada en 1993 cuando todavía ella residía en la isla, es una obra poética y a veces surrealista, con gran profusión de sueños que se mezclan con la realidad. Cuenta la historia de Attys, una jovencita cubana, desde su infancia y su adolescencia, con su precocidad por el sexo, hasta que nace su hijo Arión, fruto de su relación con Gnosis, un pintor en busca del azul perfecto, a quien había conocido en una fiesta en La Habana y con quien llega a vivir en París. A pesar de que esta obra, por su estilo poético y etéreo, que "hereda los procesos metafóricos de su propia poesía" (Araújo 113), está alejada del realismo de *La nada cotidiana*, algunos elementos que aparecerán en su obra ya se advierten aquí (la sexualidad femenina, la reflexión sobre la soledad y el aburrimiento, la familia sin la figura del padre presente, entre otros).

Con el cambio de siglo y de milenio, sin embargo, Valdés comienza a moverse en otras direcciones. Por un lado aparece una segunda corriente, relacionada con el nacimiento de su hija Attys Luna. Se trata de una literatura infantil, compuesta hasta la fecha por dos breves obras, *Los aretes de la luna* y *Luna en el cafetal*. Estas obras están protagonizadas por Luna, una pequeña niña que vive en Cuba. En la primera, Luna y sus amiguitos disfrutan de diversas aventuras, mientras que en la segunda, van hacia el cafetal e intentan, en el camino, evitar a unos "Ladrones de recuerdos" que roban la memoria. Al final, ayudan a unos campesinos desmemoriados. Con vistas al gran público, estas son obras casi desconocidas y, si bien se apartan, por sus características, del resto de la producción de Valdés, por otro lado muestran signos de pertenencia a su corpus artístico, con la presencia de ciertas características, como la persistencia de la memoria y las referencias a Cuba (escenario de *Los aretes* y punto de referencia de las fantasías de la protagonista en *Luna*), aunque un poco aislada del contexto sociopolítico real, que llevan al lector a encontrar un nexo de unión con la obra "adulta". Además, hay un cierto componente autobiográfico, puesto que además de Luna tener el nombre de la hija de Valdés, ésta misma aparece también como su mamá, escritora y residente en París en *Luna*, con un baúl lleno de recuerdos cubanos que la mamá pretende llevar de regreso a Cuba cuando pueda volver (*Luna* 32-3), elemento que coincide con los deseos de Valdés en algunas entrevistas. Así como Valdés reconstruía en las distintas protagonistas femeninas de sus obras su pasado, ahora parece hacerlo desde otro punto de vista.

Pero además, a comienzos del siglo XXI, junto a esta literatura infantil, aparece también otra etapa en su literatura adulta: la experiencia del periodo especial pierde su inmediatez, tal vez debido a su alejamiento de la isla o a su creciente éxito editorial, y hay una nueva orientación hacia una literatura que explora otras visiones de Cuba, a través de la imaginación, el espacio y el tiempo. En *El pie de mi padre* Alma Desamparada tiene un payaso, su alter ego, que sólo ella puede ver cuando se mira al espejo, y que la llevan a recrear una vida imaginaria que ocurre en la segunda parte de la novela, en la que Alma se convierte en una escritora que intenta escapar de la isla en balsa, una parte que no es sino la reescritura de una novela anterior de Valdés, *La ira: Cólera de ángeles*. Esta novela continúa con los elementos fantasiosos y mágicos de las últimas obras de la sexagonía, elementos que no aparecían hasta entonces con tal claridad en su narrativa y adquieren relevancia ahora. Llevan al lector a pensar en autoras como Laura Esquivel o Isabel Allende, que utilizando ciertos elementos "mágicos" en su obra, consiguieron un gran éxito de público a finales de los ochentas.

Es interesante que Valdés no incluya esta obra en su "sexagonía" puesto que en muchos sentidos la obra se relaciona directamente con lo reflejado en las obras que la componen (su retrato del periodo especial, con hincapié en el tema de los balseros en esta obra y también la crítica política), pero aún más interesante es que no hubiera incluido *La ira: Cólera de ángeles*, obra escrita y publicada en la misma época que las de su sexagonía, y que sí se relaciona directamente, tanto en términos de estilo como de temática, con las obras de la sexagonía. De hecho, considero que *La ira: Cólera de ángeles* debiera ser la séptima obra del conjunto, una heptagonía en lugar de sexagonía, si bien *El pie de mi padre* podría funcionar como la transición entre ese grupo y las obras siguientes. La razón de esta ausencia obedece a que Valdés consideraba *La ira* como una obrita imperfecta, mal acabada y apresurada, que se vio en la necesidad de revisar, revisión que apareció como componente de *El pie de mi padre*.

Sin embargo, la soledad de la protagonista prevalece también en las novelas más recientes: Al igual que Yocandra en *La nada cotidiana*, prácticamente encerrada en la celda hexagonal que es su apartamento; Daniela en *La hija del embajador*, aislada de sus padres y de su país en París, al igual que su amiga Marcela en *Café Nostalgia*, Dánae en *Querido primer novio*, que sufre sola en los campos de trabajo de Cuba, y en su vida posterior, recordando su relación amorosa con otra mujer, o Iris Arco en *Milagro en Miami*, también sola tras una vida de sufrimiento que parece acabar pero que termina, novedosamente, con un final feliz. Este final también parece tener lugar en *El pie de mi padre*. Esta novela es importante para marcar la distinción entre las dos etapas, puesto que la novela absorbe, recicla o canibaliza, una obra anterior, *La ira: Cólera de ángeles*. La segunda parte de *El pie*, como se verá en el próximo capítulo, es prácticamente una reescritura de *La ira*. Si bien en esta obra, más breve y anterior, la historia de la cubana que visita París, se casa con un revolucionario, y termina, tras enviudar, escapando de la isla en balsa, se nos presenta de una manera directa y crítica con Fidel, a quien se menciona abiertamente; en *El pie* esta historia se introduce como una imaginación o vida ficticia de Alma Desamparada, y también desaparecen algunas menciones directas a Castro, con lo que el efecto político se suaviza. Se podría tomar la comparación entre estas dos obras como el mejor ejemplo de esta transición.

Sin embargo, *El pie* parece un canto de cisne a la antigua temática de la sexagonía, puesto que las novelas siguientes se alejan de ese ciclo radicalmente. *Lobas de mar* es una novela de piratas, que tiene lugar entre finales del siglo XVII y comienzos del XVIII, y que novela la vida de dos mujeres reales, Ann Bonny y Mary Read. Ambas dejan Europa y tras una azarosa vida de piratas, que incluye su disfraz masculino como varones, terminan sus días en Cuba. De tal manera, salvo en el último capítulo, en el cual un periodista intenta investigar los restos de estas mujeres en la Cuba contemporánea, la novela sólo refleja Cuba y La Habana en el siglo XVIII. Se podría decir que, hasta cierto punto, esta novela pasa de lo autobiográfico de la "sexagonía" a lo biográfico, con la recreación de las vidas de estas dos mujeres a través de la creación de esta mentira literaria más atractiva y fiel a la verdad histórica, como señala Valdés en el epílogo al final de la obra (236). De esta manera, la narrativa comienza con el nacimiento de ambas y con las causas que explican su cambio de nombre (algo ya visto en otros personajes de Valdés, como Patria/Yocandra o Alma Desamparada/Elisa) y de género de cara a la sociedad, continúa con sus aventuras en el Caribe y finaliza cuando ellas son atrapadas por la justicia inglesa. Mary fallece debido a una infección y Ann, gracias a su embarazo, consigue sobrevivir. También es una exploración del poder femenino y un cuestionamiento de los papeles sexuales asignados por la sociedad al "hombre" y a la "mujer", algo que ya se esbozaba en *Querido primer novio* con la relación entre Dánae y Tierra Fortuna Munda. Además, la mujer, ese yo protagonista, está más alejado y es más exótico en *Lobas de mar*, al igual que ocurre con el yo cubano de sus obras más recientes, más alejado también para Valdés misma, a pesar de ser cubana, debido a su condición de exiliada.

Por su parte, *La eternidad del instante*, obra dividida en dos partes, sitúa la primera en China a comienzos del siglo XX para contar la historia de Mo Ying y su odisea hasta llegar a Cuba. La segunda parte ya tiene lugar en la isla caribeña durante la segunda mitad del siglo XX, y resulta un homenaje a ese chino llegado a Cuba, que simboliza al abuelo de Valdés y a los antecesores orientales de la escritora. Al igual que había experimentado ya en *Te di la vida entera*, con un homenaje a su madre en la figura de Cuca, ahora este homenaje es para el abuelo. De nuevo, lo biográfico aparece en esta obra, algo que también se repetirá en la siguiente, *Bailar con la vida*, la última publicada hasta la elaboración de este estudio. *Bailar con la vida* mezcla tres hilos narrativos que se entretejen a lo largo de la narración: por un lado se encuentra una escritora de éxito que intenta escribir una obra que satisfaga las exigencias del mercado que su editor le va indicando constantemente; en segundo lugar están los protagonistas de esa novela que redacta la escritora: Canela, una bailarina cubana, Peter, su marido inglés, Juan, un bailarín gitano que hace un espectáculo con Canela, y muchos más; todos ellos y sus historias terminan mezclándose con la de la escritora hasta que ésta, cansada de los constantes cambios de orientación de su obra, decide en la segunda parte de la novela redactar una historia diferente sobre una cubana que escapa de la isla y termina desmemoriada en París tras haber pasado por la guerra de Bosnia. No hay que olvidar, tampoco, que muchas de las historias de su segunda colección de relatos, *Los misterios de La Habana*, llevan al lector a otros momentos de la capital habanera, alejados del periodo especial.

Al igual que las novelas anteriores, aquí se puede seguir el rastro de la soledad nuevamente. Las protagonistas de *Lobas de mar*, de jóvenes, se ven abandonadas por sus familias (24, 49), al igual que había sucedido en algunas novelas de Valdés, como *Café Nostalgia* o *El pie de mi padre*. De esta soledad inicial, la experiencia femenina evoluciona a través de una historia de viajes forzados en el océano, el mismo océano contemplado por Yocandra desde su ventana en *La nada cotidiana*, hasta terminar en la soledad que Ann experimenta al final de la obra, sola en el mundo en una tierra que no es la suya (225). Al mismo tiempo, de igual manera que sucedía con varias protagonistas de otras obras de Valdés, el primer marido de Ann es, en cierta medida, un traidor puesto que traiciona a sus compañeros piratas a cambio de un perdón real (58-9). Los ecos del "Traidor" de *La nada cotidiana* o del marido de Raquel en *La ira: Cólera de ángeles* cobran gran presencia a pesar de la diferencia de aquellas novelas con ésta. También Mo Ying en *La eternidad del instante* es un personaje solitario, abandonado en una tierra extraña que no es la suya ni cultural ni étnicamente. Lo mismo ocurre con muchos de los personajes de *Bailar con la vida*: Canela está sola en Sevilla y es recogida por Peter, quien también está solo en dicha ciudad debido a unos problemas legales que tiene en Inglaterra. En ocasiones, la vida de la escritora y sus amigas parece también vacía y solitaria; y ni que decir tiene la protagonista de la última historia que la escritora inventa, abandonada y sin recuerdos en París.

Por supuesto, *Lobas de mar* difiere de las novelas anteriores en algunos aspectos conllevados por la situación temporal de la trama. Debido al cambio a una época casi 300 años anterior al presente, ciertos elementos, como las referencias cinematográficas tan presentes en el resto de su narrativa, ahora desaparecen, así como las referencias a otros elementos de la cultura popular caribeña tales como el bolero, si bien hay música en las escenas de una fiesta de esclavos. Sin embargo, la experiencia femenina, el tratamiento de la sexualidad y el abandono, así como el reconocimiento a la relevancia del elemento africano en la cultura cubana, son elementos que unen esta obra al conjunto de Valdés. Si, como señala Gerassi-Navarro, podemos leer las novelas de piratas como metáforas para el proceso de construcción de la nación en Hispanoamérica, esta novela mantiene algunos elementos anteriores, como la relevancia del elemento femenino y africano, pero también crea una nueva aproximación en su ataque a la situación isleña. Al igual que las piratas de su novela, Valdés está ahora libre de ataduras con la isla e, incluso, se podría decir que, gracias a su pasaporte español, ella es una especie de corsaria que, con la autorización y patrocinio de otro gobierno (sea este España o Francia) se dedica con sus obras a atacar el legítimo gobierno de Cuba.[8]

Sin embargo, esa temática femenina, en concreto de las experiencias femeninas relacionadas con la soledad del exilio, es lo que permanece como un hilo común en la narrativa de Valdés a lo largo de sus novelas, desde las primeras hasta *Bailar con la vida*. Es por eso que este tema impregna su poética, al ser la clave que subyace bajo toda la variedad temática de la obra de Valdés. Otros elementos, como el mar y el sexo, también aparecen en menor o mayor grado en su obra, puesto que ella se considera hija de Oshún y Yemayá, que según la mitología yoruba, como ella misma explica, son "la primera, diosa del amor y de los ríos, la sensual patrona de Cuba; la segunda, la diosa de la inteligencia y de las aguas saladas, del mar" (Prólogo 3). De esta manera, se configura el mundo no sólo de "aquella isla" que es Cuba, sino más que nada el mundo y las experiencias de los "aquellos isleños" condenados a la experiencia migratoria de la diáspora, a ser una "balsa perpetua," como indica el título del libro de de la Nuez.

¿Por qué esta nueva orientación? Evidentemente, Valdés parecía haber agotado la vía de su primera narrativa, y se imponía una cierta evolución (renovarse o morir). Consciente del éxito crítico y editorial de *La nada cotidiana*, y ante las prometedoras perspectivas de su nueva línea con *Te di la vida entera*, finalista del prestigioso (al menos económicamente hablando) premio Planeta, es posible que aproveche esta cotización para explorar otras vías narrativas. Su persona pública se ocupa ahora de la crítica más directa hacia el gobierno cubano (desde mediados de los noventas comienza a publicar asiduamente en varios diarios en Europa y América artículos críticos contra el gobierno isleño), dejando paso en el aspecto creativo a una ola más imaginativa, semejante en ocasiones al realismo mágico que tanto triunfa en Europa y Estados Unidos con los escritores latinoamericanos. Ella elabora también su página o sitio web, www.zoevaldes.com, y se instala como una intelectual representante del pueblo cubano a través de esos artículos.

El componente autobiográfico de la narrativa de Valdés

Una de las características de la obra narrativa de Zoé Valdés es su fuente autobiográfica, reconocida tanto por ella como por varios críticos. Para Santiago, uno de sus méritos es transformar las experiencias dolorosas de su vida en obras de arte (26). En esa misma entrevista, Valdés señala que ella parte de su experiencia y de su dolor para la creación narrativa (26). Pelach considera que "la cualidad que más la caracteriza es haber conseguido fundir arte y experiencia, haber suprimido la dicotomía entre vida y escritura" ("Conferencia"). Sin embargo, en otros momentos, ella matiza que sus obras no son autobiografías porque no cuentan su vida ("Conferencia"). Ella simplemente aprovecha cosas de su vida como muchos otros escritores, aunque sin duda lo hace más profusamente que muchos de ellos, de ahí el debate en torno a lo autobiográfico en su obra. Este debate se encuadra dentro del auge de la autobiografía en Cuba después de la Revolución, auge que según Clark es resultado de la Revolución y de las consecuencias de ésta en muchos escritores de la isla (9).

A pesar de este auge reciente, la escritura del yo, y más específicamente la autobiografía y las memorias, han sido géneros literarios importantes tanto en las letras hispanoamericanas en general, como en las cubanas en particular, ya desde sus comienzos en el siglo XIX, como indica Sylvia Molloy (458-9). Algunas obras, como *Mis doce primeros años* de Mercedes de Santa Cruz y Montalvo, Condesa de Merlín, o la *Autobiografía* de Juan Francisco Manzano, son piezas importantes en el desarrollo del género no sólo en Cuba sino en las letras hispanas. Esta tradición continúa hasta el presente con *Antes que anochezca* de Reinaldo Arenas, *Mea Cuba* de Guillermo Cabrera Infante, *Informe contra mí mismo* de Eliseo Alberto o *Alina: Memorias de la hija rebelde de Fidel Castro* de Alina Fernández, por mencionar unos pocos ejemplos. Además, el número de novelas autodiegéticas que tradicionalmente se han incluido en la ficción, es también elevado en las letras hispanas ya desde *El periquillo sarniento* de José Joaquín Fernández de Lizardi en el siglo XIX.

Una serie de obras, no obstante, presentan en su narrativa autodiegética una oscilación entre la ficción y la realidad que hace que, a pesar de contar con un importante número de referencias a la vida del autor, no se articulan propiamente como autobiografías y ocultan o disfrazan el componente autobiográfico dentro de la más convencional forma de la ficción novelesca. Esto es obvio en la narrativa de Valdés, principalmente en las obras de su sexagonía, aunque también se puede percibir en el resto de su producción.

Este juego con la autobiografía pide una reflexión sobre la relación entre el contexto personal del autor y el contexto histórico de la novela y la ficción en ella representada. Al mismo tiempo, también pide una relación simbólica entre todo esto y el lector, de manera que se le permita una lectura política de la novela que haga hincapié en el poder de la palabra escrita, de la literatura, como una manera de resistencia contra el abuso en una condición sociopolítica difícil, la de un estado totalitario.

La autobiografía como género literario está rodeada de una cierta polémica, puesto que los críticos no han llegado a establecer una definición precisa del género (Clark 11). Así, su definición oscila entre dos extremos: aquellos que piensan que toda obra literaria es autobiográfica y quienes consideran que la autobiografía en sí no existe. El primer grupo reúne a los críticos que consideran y demuestran que la mayoría de las obras, bien sean estas piezas de ficción o no, están basadas en las experiencias y gustos del autor. Para los últimos, que se basan en el texto en sí, es imposible encontrar diferencias entre la ficción del yo y la autobiografía.[9] La mayoría de los teóricos, por lo tanto, han estado trabajando para encontrar un marco referencial dentro del cual puedan definir, distinguir o clasificar los textos autobiográficos frente a aquellos que no lo son. Esta investigación se ha basado en el apoyo ofrecido por las teorías de otras ciencias o artes: historia, psicología o filosofía, por mencionar algunas (Loureiro, Introducción 5).

El más conocido de estos críticos es Philippe Lejeune, con su "pacto autobiográfico". La autobiografía requiere, para Lejeune, una serie de características que la distancian de otros géneros similares, como las memorias, la biografía, la novela personal, el poema autobiográfico, el diario íntimo o el autorretrato literario (48). Estas características serían el constituir una obra en prosa sobre una vida individual en la que autor, narrador y protagonista son la misma persona, y hay una retrospectiva en la narración. Cualquier pieza literaria que no reúna estas características no sería una autobiografía, sino uno de los otros géneros relacionados.

Obviamente, las novelas de Valdés no encajan dentro de todos los requisitos indicados por Lejeune, al menos no claramente. Al contrario que otros contemporáneos suyos, como Pedro Juan Gutiérrez, en su serie de novelas sobre La Habana (*Trilogía sucia de La Habana*, *Animal tropical*, *El incansable hombre araña* y *Carne de perro*), protagonizadas por un individuo llamado como el autor, y que responde a muchas de las características de éste, las obras de Valdés se decantan más por lo ficticio. Sin embargo, un lector avispado puede percibir innumerables puntos de contacto entre la experiencia vital de Valdés y lo representado en sus novelas. La protagonista de *La nada cotidiana*, Yocandra, desarrolla su vida desde su nacimiento hasta el presente, y muchas de las características de su experiencia (desde la fecha de nacimiento hasta su ocupación en una revista) corresponden a Valdés, a pesar de que no tienen el mismo nombre. Valdés no rechaza esta intromisión de lo personal en sus obras ni niega que éstas tengan una gran carga autobiográfica ("Conferencia"); y es obvio en los detalles: la ausencia del padre y el ambiente femenino en muchas de las novelas, al igual que en su vida, las experiencias de las protagonistas en París durante los ochentas (desde *Sangre azul* hasta *Café Nostalgia*), la opinión de las protagonistas sobre la revolución cubana y una lista sin fin de detalles.

No es sólo el hecho de que se puedan rastrear ecos de Valdés en Yocandra, Marcela, María Regla u otros personajes, sino que varios de los personajes que pueblan las obras de Valdés están basados en personas del entorno personal de la autora. Así, ella ha reconocido en varias ocasiones que Cuquita Martínez es un homenaje a su madre, Wasserman señala que la Gusana se basa en una amiga de Valdés que ahora vive en Tenerife (70), el Lince es un amigo ahora exiliado en Miami, *Milagro en Miami* se basa en una historia real y ella conoce a Evelín y su marido, que sirven de base para Iris Arco y su marido en la novela, y la lista podría seguir unas cuantas líneas más.

No es imposible, pues, observar la narrativa de Valdés a través de los ojos de la autobiografía. Jean Molino, en su reflexión sobre este género, tras mencionar las raíces antropológicas del mismo (109), indica que en los tiempos contemporáneos lo autobiográfico aparece con más fuerza, pero altamente híbrido, sobreentendiendo que la autobiografía contemporánea no es una autobiografía "clásica" per se, sino simplemente "autobiografía":

> Por eso ya no hay género autobiográfico. Claro está, mucha gente aún va a escribir el relato de su vida, pero la creación literaria juega a borrar las fronteras haciendo estallar los géneros. Lo que existe, lo que va sin duda a desarrollarse, es una mezcla entre autobiografía y ficción en que el dinamismo del texto nace de la presencia, en segundo término, de límites que ya no se respetan. (135)

Una nueva propuesta que refleja lo que ocurre en muchas novelas cubanas contemporáneas se puede observar aquí. Además de las obras de Valdés, se podrían incluir las de otros autores: el "Ciclo de La Habana" del ya mencionado Pedro Juan Gutiérrez, *La Habana para un infante difunto* de Cabrera Infante (al menos según la lectura de René Prieto en *Body of Writing*), además de otras obras más "clásicas" que representan la vida del exilio después de 1959.[10] Por otro lado, y dentro del campo de la prosa poética, *Manual de tentaciones* de Abilio Estévez también contiene un alto componente autobiográfico, aunque esto es más común puesto que el género lírico "raramente puede librarse de fuertes elementos autobiográficos," según Karl Weintraub en "Autobiografía y conciencia histórica" (18).

Si bien, al contrastar a Valdés con Gutiérrez, éste último parece escribir autobiografía más claramente que la autora, el crítico no debe olvidar que las novelas de Gutiérrez sustituyen el pacto autobiográfico de Lejeune por el pacto novelístico, como se indica en los paratextos al comienzo de *Animal tropical*, en que se advierte al lector que "[e]sta novela es una obra de ficción. Cualquier parecido con circunstancias o personas reales es pura casualidad" (11). Este texto se convierte así en lo que Lejeune llama "novela autobiográfica" (52), si bien él mismo indica que si el nombre del autor es el mismo que el del protagonista, entonces la posibilidad de ficción queda excluida, incluso aunque la información en el texto sea falsa (54), algo que—se debería añadir—no es el caso de *Animal tropical* o *El incansable hombre araña*. Por lo tanto, la opción de que estas obras se consideren como autorretratos literarios, siguiendo la definición de Weintraub, quien indica que "[c]uando la intención predominante es la de desvelar la naturaleza misma de la personalidad, el autor fácilmente tenderá hacia el autorretrato más que a la autobiografía" (22) se convierte en una opción aceptable. El autorretrato se centra en el presente, para ayudarle a elegir el camino que quiere seguir en el futuro. Hasta cierto punto, el aviso al comienzo de *Animal tropical* funciona en sentido opuesto a la información paratextual de *Roland Barthes*, por Roland Barthes: "[t]out ici doit etre considéré comme dit par un personnage de roman" (1) ["todo esto debe ser considerado como dicho por un personaje de novela"]. Si Olshen considera el libro de Barthes autobiográfico, a pesar de los intentos experimentales por borrar la frontera entre ambos géneros (13)[11] algo similar se podría hacer con las novelas de Gutiérrez, con la indicación de que el intento de borrar los límites viene ahora del campo de la ficción narrativa. El género, a fin de cuentas, es algo intencional, como muestra Genette en *Paratexts*: "a novel does not signify 'this book is a novel,' a defining assertion that hardly lies within anyone's power, but rather 'please, look on this book as a novel'" (11) ["una novela no quiere decir 'este libro es una novela', aseveración definidora que difícilmente cae bajo el poder de nadie, sino simplemente 'por favor, mire este libro como una novela'"]. Tal vez esto sea lo que buscan los autores.

Pero al contrario que Gutiérrez (y obviamente Barthes), Valdés escribe pura ficción. ¿Pura? Como se ha visto antes, ella defiende la raíz autobiográfica de su obra, e incluso algunos críticos al referirse a Yocandra en *La nada cotidiana* hablan de la "protagonista/narradora/autora" (Wasserman 73), señalando así la conexión de Valdés con su protagonista. Es verdad que una cierta identificación es posible: Las protagonistas de *La nada cotidiana* y *Café Nostalgia* nacieron en la misma fecha que la escritora, el año de la victoria castrista. La pasión de Yocandra por la literatura y el cine, que en cierta medida está ejemplificada en el Traidor (novelista) y el Nihilista (director de cine) en *La nada cotidiana*, es compartida por Valdés, quien además de escribir ha hecho sus pinitos en el cine. Además, Yocandra "aspiraba muy en secreto a ser una escritora de renombre" (34), como Valdés misma, y antes de escribir el texto, ella era una autora de documentales cinematográficos (120). En *Café Nostalgia* Marcela es una fotógrafa que vive en el exilio en París, como Valdés, y que pasa gran parte de un capítulo leyendo un guión cinematográfico, como haría un director para hacer una película. Valdés ha escrito guiones y también ha tenido que "leer" películas en su labor tanto de subdirectora de la revista *Cine cubano* como en su papel de jurado en el festival de Cannes en 1998. En *Querido primer novio* el lector tiene las experiencias de los jóvenes en las escuelas al campo durante los años setentas, experiencias basadas en las de la autora, que asistió a dichas escuelas. *El pie de mi padre* muestra a una protagonista obsesionada con encontrar a su padre, que abandonó el nido familiar cuando ella era muy joven, situación paralela a la vivida por Valdés. La lista podría seguir casi sin fin, hasta el extremo de que, cuando el protagonista es un hombre—algo extraño en la narrativa de Valdés, pero que ocurre con Tierno Mesurado en *Milagro en Miami*—éste es una representación de ella: "Tierno Mesurado soy yo" (Veiga). Finalmente, en *Bailar con la vida* ya vemos a una escritora de éxito como protagonista de la obra, luchando por sacar adelante su última novela, en la que cuenta las experiencias de dos cubanas que salen de la isla y viven en Europa.

Además de estos elementos, está el factor de la soledad. Valdés considera su infancia solitaria y triste, como se desprende de sus entrevistas. En parte, esto es lo que la animó a leer y a comenzar su diario. Para leer y escribir es fundamental encontrar un espacio de aislamiento, que en la autora se prolonga a través de su difícil vida, y que en las protagonistas de sus obras se refleja en el asilamiento de su apartamento (Yocandra en *La nada*, Marcela en *Café*, Alma en *El pie*). Molino señalaba, al hablar de las *Confesiones* de Rousseau, que "[e]l paraíso es reconstruido en la soledad de la reflexión" (128). Muchas de la novelas de Valdés, al retirar a sus protagonistas del mundo y dejarlas dedicarse al placer de la creación literaria y del sexo, todo dentro de una fuerte primera persona narrativa, que recuerda a la autora, involucran al lector más profundamente en el contexto sociopolítico de la vida cubana, dentro y fuera de la isla.

Ni que decir tiene que la autobiografía se asocia tradicionalmente con la autoridad cuando se escribe sobre algo de lo que se tiene conocimiento (Couser 34). Valdés, como una de las escritoras más leídas del momento, difiere de sus contemporáneos. Al contrario que la mayoría de los "novísimos", la generación que nació después de los cincuentas con la revolución, Valdés no ignora el contexto sociopolítico. Sus textos giran obsesivamente en torno a Cuba, sus circunstancias históricas y sus fallas sociales, y presentan la isla como una cárcel manejada por la propaganda y la miseria, una sociedad que destruye cualquier signo de dignidad de sus ciudadanos, o como un lugar idílico en el pasado prerrevolucionario: La Habana anterior a la revolución se muestra llena de deseo, placer erótico, abundancia, vida nocturna y la influencia de la bohemia europea. Esta prosperidad da paso al oscurantismo, el aislamiento y la desilusión colectiva tras la llegada de Castro al poder. Por ejemplo, *La nada cotidiana* y *Te di la vida entera* muestran el deterioro de una nación que agoniza, el desencanto de su gente con el socialismo, la degeneración moral de los jóvenes cubanos, la prostitución disfrazada de turismo y, finalmente, las condiciones de vida absurdamente miserables. En *Te di la vida entera* el romance sentimental choca con la penuria revolucionaria para mostrar una sociedad herida en la que los valores morales han sido erradicados sistemáticamente por el sistema político.

Notas

1. Muchos de estos escritores han reflexionado sobre su condición de exiliados y su vida fuera de Cuba, y también han ofrecido soluciones a la situación que se vive en la isla, no sólo en su obra de ficción, sino también en escritos de carácter ensayístico o en libros de memorias. Sirvan como ejemplo varias de las secciones de *Mea Cuba* o el ensayo "The Invisible Exile", ambos de Guillermo Cabrera Infante o *Informe contra mí mismo* de Eliseo Alberto. Zoé Valdés, en sus colaboraciones en la prensa española, también reflexiona en ocasiones sobre su condición de cubana exiliada y sobre la vida en la isla ("Cuba, la malquerida"). Angel Cuadra observa que "el tema de 'lo cubano', desde la simple nostalgia hasta el replanteamiento social y político, aparece repetidamente en los

escritores exiliados". Es una constante que va más allá de su obra y que les lleva a un apoyo explícito a todo lo que implique posibles cambios en el futuro de la isla.

2. En una entrevista que le hice en 2006, ella declaraba que *La nada cotidiana*, *Te di la vida entera*, *La hija del embajador*, *Café Nostalgia*, *Querido primer novio* y *Milagro en Miami* forman "una sexagonía, si es que se dice de ese modo". Las otras novelas, si bien independientes, para ella forman parte de un todo, que es ella. Sin embargo, antes de novelar, comenzó escribiendo poesía. Para una lista de sus obras, ver la bibliografía primaria.

3. Sin embargo, según Wasserman, *Traficantes de belleza* se podría leer como una novela fragmentada (125). Wasserman ofrece un buen resumen de los cuentos que conforman esa colección. Ver en su obra pp. 125-33.

4. Es interesante en el artículo de Ortiz Cebeiro la conexión que ella establece entre Yolanda y la nación en *La nada cotidiana*, al "nacer" ambas en fecha similar, pero al hacerlo Yocandra un día más tarde, esto provoca todo un desfase entre ella y el discurso oficial cubano (122-3).

5. Para más información sobre el testimonio y Cuba ver Smorkaloff, pp. 19-20 y 27-8, en donde se señala la conexión entre ambos géneros (novela y testimonio) en cuanto al juego de construcción de la identidad basado en la memoria.

6. Elijo el término cubanía en lugar de otros, principalmente cubanidad, debido a los rasgos peculiares que presenta, según Pérez Firmat. Sobre este tema se hablará con más detalle en el siguiente capítulo.

7. En este sentido, es interesante resaltar lo que indica Lillian Manzor-Coats cuando señala que hay que dejar los supuestos en torno al aspecto geográfico de la nación-estado, puesto que "displacements, physical border crossings, and cultural discontinuities force us to theorize 'national identity' in another light, to disarticulate at the theoretical level what history has already separated: the anchoring of a national culture within one specific geographical space and within one linear history" (254) ["los desplazamientos, el cruce físico de fronteras, y la discontinuidades culturales nos fuerzan a teorizar la 'identidad nacional' bajo otra luz, a desarticular en el nivel teórico lo que la historia ya ha separado: el anclaje de una cultura nacional dentro de un espacio geográfico específico y dentro de una historia linear"]. La relación entre los cubanos de aquí y los de allí (dondequiera que se sitúe el aquí y el allí) provoca una reflexión sobre los parámetros de definición de una comunidad nacional, que permite el paso de un esquema geográfico de definición a uno étnico, como hace Pérez Firmat en *Life on the Hyphen*. Hay que señalar que, como indica de la Nuez, "Cuba es hoy uno de los países con mayor proporción de exiliados—entre el 15 y el 20% de la población" (28).

8. Señala Gerassi-Navarro que los corsarios, al contrario que los piratas o filibusteros, contaban con el beneplácito de un gobierno en sus ataques y operaciones (15).

9. René Prieto sería un representante del primer grupo. El considera conveniente "[s]treching the definition of autobiography a bit" ["estirar la definición de autobiografía un poco"] de tal manera que fuera posible la inclusión de algunas novelas que explícitamente tienen en cuenta hechos reales de la vida real del autor (*Body* 75). Paul John Eakin, sin embargo, podría ser un representante del segundo grupo; en *Fictions in Autobiography* (1985) señala que el texto crea un yo que no existiría sin el texto, por lo tanto el autor no se refleja, sino que se inventa, y al ser inventado y, por consiguiente, al ser extraño a cualquier prueba de validez exterior al texto terminaría con la distinción entre realidad y ficción, que es la base del debate en torno a la autobiografía. Paul de Man incorpora ambos puntos de vista cuando señala que "just as we seem to assert that all texts are autobiographical, we should say that, by the same token, none of them is or can be" (922) ["así como nos parece asegurar que todos los textos son autobiográficos, deberíamos

decir de igual manera que ninguno de ellos lo es"] por lo que, hasta hoy, la autobiografía yace en un limbo incómodo.

10. En *Cuban-American Literature of Exile*, Isabel Alvarez-Borland dedica un capítulo a varias obras autobiográficas que forman parte del panorama de la literatura cubano-americana. Su añadidura a las novelas que aquí se mencionan, ofrecen un listado más completo.

11. Anderson comparte la misma opinión (70, 79).

CAPÍTULO TERCERO
Su papel en la cubanidad o cubanía

"Prefiero ser la llanera solitaria, eso es para mí la literatura: soledad"
Zoé Valdés

Casi todos los escritores cubanos reflejan en su obra una serie de características y elementos sobre la isla, pulidos a través de los siglos y de la geografía cubana, muchos de los cuales forman parte de lo que se ha llamado la cubanidad o cubanía. Si bien para algunos críticos ambos términos no son sinónimos, sí comparten elementos en común. El presente capítulo explora qué es esta cubanidad/cubanía, cómo se representa en la obra de Valdés y qué otros elementos característicos de lo cubano aparecen en su obra.

Cubanidad o cubanía

El caso cubano es peculiar debido a la situación política que vive en la actualidad el país caribeño, que ha ocasionado una división entre los residentes y los exiliados. Esta división entre los de "aquí" y los de "allá" es uno de los ejes de la vida cubana desde la última mitad del siglo XX hasta ahora. La instauración del régimen castrista tras la revolución de 1959 supuso la imposibilidad de un análisis equilibrado de la auténtica cultura y vida en la isla, pues todo está sometido a la idea revolucionaria y cualquier desvío supone un severo castigo. Los análisis provenientes de Cuba tienden a caer en la alabanza de la Revolución, y los provenientes de fuera en la crítica.

Sin embargo, la exploración del concepto de cubanidad/cubanía comienza en este siglo mucho antes de la Revolución. En principio, y a manera aclaratoria, conviene definir un poco estos dos términos, a veces empleados indistintamente, pero que tienen sus matizaciones que los diferencian, como señala Pérez Firmat, quien considera que la *cubanidad* indica una identificación nacional pasiva o estado civil, mientras que *cubania* implica una condición espiritual. De hecho, Pérez Firmat habla de hasta tres términos diferentes para referirse a la condición cubana: cubanidad, cubaneo y cubanía ("My Own..." 31). El primero, cubanidad, es la relación legal entre el individuo y el estado, aunque Pérez Firmat indica que no es necesario nacer cubano o criarse en la isla para poseerla, y también se le puede negar a un cubano ("My Own..." 31); cubaneo es, en lugar de un estado civil, un estado de ánimo, el contrapunto irreverente a la cubanidad que "finds expression in those habits of thought, speech, and behavior that we know as typically Cuban" (32) ["encuentra su expresión en aquellos hábitos de pensamiento, habla y comportamiento que conocemos como típicamente cubanos"]; en ese sentido muestra la pertenencia a una comunidad aunque uno no esté geográficamente cerca; por último, cubanía, término acuñado por Ortiz en 1939, indica una cubanidad más "plena, sentida, consciente y deseada" (Ortiz, citado en Pérez Firmat, "My Own..." 33), es algo interior, una elección de la persona. En la visión de Pérez Firmat, ésta es la acepción que él prefiere puesto que "does not depend on place of residence or country of citizenship, has little to do with language or demeanor, and—perhaps most important—cannot be granted or taken away" ("My Own..." 34) ["no depende del lugar de residencia o del país de ciudadanía, apenas tiene que ver con el lenguaje o actitud, y—lo más importante—no puede ser concedida o retirada"].

Hasta llegar a todo este debate, habría que pasar por una serie de figuras carismáticas del pensamiento cubano, partiendo ya de José Martí en el siglo XIX, la única figura que es venerada tanto por el gobierno isleño como por la comunidad en el exilio. Dentro del siglo XX, uno de los estudios más representativos es la *Indagación del choteo* (1940) de Jorge Mañach, obra capital para entender cierto tipo de humor cubano: el choteo. En esta obra, Mañach analiza este tipo de humor bajo y rastrero, que en muchas ocasiones se confunde con la gracia natural de los cubanos (31). Para él, "el choteo es un prurito de independenicia [sic] que se exterioriza en una burla de toda forma no imperativa de autoridad" (30). En su opinión, hay un deseo de rebeldía y desorden en el pueblo cubano que origina el choteo como rebelión ante la autoridad, por lo que estará de moda en la literatura de los escritores del exilio, incluida Valdés, como se verá más adelante en este capítulo.[1]

Esta indagación sobre la naturaleza del choteo le ha permitido a Mañach elaborar una idiosincrasia del ser cubano (que a lo largo del texto se observa como masculino), que de la ligereza y la superficialidad llega hasta el deseo de sólo vivir el presente, de lo que se desprende una mezcla peculiar de virtudes y defectos:

> nuestra liberalidad, nuestro hedonismo, cuanto hay de ingenuo en nuestra malicia y de dócil en nuestra indisciplina, lo susceptibles que somos al halago y a la censura aparentes, nuestro indiferentismo hacia las empresas de cierta transcendencia, nuestro afán utilitario a despecho de nuestra larguez, y, en fin, nuestro choteo. (38)

Es en el fondo una felicidad esencial que gusta de la supresión de la autoridad y la ligereza. Si bien Mañach señala que el choteo, con el cambio de los tiempos, esta decayendo, su estudio concluye con la idea de que, por mucho que cambien los tiempos y las costumbres, siempre permanecerá el medio físico para cuidar de la idiosincrasia del cubano.

Otro autor relevante durante el presente siglo para el estudio de lo cubano, y que supondría la otra cara de la moneda de Mañach con su revalorización del componente africano en la isla, es Fernando Ortiz. Antropólogo e historiador, en *Contrapunteo cubano del tabaco y del azúcar* (1940) traza un paralelismo entre estas dos plantas y la vida e historia de la isla. El entretejimiento que ocurre en la relación entre ambas plantas es paralelo a los entretejimientos entre distintos aspectos de la realidad cubana. De esta manera, mientras el tabaco es una planta cubana, casi siempre en manos cubanas y españolas, el azúcar es extranjero y responsable de la entrada del capitalismo en la isla, tanto por la necesidad de introducir esclavos africanos primero, como maquinaria y tecnología después. Así se creó el sistema de maquinismo, latifundismo e ingenio, base del capitalismo isleño.

Además de la cuestión nacionalista, hay también aspectos de género sexual: el tabaco es considerado por Ortiz como "cosa hombruna" (31) mientras que el azúcar es "hembra" (33). Junto a la cuestión sexual está la racial, ya que tanto "el tabaco como el azúcar se entrelazan con las razas" (83). Si bien en su origen el tabaco fue "cosa de indios y negros" (83), ya que pasó rápidamente de los indígenas a los africanos que lo utilizaban como instrumental en los ritos que habían traspasado a Cuba desde su continente nativo (173), "[e]l azúcar fue mulata desde su origen, pues en su producción fundiéronse siempre las energías de blancos y negros" (84).

Es significativo el hecho de que, pese a esta historia de contrastes, el tabaco y el azúcar jamás tuvieron conflictos entre sí, por lo que la historia de estas dos plantas acaba según Ortiz en "la boda del tabaco con el azúcar" (127). Es este matrimonio entre el elemento foráneo y el nativo una de las claves de la esencia cubana para Ortiz, ya que la cultura de la isla es producto de diversas transculturaciones, las cuales comienzan con la del indio paleolítico al neolítico, y que a su vez desaparecerá al no poder acomodarse a los españoles:

> Después, la transculturación de una corriente incesante de inmigrantes blancos. Españoles, pero de distintas culturas y ya ellos mismos desgarrados, como entonces se decía, de las sociedades ibéricas peninsulares y transplantados al Nuevo Mundo. . . . Al mismo tiempo, la transculturación de una continua chorrera humana de negros africanos, de razas y culturas diversas, procedentes de todas las comarcas costeñas de África. . . . Y todavía más culturas inmigratorias, en oleadas esporádicas o en manaderos continuos, siempre fluyentes e influyentes y de las más varias oriundeces: indios continentales, judíos, lusitanos, anglosajones, franceses, norteamericanos y hasta amarillos mongoloides de Macao, Cantón y otras regiones del que fue Imperio Celeste. (129-30)

Las distintas olas de inmigrantes se "transculturan": Ortiz acuña precisamente este vocablo para designar no solamente el hecho de adquirir una nueva cultura, "sino que el proceso implica necesariamente la pérdida o desarraigo de una cultura precedente, lo que pudiera decirse una parcial desculturación, y además, significa la consiguiente creación de nuevos fenómenos culturales que puedieran denominarse neoculturación" (134-5). Este concepto de la transculturación será luego elaborado por Pérez Firmat en la cultura de la traducción.

Este proceso transculturador refleja muy bien la permeabilidad que, en el caso de Cuba, lo nacional adquiere ante lo extranjero, para introducirlo en su propia esencia, como señala Kristeva en *Extranjeros para nosotros mismos*. Dentro de ese ajiaco o mezcla cultural el componente negro cobrará en Ortiz una importancia fundamental, que se verá confirmada después por otros investigadores cubanos dedicados al estudio de la herencia africana de la isla, desde Lydia Cabrera hasta Natalia Bolívar Aróstegui. Desgraciadamente, ese feliz matrimonio entre tabaco y azúcar, o lo nacional y lo extranjero, o lo blanco y lo negro no fue tal en la realidad, como se observa a través de los conflictos raciales y políticos en la historia de la isla.

El triunfo de la revolución de 1959 dio lugar a una serie de normativas sobre lo que era o no era ser cubano, basadas en presupuestos políticos en torno a la idea de patria, y quedó como un elemento clave en las nociones de lo cubano contemporáneas. Señala Smorkaloff, citando a Barnet, que "all Cubans, wherever they are, hold a common obsession with 1959" (6) ["todos los cubanos, no importa en dónde estén, tienen una obsesión común con 1959"]. Este es el año que define al país desde la segunda mitad del siglo XX, causa de la división más feroz y, cabría decir, nuevo aspecto de la cubanidad/cubanía contemporánea. La dificultad para obtener documentación que no esté filtrada por el componente político acerca de la "identidad cubana" impide el desarrollo normal de una evolución como en otros países. Sin embargo, es interesante la lectura de *Cómo surgió la cultura nacional* (1961) de Walterio Carbonell, que permite observar cómo se retoman muchos de los elementos de Ortiz en la construcción cultural cubana filtrados a través de la ideología revolucionaria. Cabonell reconoce que lo cubano parte de la importación de elementos extranjeros, ya que "[l]a [cultura] cubana fue creada a partir de préstamos culturales de España y África" (53). De esos dos componentes extranjeros mayoritarios, fue la presencia africana la que paulatinamente se impuso ante la endeblez de la "cultura burguesa" del europeo, a través de la música primero y de la espiritualidad después (24-5). Debido a diversos factores, ambas culturas (la blanca y la negra) se nacionalizaron gracias al conflicto esclavo-esclavista, y al conflicto personal de cada grupo con sus orígenes (49). La cultura nacional, sin embargo, resulta para Carbonell de la lucha de clases, no de razas (87). Si bien en su descripción del nacimiento de lo cubano este crítico analiza el sistema esclavista y los conflictos que de dicho sistema han surgido, parece que con la revolución castrista la antagonía racial ha desaparecido, y la idea de Ortiz de que "el tabaco y el azúcar" nunca han tenido conflictos entre sí en términos de raza se confirma.

Más adelante, Roberto Fernández Retamar alzaría un poco la importancia de la herencia española en la cultura cubana, aunque hasta cierto punto España había quedado al margen ya de Occidente ("Nuestra América y Occidente" 103), y era hasta cierto punto africana, por su herencia islámica ("Contra la Leyenda Negra" 154-5). Esto no evita que el propio Fernández Retamar señale que el negro pertenece con más derecho a Cuba en particular y a América en general que el blanco descastado ("Nuestra América y Occidente" 131). Esta importancia del negro que se une o sustituye al indígena donde éste desaparece motiva que la cultura tanto cubana como latinoamericana sea "mestiza" en oposición al deseo occidental, especialmente estadounidense, de lograr una homogeneidad blanca (*Todo Calibán* 8-9). Toda esta equidad racial aparece enmarcada dentro del modelo de sociedad postoccidental que es Cuba ("Nuestra América y Occidente" 136).

Si se pasa al otro lado del puente, es decir, de la isla al exilio, se ve que las características ya mencionadas desde Ortiz prevalecen. El estudio más significativo sobre la esencia cubana desde el exilio es *The Cuban Condition* (1989) de Gustavo Pérez Firmat. Este crítico, partiendo de análisis literarios entre los que incluye las obras de Jorge Mañach y Fernando Ortiz, llega a la conclusión de que la cubanía emerge de una refundición consciente y matizada de modelos extranjeros, especialmente africanos y peninsulares. Pérez Firmat define esta autoconciencia transculturadora como una "translation sensibility" (1) ["sensibilidad de traducción"], que si bien está presente en todo el continente americano, en el caso de Cuba es peculiar por la ausencia de una cultura indígena autóctona que haya sobrevivido por un tiempo (2).

Pérez Firmat está de acuerdo con Ortiz en el hecho de que lo autóctono cubano no es sino "a certain inflection of the foreign" (20) ["una cierta variación de lo extranjero"]. Esta esencia cubana basada en la traducción/traslación tiene para él una gran fuerza creativa y marca un estilo propio. El hecho lingüístico de un habla cubana diferente de la española en la obra de los escritores de comienzos del siglo XX sirve para señalar la esencia cubana a través del lenguaje. El sincretismo entre lo blanco y lo negro lo analiza a través de la obra de Nicolás Guillén, conocido por su poesía negra, pero que también cultivó formas "blancas" o españolas, como el soneto y el madrigal: "To write a mulatto madrigal or a mestizo sonnet is to transform, to transculturate, two of the 'whitest' literary forms" (68) ["escribir un madrigal mulato o un soneto mestizo es transformar, transculturar, dos de las formas literarias 'más blancas'"].

Este estudio de Guillén le permite a Pérez Firmat observar, por un lado, cómo se ensamblan las dos culturas principales foráneas de las que parte lo cubano y, por otra parte, criticar el aparente privilegio de lo mulato dentro de la cultura nacional cubana. De las dos figuras típicas y estereotípicas que según él son la imagen de Cuba, el diablito y el guajiro, negro y urbano el primero, blanco y campestre el segundo, el primero parece cobrar predominancia tras los trabajos de Ortiz y sus seguidores, y Pérez Firmat muestra cómo otros escritores han revitalizado al guajiro (95-111). Su visión centrada en lo literario también prueba dos cosas: por un lado el hecho de la literatura como elemento influyente en la creación de una "esencia cubana" y, por otro lado, la justificación de dicha esencia en la literatura del exilio:

Knowing that in Cuba transience precedes essence, these writers [Marinello, Mañach, Ortiz, Guillén, Florit, Rodríguez, Carpentier] take their distance from the foundational gestures typical of the criollist program. Cuban criollism is rootless, unearthly, movable—translational rather than foundational. Which engenders another paradox: in Cuba, nativist literature shades into its opposite, the literature of exile. Inconsistent Cuba: an island without a ground. (157)

[Sabiendo que en Cuba lo fugaz precede a la esencia, estos escritores (Marinello, Mañach, Ortiz, Guillén, Florit, Rodríguez, Carpentier) se distancian de las gestas de fundación típicas del programa criollo. El criollismo cubano no tiene raíz, no está afincado en la tierra, es movible—de traducción más que de fundación. Lo cual crea otra paradoja: en Cuba, la literatura nativista es convierte en su opuesto, la literatura del exilio. Cuba inconsistente: una isla sin terreno.]

No es difícil pasar de esta visión del exilio que proviene del análisis que Pérez Firmat hace de *Los pasos perdidos* de Alejo Carpentier a la situación actual en la que gran parte de la literatura cubana se escribe en el exilio por causas políticas. Pérez Firmat incorpora dicho exilio dentro de la cubanidad, e integra a los cuba-noamericanos junto a los que viven en la isla dentro de una tradición "cubana".

La obra de Valdés incorpora toda esta tradición en sus páginas. Para Ortiz-Cebeiro, la cubanidad en los textos de Valdés se entiende "como un palimpsesto que apunta al cúmulo de múltiples y divergentes fórmulas que la configuran: la cultura europea, la africana, la mezcla mulata, el guajiro, la hibridez cultural que se forma en el exilio" (120). Obviamente, como indicaba Pérez Firmat, a pesar de no estar en la isla, nadie duda de su cubanía. En sus obras, ella va a explorar distintos aspectos de "lo cubano" a través de un lenguaje y un humor que enca-jan con el choteo indicado por Mañach, como una manera de reírse de los males de su sociedad, en particular de Fidel Castro y su gobierno; también presenta su obra las reflexiones sobre el mar y la insularidad de la isla, la profundización en la sexualidad desde un punto de vista femenino, las cuestiones sobre la raza y la caótica formación de la autora en sus lecturas que aparece en la intertextualidad. Pero también hay varios rasgos nuevos que ella introduce en esta cubanía y que tienen que ver con el contexto del periodo especial, como el cuestionamiento sobre la (falta de) comida en la isla. En este capítulo y en el siguiente se le dará espacio a explorar estos temas en la obra de Valdés.

Sobre la comida

Al hablar de la comida en la literatura cubana, durante la segunda mitad del siglo XX, uno tiene que preguntarse si de debiera hablar de la "ausencia" de comida en Cuba durante ese tiempo. Esta ausencia es mucho más acentuada durante el llamado periodo especial, los noventas, durante el cual los cubanos luchaban constantemente por el alimento diario. Como indica Ben Corbett en su obra *This is Cuba*, la ración de la libreta de racionamiento cubana no proveía de alimentos necesarios para sobrevivir, y la gente necesitaba usar su imaginación para obtener algo extra que comer con lo que llegar a fin de mes (81-5). La re-presentación de esta ausencia de comida es notable en la narrativa contemporá-nea cubana, tanto por parte de autores que viven en la isla, como Pedro Juan Gutiérrez en su ciclo de La Habana, al igual que en los escritores en el exilio, como es el caso de Valdés.[2]

La escasez de comida se une a otras escaseces de este momento, como la escasez de dinero, la escasez de libertad o la escasez de esperanza. Vivir en Cu-ba es una nada cotidiana, como proclama *La nada cotidiana* de Valdés. En esta obra, ya desde el comienzo se advierte esta ausencia, cuando Yocandra despierta y toma su buchito de café en la mañana, ella decide también tomar algo para el desayuno y habla del pan:

He administrado muy bien el pan nuestro de cada día. Cuando hay —¡si es que hay!— lo pico en cuatro: un pedazo en el almuerzo, otro en la comida, el tercero antes de acostarme, si no lo he compartido antes cuando tengo visita, y el cuarto es el destinado al desayuno. Después volví a lavarme los dientes. Tengo pasta dental gracias a una vecina que me la cambió por el picadillo de soya, porque yo sí es verdad que no ingiero eso, sabrá Dios con qué fabrican esa porquería verdosa y maloliente. Me han vuelto vegetariana a la fuerza, aunque tampoco hay vegetales. (29)

Esta ausencia de comida se repite constantemente durante toda la novela. Como indica Wasserman, "la comida racionada, buena, mala o aceptable, es discutida en este libro" (70). En algunos casos, es el éxito por tener todavía café a fin de mes (*La nada* 30), en otros la queja por la ausencia de sabor en la comida (*La nada* 32, 72, 145), o incluso por la imposibilidad de arrojar arroz tras una ceremonia porque "la cuota del mes no alcanzaba" (*La nada* 57). Y no sólo el arroz, sino otro tipo de bienes también (*La nada* 62, 73, 145-6), todos limitados por la cuota mensual, que se representa en el texto (*La nada* 66-7). Esta cuota hace necesaria la presencia del mercado negro o de personas que vendan comida que sólo Dios sabe de dónde sacaron (*La nada* 75, 86). Y la presencia constante de largas filas para esperar por los pocos alimentos disponibles, no sólo en ésta, sino en varias novelas. La ausencia de comida fuerza a veces a los personajes a alimentarse con cosas insospechadas, como le ocurre a Cuca en *Te di la vida entera*, que llega a comerse la frazada del piso en bistecitos (254).

En varias novelas de Valdés se incluye esta referencia a la escasez de comida entre otras cosas. A veces, esta escasez se refleja en el contraste que supone para el cubano encontrarse en el extranjero y poder disfrutar de la abundancia de bienes alimenticios, como le sucede a Daniela en *La hija de embajador*. Cuando ella llega a París, disfruta de comida muy sabrosa y también de la gran variedad de dulces que la capital francesa le ofrece, y que ella compra sin remordimiento (37-8). La comida también es un elemento de venganza para los exiliados que regresan en viaje a la isla, y que la usan como arma contra los defensores de la revolución con quienes, anteriormente a su salida, habían tenido sus más y sus menos. Esto ocurre con Marcela en *La hija del embajador*, cuando regresa a Cuba y ve a la antigua presidenta local del CDR (41-2). En *Te di la vida entera* la protagonista, Cuca, sobrevive en la miseria hasta que su antiguo amante, Juan, regresa y las lleva a ella y a su hija a desayunar a un buen restaurante reservado a turistas que pueden pagar con dólares y, por supuesto, pueden comer tan bien como en cualquier lugar del mundo, no la comida desabrida que sufren la mayoría de los cubanos (278-80). O sirve como contrapunto con lo bien que se come en algunos centros del exilio, como Miami. En *Milagro en Miami* se indica que esta ciudad es "donde mejor se come comida cubana" (10), lo cual agrada al protagonista, Tierno Mesurado, que es un "fanático del yantar" (10).

En términos "alimenticios", *Te di la vida entera* es especialmente interesante porque contrasta notablemente la escasez alimenticia sufrida en los noventa con la abundancia presente antes de la revolución. Como muestra, ofrece una serie de recetas culinarias (33-5) y la memoria de "tantos goces inefables, del paladar, y... de lo otro" (35). El contraste se pone más de relieve en el comienzo del capítulo cuarto cuando, tras los tres primeros, que ocurrían en las décadas de los cuarenta y cincuenta, vamos ahora tres décadas y media más tarde a los ochentas y el capítulo se abre con una pregunta en torno a la comida:

> ¿Qué haré de comer mañana? La pregunta de los sesenta mil millones de pesos. El pan nuestro de cada día: no tenerlo. A Talla Super Extra le andan diciendo *la cebolla*: por su culpa las mujeres cubanas lloran en las cocinas. . . . Tal vez haga un picadillo, de gofio. Se coge un paquete de gofio, se humedece con agua primero, luego lo adobas con vinagre, porque el limón está perdido, sal, ajito y cebollita, si puedes irte a Güines y comprárselo a los guajiros, y si no, pues te cagaste en tu madre. Lo sofríes en la sartén y ya está, la novedosa receta intragable de picadillo habanero de gofio. (97-8)

Más adelante hay menciones, cuando la protagonista recuerda retrospectivamente, el entrenamiento sufrido durante los sesentas y setentas, décadas en las que la población cubana fue entrenada "para el hambre del periodo especial" (107). Todo esto sin perder el sentido del humor, que convierte a la carne en "oro rojo" en clara referencia al también necesario "oro negro", el petróleo, que Cuba nunca tendrá (106).[3]

Sobre el canibalismo

Curiosamente, y a pesar de esta necesidad, el canibalismo no aparece presente en la novelística ni de Valdés ni de sus compatriotas contemporáneos. El canibalismo estaría aparentemente justificado en circunstancias parecidas a las de Cuba, según ciertos críticos. Lewis Pretrinovich indica que cuando las personas se encuentran en una situación en que se muere de hambre, serán capaces de comer a otra gente.[4] Esta situación se halla documentada en historias del mar, pero ni eso en el caso cubano. Los balseros no se comen los unos a los otros, aunque sí ha ocurrido esto en un caso reciente de balseros dominicanos.[5]

En el caso de Cuba, la novela que mejor refleja una tendencia canibalística sería *La carne de René* (1952) de Virgilio Piñera. En esta obra, Piñera elabora una idea que ya había aparecido en su cuento "La carne" (1944), sobre un pueblo en el que la población había resuelto una hambruna recurriendo a la antropofagia (Ballou 8). Sin embargo, en *La carne de René* el tema se elabora más en términos de masoquismo y sexualidad, y no meramente canibalísticos.[6] Este canibalismo, entendido no de una manera literal sino más bien ritual, es el que aparece en Valdés. En el canibalismo ritual, la carne humana se consume no por su valor nutritivo, sino por otras ideas, como absorber las cualidades del oponente, como el coraje o la inteligencia, incluso como signo de humillación o respeto hacia el difunto (Hanson 122). Este valor metonímico, como digo, es el que nos interesa de la obra de Valdés: la idea de consumir a otros para adquirir algunos valores se ve ya en *La nada cotidiana* cuando el Traidor, tras convertirse en el marido de Yocandra, necesita escribir una obra maestra para ir a París, una obra que mezcle las características de ciertos escritores, como Eco, Yourcenar, Mann, Süskind, Lezama Lima y Carpentier (61). Para lograr su éxito como escritor, necesita dedicarse a absorber las características de estos escritores famosos para adquirir sus cualidades. Pero el ejemplo más claro aparece en *Café Nostalgia*.

Hacia el final de esta obra, Samuel y Marcela se encuentran tomando una cena vegetariana en el apartamento de ella en París. De repente, Samuel le indica que es triste comer todo aquello "a capella, sin carne que lo acompañe" (356), y sugiere la idea de rendirle homenaje a Virgilio Piñera, autor de *La carne de René* antes mencionada, con una maliciosa sonrisa (356). Este es el inicio de una larga escena antropofágica que nada tiene que envidiar a *La carne de René*, y que va más allá de los inocentes mordiscos que el Traidor le daba a Yocandra en *La nada cotidiana* (40). Esta escena antropofágica finaliza en la consumación del acto sexual, uniendo de esa manera las dos tendencias de la novela que había originado esta escena, *La carne de René*. Esto ocurre justo después del momento en que ella descubre los genitales de él, mientras él está cortando un trozo como un *carpaccio*, y decide hacerle una *fellatio* que culmina con la extirpación del pene de él (357-8). Es, real y literalmente, una posesión mutua que termina cuando suena el teléfono y se ven forzados a iniciar un proceso de recomposición en el que toman las partes corporales necesarias sin preocuparse de a cuál de los dos pertenecen: "Sin tiempo para reinsertarnos los órganos, cada cual toma lo que puede, sin prestar atención, en medio del sangriento desorden. Ya no distinguimos más si él soy yo, si yo soy él" (359).

Estos dos nuevos seres que comienzan su vida tras el acto de mutuo consume toman, pues, características del otro debido a su acto canibalístico/sexual. Como ya se señaló con anterioridad, algunos grupos practican el canibalismo como una manera de adquirir características de otro, y en *Café Nostalgia* Samuel adquiere algo de Marcela, y ésta de aquél. De alguna manera, el medio de sobrevivir a la miseria del exilio es a través del amor que en la novela emplea esta metáfora antropófaga para como un mecanismo para crear en el lector la imagen del poder de esa pasión. La frase tópica de "te voy a comer", común en nuestros países hispanos, adquiere aquí un significado "literal" en el final de *Café Nostalgia*.

Se ha explicado el consumo del ser amado como un retorno a nuestras emociones infantiles: el deseo de unión total con el padre experimentado por el niño tras el nacimiento, y que se hace patente a través del deseo de tomar leche del pecho materno (Goldberg 116). De esa forma, una persona que desea a otra, como ocurre en esta novela con el deseo de Marcela por Samuel, y que al mismo tiempo se encuentra sola en tierra extranjera (lo cual hace que ese deseo sea más fuerte), busca una total incorporación del amado a través de la ingestión oral, como si fuera comida. La novela incorpora este proceso por medio de la escena arriba citada, aunque hacia el final, el lector puede ver que el proceso es más metafórico que literal, puesto que parecen reconstruirse a sí mismos cuando suena el teléfono que interrumpe su pasión, sin que a ninguno de los dos les falte ninguna parte. La imagen, poderosa, permanece en la mente de los lectores a pesar de esta recomposición final.[7]

La intertextualidad o el canibalismo textual

Valdés continúa experimentando con el canibalismo de una manera textual, a través no sólo de la intertextualidad que aparece en su obra, que abarca tanto textos de otros autores cubanos y no cubanos, como otros géneros artísticos como el cine o la cultura popular, como se verá más adelante. Sin embargo, dentro del ámbito textual, ella llega al extremo de la autointertextualidad, que convierte alguna de sus obras en ejemplos de autocanibalismo textual. Si bien en esta obra no me propongo ofrecer un estudio detallado sobre la intertextualidad, para lo que refiero al lector a otros estudios sobre el tema, sí quiero señalar que, al igual que ocurría en el capítulo anterior cuando se mencionaba la autobiografía, algo semejante ocurre con la intertextualidad en cuando a la ausencia de una definición única y valedera. El término, que se generalizó tras una reflexión de Kristeva sobre el mundo novelesco de Bajtín, oscila entre las definiciones más restringidas, como la de Genette, quien la considera una de sus cinco relaciones transtextuales, definida como "a relation of co-presence between two or more texts" (citado en *Paratexts* xviii) ["una relación de co-presencia entre uno o más textos"], es decir, la aparición de un texto en otro, hasta definiciones más amplias, como la de Riffaterre, quien la considera como la percepción, por parte de los lectores, de la relación entre una novela y aquellas que la preceden, es decir, casi "el conjunto del fenómeno literario" (Rivera de la Cruz). Entre estos extremos hay una amplia gama de definiciones y clasificaciones, si bien Valdés encaja a la perfección en algunas obras con las definiciones más restringidas de Kristeva o Genette.[8]

En algunos casos, la intertextualidad en Valdés aparece reconocida con la mención de la obra anterior. Así, el capítulo octavo de *La nada cotidiana* es un homenaje al capítulo octavo de *Paradiso*, de Lezama Lima, una de las obras maestras de la literatura latinoamericana. También abundan, aunque a veces no de manera explícita, las referencias a las obras de Cabrera Infante; de hecho, la primera parte de *Te di la vida entera* parece un homenaje a *Tres tristes tigres*. Por supuesto, esos textos cambian en la reescritura que Valdés hace de ellos, como señalaba Kristeva que ocurriría con la intertextualidad ("Word..." 37). Esta reescritura encaja perfectamente con la noción de estilo de traducción que se la cultura cubana según Pérez Firmat, quien señala que entiende la traducción "not only in the strict sense of a recasting, in a second language, of statements from a first" ["no solo en el sentido estricto de volver a escribir, en una lengua, declaraciones de otra"], sino que se acerca a la "intralingual translation" de Roman Jakobson, "a restatement or paraphrase that occurs within the matrix of a single language" (*The Cuban* 4) ["una paráfrasis que ocurre dentro de la matriz de una misma lengua"]. Es decir, correspondería a esa reelaboración que Valdés hace de otros textos, no sólo en español, sino en cubano, como sería el caso de Cabrera Infante. ¡Qué mejor cubanía que la lingüística! Sin embargo, Valdés va más allá y se intertextualiza a sí misma, devorando toda una obra dentro de otra. Esto sucede en *El pie de mi padre*, obra que incorpora en su segunda parte, como ya se mencionó en el capítulo anterior, el texto completo de una novelita breve anterior, *La ira: Cólera de ángeles*. De esta manera, se podría decir que esta última obra es deglutida o asimilada por la anterior, en un ejercicio de canibalismo textual, único en la cultura cubana actual.[9]

Las semejanzas entre ambos textos son apabullantes. *La ira* es una novela corta de 1996, que cabría calificar de menor, no en un sentido peyorativo, sino basándose en el hecho de que es una obra difícil de conseguir y experimental, puesto que comparte espacio con otros textos: una serie de representaciones de pinturas y los comentarios sobre las mismas que son parte de otra autora, Sylvie Douce de la Salle. La obra apareció como parte de una serie sobre los pecados capitales, y tanto la obra de Valdés como los cuadros reflejan en gran medida la ira. Sin embargo, fue una decisión editorial, y Valdés no va a tener todo el control, al contrario de lo que sucederá en *Café Nostalgia*, obra en la que lo visual se incorpora en la narrativa de manera más profunda, si bien sin la parte visual. *La ira: Cólera de ángeles* cuenta la historia de Raquel, una joven cubana que, tras recibir una beca para ir a París, conoce en la capital francesa a un caballero cubano, mayor que ella, con quien tiene una relación que termina en matrimonio cuando ambos regresan a Cuba. Poco a poco, el amor y la pasión desaparecen y el matrimonio amenaza con romperse hasta que, un día, él fallece en un accidente de avión y Raquel queda sola y encinta, como viuda mártir de un revolucionario. Tras varias escenas que muestran las dificultades de la protagonista en la isla, ella decide escapar en balsa a Miami, pero tras una tormenta es rescatada por un guardacostas estadounidense y enviada a Guantánamo, en donde da a luz a dos criaturas.

El pie de mi padre, publicada cuando ya Valdés es una figura reconocida, se extiende por más de 200 páginas y no comparte espacio con ningún otro texto. Cuenta la historia de Alma Desamparada, una joven que nunca conoció a su padre y que sueña con él, para comparar su pie con el de su progenitor y así descubrir si realmente es hija suya. De esta manera, Valdés retoma una obsesión que ya aparecía en *Sangre azul*, su primera novela, en la que Attys, la protagonista, en lugar del pie tenía la boca igual a la de su padre (*Sangre* 126), y también soñaba constantemente con él (*Sangre* 88). Alma lleva una doble vida: la real, en la isla, viviendo la nada cotidiana como tantas protagonistas de Valdés, y la ficticia, en la que motivada por su alter ego, un payaso que sólo ella puede ver en el espejo, sueña una historia idéntica a *La ira: Cólera de ángeles*, en donde ella es la viuda de un revolucionario que había conocido en París como becaria y que falleció en un accidente de avión, tras el cual ella decidió escapar de la isla en balsa y, tras ser rescatada y llevada a Guantánamo, dio a luz a dos hijos.

Decir que *La ira* sirve de intertexto a *El pie* sería quedarse corto: es técnicamente absorbida, y se convierte en un elemento capital de *El pie de mi padre*, desde la página 119 de la primera edición en español hasta cerca del final. Hay diferencias entre ambas (recordemos que tanto la intertextualidad, como la considera Kristeva, como el canibalismo no funcionan como clones, sino que modifican el original), que a veces son evidentes en términos de estructura, de forma e incluso de trama, pero no cabe duda que se trata de la misma obra.

Estructuralmente, *La ira* no se articula en capítulos, sino en tres grandes secciones sin numeración ni título, que aparecen intercaladas con las reproducciones de los cuadros y los comentarios sobre los mismos. Tras cada sección, viene una correspondiente de cuadros y comentarios, hasta sumar un total de tres también. *El pie de mi padre* está organizada en capítulos con título, de tal forma que el texto que coincide con *La ira* comienza en el capítulo 12, titulado "Rebelde" (119) y termina en el capítulo 20, titulado "El pie de la luna" (215). El capítulo 21 y último de *El pie* no tiene relación con *La ira*. Hay que indicar que estos nueve capítulos de *El pie* no encajan en la distribución original del texto en *La ira*, es decir, no son tres capítulos exactos de *El pie* por cada sección de *La ira*, sino que, por ejemplo, el final de la primera sección de *La ira* ocurre a mediados del capítulo 14 en *El pie*.

Además de las diferencias estructurales, hay también modificaciones estilísticas. Tanto el lenguaje como la distribución en párrafos están más elaborados en *El pie* que en *La ira*. Esta última tiene párrafos más largos, en ocasiones de más de una página, mientras que *El pie* presenta más párrafos, a veces creados con efecto dramático: cuando la protagonista conoce al que habrá de ser su marido, en *La ira* el lector tiene: "Esa misma noche lo conocí. Otro cubano que estaba de paso por Francia, en viaje de negocios, según dijo" (10). Ambas oraciones están en el mismo párrafo, separadas por un punto y seguido; sin embargo, en *El pie* la separación es un punto y aparte, lo cual crea otro párrafo:

> En esa cena lo conocí.
> Otro cubano que estaba de paso por Francia, en viaje de negocios, según dijo.
> (122)

Esta segunda versión tiene un impacto más profundo en el lector, puesto que visualmente contribuye a aislar esa reflexión en el texto. *El pie* presenta más cuidado en términos tipográficos. Durante una manifestación en La Habana, los manifestantes en *La ira* llevan carteles en donde aparece escrito con letras mayúsculas "presos cubanos" (85), mientras que en *El pie* se escribe "PRESOS CUBANOS" (175) con las mayúsculas en el texto, en lugar de indicarlo simplemente. La tipografía es importante en los diálogos también, ya que en *La ira* éstos aparecen con un guión (—), sistema tradicional en español, mientras que en *El pie* se usan las comillas (" ").

Finalmente, el lenguaje es más poético y elaborado en *El pie* que en *La ira*, la cual mostraba un lenguaje más directo, para crear un impacto emocional más fuerte. A veces, los diálogos son más expresivos en *El pie*, cuando el marido de la protagonista dice "estoy cansadísimo, muerto, hecho talco" (136), en lugar del simple "estoy tan cansado" en *La ira* (22). Otro ejemplo de esta sutil diferencia es en una escena nocturna, que aparece en una obra como "la luna iluminaba su rostro de perfil" (*La ira* 27), mientras que en la otra versión es más elaborada con la añadidura de adjetivos y adverbios, "la luna iluminaba silueteando al rostro masculino de perfil" (*El pie* 141). A veces, el truco consiste en una sencilla metáfora, y así, mientras en *La ira* la protagonista simplemente se suelta de la mano del marido, en *El pie* consigue "soltar su garra" (140).

Como Coward y Ellis han señalado, "intertextuality cannot indicate a mono-lithic process without change. Writing involves the constant reformulation and repositioning of the signifying process that is being called up" (52) ["la intertex-tualidad no puede indicar un proceso monolítico sin cambio. La escritura invo-lucra la constante reformulación y recolocación del proceso de significación que se evoca"]. Por tanto, surge la pregunta: ¿Se trata de una simple reescritura o hay algún propósito en estos cambios? Para evaluar este aspecto, se hace necesa-rio reflexionar sobre otros cambios entre ambas versiones, si bien algunos son insustanciales, como el hecho de que en *La ira* el marido se queje de que ella parece un personaje de las "novelitas rosas de Corín Tellado" (26), mientras que en *El pie* desaparece el nombre de la escritora, y simplemente aparece "novelitas rosas" (140).

Otros cambios, sin embargo, son más significativos. En *La ira* el marido es simplemente eso: el marido, él. Nunca se le da un nombre propio, cosa que sí ocurre en *El pie*, en que se convierte en Ernesto, nombre que aparece en diversas ocasiones. El hecho de que el marido sea anónimo en una de las obras es impor-tante: implica una ausencia de intimidad en la relación. El marido es simplemen-te otra pieza en el mecanismo castrista para la opresión, lo que le confiere a la novela un tono más político. En *El pie*, al conferirle un nombre, se le concede el derecho a ser persona, un individuo, se humaniza su imagen, aunque no acabe de ser positiva del todo. Esto puede tener que ver con la inmediatez de una obra, *La ira*, a los hechos en los que se basa esta relación, mientras que para la época en que se publica *El pie* estos hechos están más alejados en el pasado de Valdés.

También hay cambios con el nombre de algunos personajes, como el de la protagonista, que de Raquel en *La ira* pasa a Alma Desamparada o Elisa en *El pie*, pero no parecen extremadamente relevantes, excepto por la ironía en Alma Desamparada. Lo que sí es interesante es el cambio en cuanto al uso de cierto vocabulario, como el término "revolución". En una reflexión sobre el "Museo de la Revolución" en *La ira* se lee:

> En la iglesia del Santo Angel estaba a mis anchas, pero, al salir al exterior, con-trastaba demasiado con mi fe en el misterio la presencia del yate *Granma* en su urna de cristal, dentro del Museo de la Revolución (otra vez la palabra, ¡y que no haya sinónimo para reemplazarla en estos casos!). En la del Espíritu Santo no se podía estar a causa de los espías del Historiador. (83-4)

En *El pie de mi padre* la oración entre paréntesis desaparece, al tiempo que el final cambia sutilmente: "En la del Espíritu Santo no se podía estar a causa de los espías enviados por el Historiador, encargados de la restauración y de vigilar que nadie más que ellos robara el patrimonio" (174). Más adelante, al hablar de una celebración religiosa, la protagonista menciona en *El pie* que ese tipo de celebraciones no ocurrían "desde antes de 1959" (174), mientras que en *La ira* no ocurrían desde "antes de la revolución" (84). Esta insistencia en la palabra "revolución" en *La ira* convierte esta obra en mucho más colérica en su tono sobre la revolución y sus consecuencias en la isla, le da un tono de denuncia más inmediato que en *El pie*. De hecho "revolución" es la clave de todo lo que pasa en *La ira*, que comienza ya con esa idea: "¿Revolucionaria yo? ¿Por qué tenía obligatoriamente que ser revolucionaria? ¿Por qué debía ser combativa, militante, agresiva. Yo, que era todo lo contrario, indiferente, pasiva, introvertida" (7). Como se puede ver, el comienzo del capítulo 12 de *El pie* es parecido, pero no igual:

> ¿Rebelde yo?
> ¿Por qué tenía obligatoriamente que ser combativa? ¿Por qué debía ser partici-
> pativa, ofensiva, agresiva? Yo, que era todo lo contrario, indiferente, pasiva,
> introvertida. (119)

Se observará que el término "revolucionaria" desaparece completamente en *El pie* y se sustituye con "rebelde" que, de nuevo, es parecido pero no es lo mismo. En *La ira* también se reflexiona cómicamente sobre los símbolos de esa Revolución, incluyendo a Fidel Castro:

> Pasen, señores, pasen, vengan a ver al ilusionista Castro, él es Conde, quiere
> decir que esconde el pan, esconde la leche, esconde a los disidentes, esconde a
> los presos políticos. Hace gala además de otros pseudónimos, Esteban, Este-
> bandido. También XXL, Talla Super Extra, por el aquello de que hemos hecho
> una revolución más grande que nosotros mismos. (15)

Esta crítica directa está completamente ausente en *El pie de mi padre*, obra en la cual la crítica aparece de manera más subliminal. Oraciones del tipo "mucho se aprendió de las dictaduras latinoamericanas" (*La ira* 84) y alusiones directas al socialismo aparecen de forma más comedida en la producción reciente de Valdés.

Un último cambio sería el final, puesto que tras ser rescatada, la protagonista en *La ira* da a luz a dos criaturas vivas, mientras que en *El pie* el varón nace muerto y sólo la hija sobrevive. Es curioso que la fémina perviva, en una obra que se encuadra entre otras que se centran más en cuestiones de género y revalorizan la figura femenina, como *Querido primer novio* o *Lobas de mar*. Sin embargo, pese a esta pérdida, *El pie de mi padre* tiene un final feliz, ofrecido por el último capítulo, que lo hace más optimista que *La ira*.

Ya había señalado Kristeva que cualquier texto se construye como un mosaico de citas, al absorber y transformar otros ("Word..." 37). La "cita" de *La ira* en *El pie*, como vemos, es digerida como una forma de la protagonista, Alma Desamparada, de escapar de su vida diaria. Al hacerlo, el realismo crudo y la crítica de *La ira* se diluyen un poco en *El pie*. La vieja obra ha sido consumida, incorporada y modificada en su totalidad: más que intertextualidad, un acto de canibalismo, dentro del más puro estilo cubano indicado por Pérez Firmat, aunque, como este crítico señala, no es una práctica solamente cubana. De hecho, esta interpretación del canibalismo alejado de la carne y aplicado simbólicamente a otras formas de consumo es una teoría relativamente reciente en la teoría y crítica occidentales, un nuevo paso en la evolución del canibalismo como arma cultural.[10] De esta manera, a través del consumo de una obra en la otra, Valdés incorpora dos tendencias de su narrativa en una obra: la fuerte crítica política, con un "realismo casi pedestre", en palabras de Zaida Capote (citado en Faccini), como ocurre en *La nada cotidiana*; y el estilo poético y la fantasía de otras obras (como su primera novela, *Sangre azul* y otras de su más reciente producción, como *Milagro en Miami*). En el proceso, doma un poco su crítica.

Sin embargo, como sugiere King, este canibalismo en la teoría crítica reciente puede ser también una muestra de vacío y falta de creatividad (121). No sorprende que algunos críticos que consideraban a Valdés como una poeta y novelista que prometía a mediados de la última década del siglo XX, ahora tengan una opinión menor de ella.[11] No obstante, considero que este acto es el inicio de una nueva veta creativa, en la que explora nuevas ideas, tras las obras de su "sexagonía". De hecho, tras *El pie de mi padre*, publicó *Lobas de mar*, una ficción sobre dos personajes históricos; *La eternidad del instante*, un homenaje a sus raíces asiáticas; y, por último, *Bailar con la vida*, que entre otras cosas es una reflexión sobre el escritor en el mundo contemporáneo. Según ella misma dice, con *El pie* intentó apuntalar una idea, la de *La ira*, que no había quedado bien.[12] De paso, se le ofrece al lector que no puede conseguir la breve novela de 1996 la oportunidad de leerla aunque sea en una versión más edulcorada, gracias a los cambios en el lenguaje.

El humor y el lenguaje

El lenguaje "habanero" y el humor, en ocasiones negro, son dos rasgos que presentan las novelas de Valdés. El lenguaje es, para Rozencvaig, uno de los elementos fundamentales en *La nada cotidiana*, sobre todo en la carta de la Gusana, que presenta un discurso político lleno de ingenio y de humor (433). Otros críticos, como Argentina Rodríguez, ven en las primeras obras de Valdés "el disfrute de la palabra por la palabra misma; una invitación a disfrutar el lenguaje", al igual que Gallego, para quien lo mejor de *Traficantes de belleza* es "el lenguaje con el que están contadas" las historias. Ese humor pierde frescura en esta época. Giménez Bartlett indica que, en *Te di la vida entera*, el humor fracasa al contrario que en otras obras de Valdés, ya que carece de originalidad y cae en lo vulgar ("Una astracanada..."). Si bien se puede estar de acuerdo o disentir con dicho juicio, lo importante aquí es resaltar ese cambio para ciertos lectores. Como acabamos de ver en la sección anterior, el lenguaje es un elemento importante en el juego intertextual de la obra de Valdés.

En este disfrute del lenguaje es precisamente el humor una de las características más relevantes de Valdés. Tanto Gallego como Giménez Bartlett y Argentina Rodríguez coinciden en señalar la importancia de este aspecto, aunque para Giménez Bartlett en *Te di la vida entera* el humor fracasa, al contrario que en otras obras de Valdés, porque carece de originalidad y cae en lo vulgar, mientras que René Prieto considera que en esta obra "[l]a bufonería hace resaltar el aspecto más voluptuoso" de la obra ("Tropos..." 374). Se esté o no de acuerdo con ese juicio, lo importante es que esta consideración parta de una comparación con obras anteriores, lo cual indica la relevancia que este uso tiene en el conjunto general de la obra de Valdés, basada tanto en juegos lingüísticos (sirva como ejemplo el título de uno de los cuentos de *Traficantes de belleza*, "El no de Noel") como en la gracia y los chistes de algunos personajes. Hay que contar la importancia que el humor tiene y ha tenido en Cuba, hasta el punto de constituirse en uno de los elementos que ha dado origen a estudios capitales sobre la idiosincrasia cubana, como *Indagación del choteo* de Jorge Mañach, visto hace unas páginas. Lo que Valdés hace es aprovechar esta función crítica y llevarla en ciertos casos al extremo, como sus chistes sobre Fidel Castro. No hay que olvidar que "el choteo socava la credibilidad del sistema político" (Prieto, "Tropos..." 379); de tal manera que Valdés continúa con la función que ya Mañach le había asignado al choteo, y que ya otros autores cubanos habían usado en el pasado.

El humor en la literatura escrita por mujeres comienza a ser objeto de estudio de la crítica recientemente. Hasta hace poco, como señala Dianna Niebylski, "Latin American literary criticism has shown little or no interest in listening to women's humor or hearing their laughter" (2) ["la crítica literaria latinoamericana no ha mostrado interés, o ha mostrado bien poco, en escuchar el humor de las mujeres u oír su risa"]. Niebylski contribuye a solventar esta carencia con su estudio *Humoring Resistance*, dedicado exclusivamente al humor femenino, mientras que otros críticos comienzan a incluir la literatura escrita por mujeres en sus estudios sobre el humor, como es el caso de Israel Reyes en un estudio sobre el humor puertorriqueño, en que dedica un capítulo a la escritora boricua Ana Lydia Vega. Sin embargo, si uno se aleja de la división de género sexual, el humor ha sido objeto de estudio desde hace mucho tiempo. Ya en la Grecia clásica Platón le dedicaba su atención, si bien en su opinión no llegaba a la altura de la tragedia, una percepción que perdura hasta nuestros días, ya que lo cómico se sigue valorizando menos que lo trágico en las artes. En las letras hispanas, el humor se aprecia desde sus inicios, con *La Celestina* y el *Libro de Buen Amor*, además de figuras de la talla de Quevedo. En el caso de Cuba, el humor ha servido desde hace tiempo no sólo como elemento literario, sino también como medio para definir la supuesta identidad nacional cubana, como es el caso de Mañach visto anteriormente, o de subvertirla, cuestionarla. Autores como Guillermo Cabrera Infante o José Lezama Lima han jugado con el humor y el lenguaje; a ellos se une ahora Valdés.[12]

No cabe duda que el humor es fundamental en la obra de Valdés, en muchas ocasiones con un componente de crítica política añadido en su propósito de desarticular el discurso oficial del gobierno cubano. Así, al juego con el término revolución, que se vio antes en este capítulo, se añade la crítica directa al líder supremo revolucionario, Fidel Castro, que refleja la nomenclatura popular cubana: "A Talla Super Extra le andan diciendo *la cebolla*: por su culpa las mujeres cubanas lloran en las cocinas. Se darán cuenta de que unas veces Talla es Extra, y otra es Super Extra Larga; depende del volumen, el peso, las medidas, con que él asuma las responsabilidades o acontecimientos, del momento" (*Te di la vida entera* 97). Por supuesto, Talla Super Extra, o en ocasiones XXL es Fidel Castro. A veces su nombre, sin embargo, no parte del habla popular sino de la inventiva de Valdés; así, en *Milagro en Miami* se convierte, gracias a la Internet, en el misterioso jefe de la Secta, www.HombreProfundamenteBestia.com (115).

A veces el choteo no es sólo con Castro sino que va a otros aspectos, como el periodo especial, del cual también se chotea, mencionando los chistes habaneros:

> Fíjense en el último chiste: ¿Cómo se dice periodo especial en francés? Queseases. ¿Y en portugués? La resingasao nacional. ¿Y en chino? Te toca un tin. ¿Y en japonés? T'o quita'o. ¿Y en árabe? Barba embaraja la jama. Y XXL, de comandante en jefe, se convirtió en comediante en jefe.[13]

A pesar de lo chabacano de algunas de sus bromas escritas, no se puede negar que Valdés respeta la palabra escrita, como prueban sus inicios dentro del género poético. Este cuidado por la literatura la lleva a la metaficción en algunas de sus obras, en las que los personajes escriben lo que ocurre: en *La nada cotidiana* Yocandra parece ser la escritora del texto que el lector tiene en sus manos, puesto que al final de la novela comienza a escribir el inicio de la novela (15, 171); todo enfatizado por el cambio de tipografía: la última línea de la obra y todo el primer capítulo están redactados *en bastardilla*. En esta obra ella intenta "describir la nada que es mi todo" (170). También en *El pie de mi padre* Alma Desamparada, que sueña con ser escritora, cumple su sueño al "soñar" o "redactar" la segunda mitad de la obra, en la que se convierte en una mujer más rebelde que deja la isla en balsa al final de la misma.

Este placer de la escritura a veces se refleja en los neologismos que aparecen en su obra y que parten de la modificación jocosa de términos semejantes, como "castroenteritis", modificación de gastroenteritis, pero sustituyendo el elemento gástrico por Castro, para indicar que él es el origen de la enfermedad; o "cagástrofe", en donde se modifica catástrofe al añadirle cagar; o también los muebles estilo "remordimiento" español que aparecen en varias ocasiones en sus novelas, en lugar de Renacimiento español, por lo malos que son, según Eduardo González (76). En otras ocasiones se cambia un término por otro homófono, como ocurre, siguiendo la línea política, con el "comediante en jefe" antes visto, en lugar del comandante en jefe, o la "oficina de invernación" en lugar de oficina de inmigración, puesto que la lentitud de la burocracia congela el proceso como la vida se congela en el invierno.[14] Algunos de estos términos son de uso común en el lenguaje cubano, como "avanecer" (amanecer en La Habana) o las combinaciones con el prefijo "diplo", para indicar lo que está reservado a turistas con dólares, desde diplotiendas hasta diploputas.

En *Café Nostalgia*, como ya se indicó antes, el placer de la palabra viene de la lectura, más que de la escritura. Marcela lee varios textos en la obra, algunos no literarios, como el tapiz medieval de "La dama con unicornio", pero otros sí literarios, como el guión cinematográfico que se encuentra en el pasillo frente a su apartamento, y que le permite escapar hacia la isla, hacia un tiempo pasado de su vida. La palabra, tanto a través de la escritura como de la lectura, se convierte en una vía de escape, en la expresión de la imaginación que permite escapar las penurias de la vida real. El cuidado de ese lenguaje se aprecia en la palabra misma, en las expresiones que aparecen en sus novelas y que han dado lugar a un interesante diccionario compilado por Eduardo González. Es el mismo lenguaje que sigue la corriente de una de sus influencias, Guillermo Cabrera Infante: esa pasión por escribir en "cubano", aún cuando las groserías y vocablos soeces que se incluyen molesten a algunos lectores.

Otro elemento lingüístico destacable es la enumeración, un aspecto en común con otras obras del exilio cubano, y del exilio en general (y ya presente con anterioridad en las vanguardias), como esfuerzo a través del cual recuperar las memorias del pasado y combatir la nostalgia de "aquella isla". Este es uno de los aspectos fundamentales de la literatura del exilio para Michael Ugarte, quien señala que "[t]he reading of exile texts as recollections of objects, people, landscapes, smells, streets, thoughts, words, and all the other trademarks of the literature of nostalgia is likely the most apt approach to this type of writing" (21-22) ["la lectura de los textos del exilio como recolecciones de objetos, personas, paisajes, olores, calles, pensamientos, palabras y todas las otras marcas de la literatura de la nostalgia es posiblemente la aproximación más correcta a este tipo de escritura"]. Las novelas de Valdés contienen distintas enumeraciones, concentradas en los elementos de la isla. En "La prima de Vera", relato de *Traficantes de belleza* que también apareció como historia independiente en el diario *El Mundo* de España, la protagonista, cada vez que llega, trae la primavera consigo (de nuevo el humor entre primavera y prima de Vera), llenando la casa de aromas a plantas tropicales (51). La primera mención de los aromas tropicales no basta y se continúa con quince plantas diferentes que, cualitativa y cuantitativamente le traen al lector el exotismo o la memoria (según sea o no cubano). En otra historia de la misma colección, "Arriba de la bola", la enumeración se integra literalmente para indicar la cantidad de gente, tanto exiliados cubanos en París como franceses amigos que se unen al baile, y se extiende por más de dos páginas (183-5). También en *Café Nostalgia* el lector tiene acceso a este tipo de enumeración que relaciona aquí los personajes amigos de Marcela que están diseminados por todo el mundo con aromas, frutas y plantas de la isla (21-22).

Además del humor y de la enumeración, también se destaca como elemento lingüístico de conexión entre sus obras la presencia del francés, sobre todo—si bien no exclusivamente—en las narrativas que tienen lugar en la capital francesa. Aunque algunos escritores cubanos residentes en el exilio se decantan por escribir su obra, o al menos parte de ésta, en la lengua del país de adopción (lo cual es muy común entre los cubanos residentes en los Estados Unidos), Valdés permanece con su escritura en español, si bien entre sus proyectos futuros parece encontrarse una novela en francés. Otros compatriotas suyos en el pasado, como Mariano Brull o Severo Sarduy, habían escrito algunos textos en francés en el pasado. Valdés permanece con su escritura en español, pero no puede evitar la presencia del idioma francés que ayuda a contaminar o a dotar de colorido local sus historias.

La presencia del francés no llega a ocupar nunca un gran espacio narrativo y se reduce a dos patrones principales. Por un lado, se presentan oraciones completas o incluso trozos de conversaciones en dicha lengua, y por otro lado se introducen de vez en cuando palabras sueltas (nombres y adjetivos principalmente) dentro de oraciones en español. En *La hija del embajador* se observa un ejemplo del primer uso: la primera vez que Daniela y Maurice, el ladrón que habrá de ser su amante, se conocen en un vuelo a París, ellos comienzan su conversación en francés (23-24). En "A cuerpo de rey", uno de los relatos de *Traficantes de belleza*, cuando el protagonista está observando detenidamente a un perrito, la dueña del mismo, indignada, se lo recrimina: "Vous êtes fou ou quoi? Pourquoi vous regardez de travers à mon pauvre petit chien?" (93) ["¿Usted está loco o qué? ¿Por qué mira con recelo a mi perrito?"]. Pero lo más común es la inclusión de palabras sueltas, que se observa, por ejemplo, en la misma historia recién mencionada: "habían venido en el camión de *livraison* parqueado en la esquina" (*Traficantes* 104), en donde se cambia "reparto" por el término en francés; al igual que ocurre en *Café Nostalgia*: "sé que escuché el oleaje así, tan seco y de *papier mâché* como lo digo ahora" (18). En esta obra este hecho no sorprende, puesto que Marcela es una "SDF, es decir, *sans domicile fixe*" en París (24) ["sin domicilio habitual"]. Aún dentro del francés, el humor hace acto de presencia, con la parodia gráfica en ocasiones de la pronunciación francesa, al estilo caribeño: "Uuuiiine table, merrrci" (*Traficantes* 96) ["Una mesa, por favor"].

Un último punto relacionado con el lenguaje (y también, en ocasiones, con el humor) es el nombre que Valdés les asigna a sus personajes. En varias novelas, estos aparecen nombrados más con un apodo que con un nombre en sí, de manera que se les confiere un valor simbólico. Este es el caso de los dos amantes de Yocandra en *La nada cotidiana*, el Traidor y el Nihilista, o de su amiga la Gusana, si bien en este caso hay una connotación afectiva que contrarresta la negativa que el término tiene en la isla dentro de la ortodoxia comunista-fidelista. Lo mismo ocurre con el Lince, que también aparecerá con mayor o menor protagonismo en otras novelas posteriores (*Café Nostalgia* o *Milagro en Miami*). La misma Yocandra recibió de sus padres el nombre de Patria, pues había nacido con la Revolución. Después, y debido a la connotación de ese nombre, se cambió a Yocandra, que según Rozencvaig puede leerse como "la necesidad del YO (primera sílaba) de salvar su individualidad en medio de una Colectividad Aniquilada, reducida a la Nada –CAN– (segunda sílaba), tal como queda explicitado en el título de la novela, al ser Dominada por una Revolución Aplastante –DRA –(tercera sílaba)" (431). Una explicación creativa, pero factible. En *Te di la vida entera* prosigue este empleo de nombres, con el Fax o la Fotocopiadora, en homenaje a la comunicación contemporánea con el otro mundo, en el caso del Fax, que se comunica con los muertos. Otro nombre también tragicómico en su esencia es el de la protagonista de *El pie de mi padre*, Alma Desamparada, que indica bien su posición en la vida, hasta que logra escapar por medio de su imaginación. O los nombres de algunos de los extraños guajiros de *Querido primer novio*, como la amante de Dánae, cuyo nombre es Tierra Fortuna Munda, guajira que ha aprendido de la Ceiba—que la amamantó al nacer—y del campo, a pesar de ir a la escuela, y cuya relación con el medio natural es obvia en la obra, o su madre, Gloriosa Paz, o los apodos de las compañeras de Dánae en la escuela al campo, como la Tísica o la Albina. Tierno Mesurado, el detective protagonista de *Milagro en Miami*, también evoca, con su nombre, sus características como persona e investigador.

En otras ocasiones, sobre todo cuando se trata de personajes conocidos de la vida pública o cultural, Valdés recurre al chiste fácil de carácter homófono, como ocurre con Lezama Lima, que se convierte en Lamama Mima, o Leonardo da Vinci, que pasa a ser Leonarda Da Vence. Ya se habló también de Fidel Castro, que puede ser XXL, la cebolla, u otros apelativos que, como en el buen choteo, socavan la dignidad del poder. En *Te di la vida entera*, Cuca ha sido señalada como equivalente de Cuba por la similitud en los nombres, mientras que Juan, llamado el "Uan", convoca el doble significado de "uno" en inglés, por un lado es el único amor de Cuca, pero por otro, su nombre hace referencia también al "one" de los billetes de 1 dólar, en la subtrama de la novela. Estos ejemplos ofrecen una variedad del juego con el lenguaje que Valdés emplea en cuanto a los personajes, tema que daría para expandirse en más detalle.

A pesar de su función artística, hay que señalar que para algunos críticos la obra de Valdés pierde debido a la obviedad de ese componente de crítica política en su humor y en su lenguaje. En el caso de *Te di la vida entera*, la obra "aparece como un arreglo de cuentas subjetivo del individuo" (Gag-Artigas), algo que aleja, más que conquista, al lector. En otros casos, no obstante, Valdés refleja bien la decadencia del sistema en los noventas a través de las dudas y contradicciones del lenguaje. Así se refleja que Yocandra esté por un lado orgullosa de ser cubana, pero por otro temerosa también de serlo (*La nada* 169).

Todo este juego con el lenguaje, desde la intertextualidad y autointertextualidad hasta la palabra misma y el placer en el lenguaje popular cubano, recuerda el sentido de traducción esencial de la cultura de esta isla, y refleja la cubanía de la Valdés. Pero esta cubanía no es sólo textual, sino temática también. Al hablar de Cuba, dos de los temas que aparecen con frecuencia son el de la raza, debido al fuerte papel que la sociedad esclavista desempeñó en la historia de la isla, y el del género sexual, debido al machismo cubano (no tan diferente, en esencia, al de otros países). El próximo capítulo reflejará como Valdés enfoca ambos temas.

Notas

1. Este deseo, según Mañach, surge del medio físico, como ocurre en otra obra de la época, *Insularismo* del boricua Antonio Pedreira. Señala Mañach que "hay en la idiosincrasia

cubana rasgos peculiares que, originados unas veces y acusados otras por el clima o por las circunstancias sociales en que hemos venido desenvolviéndonos, tienden a facilitar esa perversión de la burla que llamamos choteo" (35). Si bien el medio físico parece ser una influencia en el choteo en colaboración con el social, más adelante en su estudio se convierte en la gran influencia, ya que el medio social depende del físico: al llegar a Cuba en barco señala que "nos sorprende en el mismo muelle cierta atmósfera de desprendimiento y de compadrazgo estentóreo que parece ser el clima social de Cuba, correspondiendo a la calidez y a la luminosidad físicas" (39). Como se observa, el clima físico es el responsable del "clima social" que formará el carácter cubano. Mañach también mantiene otros puntos de contacto con Pedreira, como la relevancia de la cultura hispana, entendiendo aquí tal denominación en su sentido original de española. Mañach señala las semejanzas entre el choteo y el pitorreo de los andaluces, e indica que ahí existe una clara conexión: "[e]l individualismo que informa la concepción española de la vida, unido a cierto sensualismo fatalista de procedencia africana y todo ello caldeado por un clima no muy distinto al nuestro, establece esa semejanza entre lo andaluz y lo cubano" (42-3). Esta referencia textual parece aludir más bien al mundo árabe del norte de África, y es significativo en ese sentido que Mañach sólo hable del componente africano negro en una nota a pie de página, y no el texto, y además incorporado indirectamente a través de la colonización española y no como presencia africana directamente (43).

2. Muchos de estos autores reflejan la ausencia de comida en la isla, ausencia que, como un silencio, se apodera de las obras. En otras ocasiones, sin embargo, se hace explícita la referencia, como sucede en *El hombre, la hembra y el hambre* de Daína Chaviano (41-2) o *Trilogía sucia de La Habana* de Pedro Juan Gutiérrez (11, 137-8, 337).

3. Algunos aspectos de Valdés están próximos al realismo sucio que también tiene sus seguidores en las letras cubanas contemporáneas. Pedro Juan Gutiérrez es el más notable en estos momentos, con sus novelas del "Ciclo de La Habana", que presentan la capital cubana en toda su miseria, incluida la falta de comida, que une Cuba con países como Angola o Etiopía en palabras de sus personajes (*Trilogía sucia de La Habana* 137). El hambre anima a las jovencitas a hacer cualquier cosa, incluso favores sexuales, para comer (*Carne de perro* 22-3). Otros autores que no practican el realismo sucio también dan muestra de la escasez durante el periodo especial. En *Dime algo sobre Cuba*, de Jesús Díaz, Wilbur le explica a Stalin González de manera sarcástica que "el café, la leche, el pan y la mantequilla eran rezagos del pasado" (27).

4. Él indicaba esto en una entrevista para un programa de televisión en el canal *National Geographic*, titulado "Are We Cannibals?" (Emitido el 25 de julio de 2004 a las once de la noche, hora central de Estados Unidos).

5. Esta situación está bien documentada en el mar, en varias historias de piratas y naufragios: cuando no hay nada más que comer, alguien debía ser ejecutado para que el resto sobreviviera. Neal Hanson cuenta en *The Custom of the Sea* (que curiosamente se subtitula "A Shocking True Tale of Shipwreck, Murder, and Last Taboo" ["Una asombrosa historia verdadera de naufragio, asesinato y el tabú definitivo"]) la historia del yate Mignonette y sus cuatro tripulantes, que pasaron casi todo el mes de julio de 1884, del 5 al 29, en un pequeño bote mar abierto tras el naufragio del Mignonette cerca de la costa de lo que hoy día es Sudáfrica (145). Uno de los tripulantes, Richard, que tras ingerir agua del mar quedó medio enfermo, fue finalmente asesinado por los otros tres y usado como alimento (118-9). En tiempos más recientes, y dentro de un contexto latinoamericano, la historia del equipo uruguayo de rugby cuyo avión cayó en los Andes en 1972, y en la que los sobrevivientes comieron a sus compañeros fallecidos, dio la vuelta al mundo entero e incluso originó una película, *Alive* (1993), aunque según los sobrevivientes fue un caso de antropofagia y no de canibalismo. En el presente, la noticia de que un grupo de náu-

fragos dominicanos sobrevivió más de una semana a la deriva comiendo carne humana llegó a los titulares de algunos diarios (ver "El grupo de náufragos...").

Si bien algunos antropólogos consideran que el canibalismo está sobrevalorado y, en muchas ocasiones no es sino un método de darle mala reputación al "otro", hay quienes piensan que sí era una práctica importante. Sea como fuere, no está tan alejado de nuestra vida diaria, y es interesante dentro del contexto caribeño, puesto que los caníbales asombraron a los europeos que llegaron al Nuevo Mundo, comenzando con Cristóbal Colón, obsesionado con ellos en sus diarios y cartas (Palencia-Roth 28). El canibalismo aparecía como "the principal justification for waging war against Native Americans" (Williams and Lewis xxiii) ["la principal justificación para hacerles la guerra a los americanos natives"], y en otros casos era una manera de asegurarse la esclavitud de los indígenas, puesto que esclavizarlos estaba prohibido por la corona española, pero esta prohibición desaparecía si estos eran caníbales (Palencia-Roth 42). Curiosamente, el canibalismo en la imaginación occidental estaba formado, como señala Goldman, "by "by the accounts of early explorers, missionaries, colonial officers, travelers, and others" (13) ["por los relatos de los primeros exploradores, misioneros, oficiales coloniales, viajeros y otros"]. En una palabra, había sido formado por la literatura más que por la experiencia directa y, como en toda literatura, tenían un alto componente de imaginación y ficción.

6. René, el protagonista de la novela de Piñera, es hijo de Ramón, que pertenece a una organización secreta, la Sede de la Carne Acosada. Esta organización adora la carne que sufre dolor y se encuentra en guerra con otra organización que adora lo opuesto, la carne que disfruta del placer. Estas dos organizaciones se dedican a una especie de guerra lúdica, cuyo propósito no es la aniquilación de la otra, sino el cambio de perseguidor a perseguido, según una serie de reglas. Inicialmente, René no se presta a tomar parte en el juego, incluso cuando su padre lo envía a una escuela masoquista para que aprenda a sufrir en silencio (76). En esta escuela, Mármolo, el director, le explica que la carne animal y la humana son la misma, y más adelante, Cochón, el sacerdote de la escuela, explica que la carne humana se empareja con la de las reses para resolver el problema de subsistencia (115). Si bien estos dos personajes parecen debatir con los límites del canibalismo según una visión antropológica del mismo, la naturaleza de la otra organización hace que el placer tenga un papel protagonista y que el canibalismo se diluya, siempre con ese juego por estar presente: René se siente en cierto momento como un corderito a punto de ser devorado cuando se queda a solas con Dalia (42). Ambas tendencias convergen hacia el final de la novela, cuando René encuentra a un hombre que le indica que no tendría problemas para devorar su carne, al tiempo que le pegaba un mordisco en la oreja (223), si bien es un bocado más sensual que animal.

7. Esta fusión del sexo y la comida no es en absoluto extraña en las letras latinoamericanas, sobre todo cuando se trata de una autora. Dos obras bien conocidas que siguen un parámetro similar son *Como agua para chocolate* de la mexicana Laura Esquivel, y *Afrodita*, de la chilena Isabel Allende. Ambas novelas incluyen recetas (algo ya visto en *Te di la vida entera* de Zoé Valdés) y una relación íntima entre la comida y el amor/sexo, sin caer, eso sí, en la metáfora caníbal de Valdés. En *Como agua para chocolate* Tita, a quien su madre le había prohibido casarse con Pedro para favorecer a la hermana mayor de Tita, prepara algunas recetas con poderes especiales: una cena con codornices, que cocina en un momento de pasión por Pedro, su amor prohibido, levanta la pasión sexual en todos los convidados, incluido el propio Pedro y la hermana de Tita Gertrudis (56). En *Afrodita*, Allende menciona explícitamente la conexión entre la comida, el sexo y el amor, al hablar de los platos afrodisíacos (10-1).

8. La reescritura de una obra literaria no es un campo en el que Valdés sea pionera, obviamente. Hay varios escritores que se han pasado la vida reescribiendo su obra, espe-

cialmente dentro del género poético, tales como Walt Whitman con su *Song to Myself* o, dentro de las letras hispanas, Octavio Paz con *Libertad bajo palabra*. Dentro de la narrativa, Marcel Proust pasó la mayor parte de su vida dedicado a *A la recherche du temps perdu*, según Genette (21). En las letras hispanas, nuevamente, el español Juan Goytisolo revisó y amplió su *Reivindicación del conde don Julián*, y el mexicano Selatiel Alatriste publicó en 1995 *La misma historia*, que curiosamente es "la misma historia" con breves retoques que su obra *Dreamfield* de catorce años antes. También se puede dar el caso de intertextualidad o canibalismo textual en la traducción, cuando no se reconoce como tal (aunque aquí plagio sería un término tal vez en juego). Así, remontándonos un poco en la historia, *Le diable boiteux* (1707) de Alain René Lesage, no es sino una traducción libre al francés de *El diablo cojuelo* (1641) de Luis Vélez de Guevara: incluso el protagonista tiene el mismo nombre. Y así se podría seguir con una lista casi infinita.

9. El canibalismo, en las letras cubanas contemporáneas, está reducido al ámbito literario. El ejemplo más obvio es una antología de escritores caribeños en español, *L@s nuev@s caníbales*, en la que el título indica que los escritores incluidos en la antología "se comen a sí mismos, destruyéndose para re-crearse, y también, como nuevos hambrientos, van tras las huellas de Carpentier, Alonso, Cardoso, Bosch, Díaz Gullón, Contreras, González, Sánchez y Vega, entre otr@s" (Bobes et al, solapa posterior). Así, estos escritores se convierten en "devoradores de su propia especie" (Bobes et al, solapa posterior). En esta obra, el canibalismo se emplea de forma metafórica, para indicar la asimilación de una serie de escritores clásicos por parte de la nueva generación. Si una de las razones del canibalismo era absorber los poderes de una persona para mejorarse uno mismo, parece que esto es lo que estos autores pretenden figurativamente, al deglutir a sus maestros. Valdés ya había experimentado con esta idea en *La nada cotidiana*, cuando el Traidor, tras haberse convertido en el marido de Yocandra, decide escribir su obra maestra, que deberá tener las características de varios escritores: Eco, Yourcenar, Mann, Süskind, Lezama Lima, and Carpentier (61).

10. MacCannell ve la cultura occidental como caníbal en la imagen del turista, que se centra en una práctica social de consumo y apropiación que él denomina neo-canibalismo, un nuevo tipo de canibalismo que aleja esta práctica del consumo del cuerpo y lo aplica a otros tipos de consumo, de una manera metafórica (citado en King 113). Al igual que el caníbal primitivo incorporaba la diferencia del otro a través del acto de consumir su carne, ahora la diferencia es incorporada gracias a la desigualdad de poder que le permite a Occidente apropiarse de lo que necesita en otras partes del mundo. Otros críticos, como Forbes o Root, sitúan este consumismo en el centro del canibalismo en la sociedad occidental, identificando canibalismo con capitalismo. Roots, de hecho, añade a las ideas de Forbes un componente de vacío social y desconexión con el presente (citado en King 118), algo que ya tenía el concepto de la antropofagia en el modernismo brasileño en la década de los treintas del siglo XX. Para más información ver el artículo de King, que ofrece un buen resumen de varias de estas teorías sobre este nuevo concepto del canibalismo, a pesar de que él lo rechaza porque ve una crisis de la crítica cultural en esta teoría, en lugar de un avance (121).

11. En dos ocasiones distintas tuve la oportunidad de asistir a esta opinion. La primera fue en la 54th Kentucky Foreign Language Conference en Lexington en 2001, dentro de una sesión titulada "Caribbean Currents", y más adelante en otra conferencia en la Universidad de Colorado en Boulder en 2003.

12. No es objeto de este estudio un análisis pormenorizado del género, para lo que existen otros estudios. En el caso que nos ocupa, y al ser Valdés parte de esta nueva generación de autoras que usan el humor, recomiendo el estudio de Niebykski, especialmente pp. 14-25, para una visión más general.

13. Para analizar el humor de Valdés, si se precisa un poco de campo teórico, que es muy amplio y cubre distintas disciplinas, recomiendo la lectura del libro de Israel Reyes sobre el humor en la literatura puertorriqueña, especialmente las pp. 7-14, para una visión general, y después su discusión sobre la burla (pp. 28-9) y la ironía (pp. 75-7) en particular.

14. Para más información, ver *Concise Bilingual Dictionary* de Eduardo González, que emplea muchos ejemplos de las novelas de Valdés en su lista de términos cubanos. Es lectura recomendada para la mejor comprensión de algunos términos empleados por Zoé Valdés.

CAPÍTULO CUARTO

Sexo y raza en su narrativa

Los temas tanto de género sexual como de raza han tenido presencia en la literatura desde sus inicios. La lucha de la mujer por conseguir espacio en el mundo literario, dominado por el varón hasta tiempos recientes (e incluso todavía ahora) se ha asociado a veces con la lucha de ciertos grupos étnicos o raciales por conseguir también un espacio. Dentro de las letras cubanas, sin ir más lejos, se puede encontrar el ejemplo de *Sab*, la novela decimonónica de Gertrudis Gómez de Avellaneda, en la que los críticos señalan cómo la autora equipara la situación de la mujer en Cuba con la del esclavo. Aunque las cosas han mejorado desde el siglo XX, todavía queda camino por recorrer.

La primera parte del presente capítulo explora cómo la sexualidad se representa en la obra narrativa de Valdés, su conexión importante con el turismo y cómo ésta afecta a la mujer en términos de exploración sexual y de subyugación al machismo cubano y al sistema político que las explota como otro recurso más; por último se ofrecerá una breve introducción a la representación de las relaciones no heterosexuales en su obra. Más adelante, la segunda parte del capítulo, y en relación con el género y la sexualidad, pero también con la religión, se explora la forma en que Valdés trata la cuestión racial en su obra.

Valdés, feminista

Como se habrá observado en el primer capítulo, el protagonismo en casi toda la obra narrativa de Zoé Valdés corresponde a las mujeres. Las excepciones a este predominio femenino estarían formadas por *Milagro en Miami*, cuyo protagonista es el detective Tierno Mesurado (a pesar de la declaración de Valdés de que Tierno es ella), y *La eternidad del instante*, protagonizada por el chino Mo Ying, convertido en la segunda parte de la obra en Maximiliano Megía. La norma, sin embargo, es esa protagonista (y narradora en muchos casos): Yocandra, Marcela, Daniela, Cuquita o Alma, todas con algo de la autora.

Este enfoque en la experiencia femenina es uno de los aspectos más interesantes y gratificantes de su narrativa. Sus obras son feministas a varios niveles, puesto que se centran en el papel de la mujer dentro de la familia y la sociedad y también en el control y la exploración de su sexualidad. El cuerpo femenino se convierte en receptor del contexto socio-histórico y también en un elemento de autodefinición de la mujer, que descubre el placer del juego sexual y el gusto por la experimentación como una manera, muchas veces, de escapar al tedio cotidiano.

Valdés es heredera de una larga escuela de autoras que han reivindicado el papel de la mujer en Latinoamérica. Con la expansión de la crítica feminista y la aparición de los departamentos de estudios relacionados con la mujer en varias universidades occidentales, este papel femenino, no sólo en Estados Unidos y Europa occidental, sino en todo el mundo, ha sido realzado con fuerza. Dentro de las letras latinoamericanas, autoras como Sor Juana Inés de la Cruz o la anteriormente mencionada Gertrudis Gómez de Avellaneda iniciaron una senda que, en el siglo XX habría de reventar con tal fuerza que se habla, a finales de los años setentas de dicho siglo de una eclosión de las letras femeninas por el gran número de escritoras que publican, en parte gracias al interés en ver la escritura femenina ante la ausencia de autoras en el bum de los sesentas (Lindstrom 133). En un nivel muy general, Valdés se encuadraría dentro de esta explosión femenina, que se beneficia de la existencia de una corriente crítica fuerte tanto en Europa como en los Estados Unidos, a pesar de que hoy hay que hablar de feminismos, puesto que las diferencias de país, de clase, de ideología y de orientación sexual entre las autoras son importantes.[1]

Valdés indica en varias entrevistas que no le teme al cuerpo y a su representación. La sexualidad es una manera de resistir no sólo el tedio cotidiano, sino el acoso de un mundo patriarcal, especialmente el del Caribe hispano. El placer sexual y el hecho de que la mujer es la que tiene la voz en la experiencia que se narra desafía un campo tradicionalmente construido por el varón y en el que la mujer generalmente está subyugada, aún dentro del mundo cubano tras la revolución castrista. El erotismo en su obra hasta "se huele" (Bertollini-Ciano), sin olvidar nunca, como indica René Prieto, que ese erotismo funciona, también, como un arma política en varias novelas ("Tropos…" 389). Sin embargo, como indica Diane Marting, "[t]oday, when most writers, women and men, write frequently about sex, it is difficult to remember that sexuality has only recently become ubiquitous in literature; it is a very contemporary literary fashion" (2) ["hoy, cuando la mayoría de los escritores, mujeres y hombres, escriben frecuentemente sobre el sexo, es difícil recordar que la sexualidad se ha vuelto omnipresente en la literatura solamente en tiempos recientes; es una moda literaria contemporánea"]. Valdes refleja esta moda contemporánea y los cuerpos de sus protagonistas se convierten en espacios de placer que buscan y experimentan de forma activa en busca de una libertad sexual que rompe tabúes.

Efectivamente, la capacidad liberadora del erotismo está clara y Valdés va a emplearlo no sólo como liberación de la mujer, sino también de la situación política de Cuba. De hecho, cuando existe censura, la sexualidad permite un cierto espacio de seguridad a la hora de criticar al estado político, puesto que en muchas ocasiones el censor no ve en la ficción erótica el comentario social metafórico y subliminal (Butler, citado en Marting 20). Este protagonismo femenino se traduce en una visión diferente del mundo, sobre todo en lo referente a las relaciones entre los sexos y a la sexualidad en sí misma, otro de los elementos que dan cohesión a la narrativa de Valdés. Las escenas sexuales están presentes en casi toda su obra y, de hecho, la primera novela que publicó, *Sangre azul*, es una obra de carácter erótico que fue finalista del premio "La Sonrisa Vertical", la conocida colección de narrativa erótica española. Lo interesante de la sexualidad en la obra de Valdés es que ésta se observa en profundidad, con descaro y desde el punto de vista femenino, al contrario que en otras obras cubanas en el exilio, como *La isla del Cundeamor* de René Vázquez Díaz o *Trilogía sucia de La Habana* de Pedro Juan Gutiérrez, obras en las que el sexo aparece con fuerza pero supeditado a una visión masculina del mismo. En el caso de las narradoras, Daína Chaviano es la autora que más se le aproxima en su tetralogía "La Habana oculta" (especialmente con su obra *Casa de juegos*) pero su publicación tiene lugar tras el bombazo de Valdés con *La nada cotidiana*, inicio de una escritura antipatriarcal, antiautoritaria y subversiva.

Clasificada X

La incorporación de la perspectiva femenina a la sexualidad explícita que se observa en la narrativa de Valdés continúa la línea que ella había iniciado ya en su poesía. Como observa Catherine Davies, parte de la poesía de Valdés se caracteriza por la descripción franca del cuerpo y de la reproducción femeninos (215). Esta franqueza se observa también en la narrativa, puesto que todas las protagonistas de Valdés participan de la actividad sexual, tanto las más liberadas, como es el caso de Daniela, la hija del embajador cubano en París en la novela homónima, que "es capaz de caer enferma por haber templado o singado con demasiada premura" (*La hija* 14), hasta las más ingenuas, como es el caso de Cuquita Martínez en *Te di la vida entera*, quien poco a poco se inicia con Juan en los placeres carnales, tras observar a sus compañeras de casa. En *Sangre azul*, los toqueteos de la protagonista Attys a los varones comienzan ya cuando ella es una niña, lo que le ocasiona una reprimenda de su madre, que le deja "las nalgas al rojo vivo" (30).

Para Valdés, "el sexo influencia todo, no sólo en la cama, también en la calle, en la política" (Bertollini-Ciano). Por ello, no duda en reflejarlo en su obra, como una de las claves más importantes en la vida del ser humano. Sin embargo, para algunos críticos se abusa del componente sexual en su obra, con lo que ésta se convierte en un monólogo monótono. Al hablar de *La nada cotidiana*, Wasserman indica que "[l]a mujer quizá como escritora tenga que exagerar su punto de vista del sexo pero debe también realzar todo lo demás de la vida, que no consista solamente en hacer el amor" (76). La insistencia en el tema sexual hace que otros aspectos de la obra (Wasserman se centra en *La nada*, no en todo el conjunto de la narrativa de Valdés) queden poco desarrollados. Sin embargo, si se considera el conjunto de su narrativa, se puede observar que sí resaltan varios temas, además del sexo: la política, la familia, las relaciones humanas, las pequeñas cosas cotidianas; temas que, en ocasiones, se desarrollan a través de personajes muy complejos. Pero sí es el sexo el elemento que, tal vez por la configuración de nuestra sociedad, más resalta en su obra. De hecho, esta sexualidad desbordante es también un discurso alternativo a la precariedad con que se vive en la Cuba del periodo especial y al discurso oficial "gris", serio y político. Es el placer que busca lugar en la vida cubana, y lo hace, como indica Ortiz-Cebeiro, desde un "locus femenino" (121) a través de esa protagonista que casi siempre es una mujer.

Como se indicó, este tratamiento de lo sexual se hace desde la perspectiva femenina, y muchas veces sorprende la precocidad de las jovencitas en relación al sexo. Esta precocidad en el despertar sexual es común en Valdés, y se corresponde con el temprano despertar sexual en Cuba.[2] En *La nada cotidiana* Yocandra tiene su primera experiencia con un vagabundo, con el único propósito de perder su virginidad, solamente con 16 años (44). Dánae, la protagonista de *Querido primer novio*, ya estaba con Andrés, su futuro marido, a los 14 años (35). Tal vez sea *Café Nostalgia*, sin embargo, la obra en que mejor se aprecia esta precocidad, en la relación que Marcela tuvo en la isla con el padre del que luego habría de ser su amante en París, Samuel. Ella es todavía una niña cuando es atraída por el papá de su amiga, y a pesar de que es una relación muy infantil y superficial, ese deseo aparece a temprana edad, causando que la esposa de él lo mate. En esta misma obra, su amiga Ana ya ha sufrido, según la abuela, trece abortos con sólo 17 años de edad (167). Sin embargo, también hay que destacar que Caridad Martínez, más conocida como Cuca, en *Te di la vida entera*, se asusta tras el primer beso de Juan en un bar, y no será hasta ocho años más tarde cuando se entregue a él en su segundo encuentro. Además de no reparar en la edad de la protagonista, la sexualidad tampoco repara en la "edad" del país. Esta voracidad desbocada no tiene lugar sólo durante la revolución cubana, sino que ya antes de que Cuba fuera un país en sí, la sexualidad estaba a cargo de mujeres independientes que rompían moldes en el siglo XVII. En *Lobas de mar*, Valdés representa a dos figuras históricas, Ann Bonny y Mary Read, y sus relaciones con Calico Jack, en las que Valdés no escatima detalles.

Algunas de las escenas son bastante explícitas, merecedoras de la clasificación X si de un filme se tratara. El primer encuentro carnal entre Daniela y Maurice, que tiene lugar en la avioneta de éste mientras sobrevuelan París, deja poco lugar a la imaginación (*La hija* 51-52). *La nada cotidiana* dedica uno de sus capítulos al sexo, en homenaje a *Paradiso* de Lezama Lima, y así lo anuncia gozosamente al comienzo del mismo: "parece que los capítulos ocho de la literatura cubana están condenados a ser pornográficos" (133). Efectivamente, dicho capítulo cumple con las expectativas y le presenta al lector una noche de amor entre Patria/Yocandra y el Nihilista, llena de placer y gozo que se expresan desde la perspectiva de Yocandra, quien no tiene reparos en expresar la emoción que le causa el miembro sexual del varón, cuya "pinga" es la "octava maravilla del mundo" puesto que "portar un rabo como ése es como poseer una cuenta de millones y millones de dólares en un banco suizo" (141-2). El placer concluye con el cine como elemento referencial, al mencionar una conocida película, protagonizada por Kim Basinger y Mickey Rourke en 1986, objeto de culto a finales de los ochentas: "así cesa nuestra 'nueve semanas y media', sólo que sustituimos las fresas, cerezas, champán y crema de chantilly por ungüentos para aliviar dolores" (151).

Así como el canibalismo no aparecía en la comida (o ausencia de ésta), como se vio en el segundo capítulo, sí aparece ahora relacionado con la sexualidad. En el canibalismo ritual, la carne humana se consume no por su valor nutritivo, sino por otras ideas, como absorber las cualidades del oponente, como el coraje o la inteligencia, incluso como signo de humillación o respeto hacia el difunto (Hanson 122). Este valor metonímico, como digo, es el que nos interesa de la obra de Valdés: la idea de consumir a otros para adquirir algunos valores, que ya se había visto en *La nada cotidiana* y ahora se ve en *Café Nostalgia* en conexión con la sexualidad, en la cena que Samuel y Marcela celebran hacia el final de la obra en el apartamento de ella en París, cena en la que terminan devorándose uno al otro (357-9). Se ha explicado el consumo del ser amado como un retorno a nuestras emociones infantiles: el deseo de unión total con el padre experimentado por el niño tras el nacimiento, y que se hace patente a través del deseo de tomar leche del pecho materno (Goldberg 116). De esa forma, una persona que desea a otra, como ocurre en esta novela con el deseo de Marcela por Samuel, y que al mismo tiempo se encuentra sola en tierra extranjera (lo cual hace que ese deseo sea más fuerte), busca una total incorporación del amado a través de la ingestión oral, como si fuera comida. La novela incorpora este proceso por medio de la escena arriba citada, aunque hacia el final, el lector puede ver que el proceso es más metafórico que literal, puesto que parecen reconstruirse a sí mismos cuando suena el teléfono que interrumpe su pasión, sin que a ninguno de los dos les falte ninguna parte. La imagen, poderosa, permanece en la mente de los lectores a pesar de esta recomposición final.

Sexo y turismo

Desde la llegada de los europeos a finales del siglo XV, Cuba ha sido la "perla del Caribe", lugar de belleza tanto natural como humana. En el siglo XX, con el desarrollo del turismo como fenómeno cada vez más generalizado debido a la sociedad capitalista, Cuba ha continuado siendo uno de los destinos turísticos más visitados del mundo. Ya a partir de las primeras décadas del siglo XX comenzó un incremento turístico hacia la isla que hizo que durante los años cuarentas y cincuentas La Habana llegara a ser considerada como el "París del Caribe" (Pérez, *On Becoming* 504), tras una fiebre turística, sobre todo de turistas norteamericanos, potenciada por la relativa proximidad de la isla a los Estados Unidos, así como por los efectos de las dos guerras mundiales en Europa.[3] En la actualidad, y tras el paréntesis que supusieron los primeros años de la revolución castrista, esta atracción se ha revitalizado, si bien el turista ha cambiado, por circunstancias políticas, del anterior estadounidense al europeo. Esta revitalización ha venido acompañada de la reaparición de antiguos males, tal vez incrementados, entre los que destaca el turismo sexual, que tantos problemas y, a la vez, beneficios económicos, reporta al régimen castrista.[4] En el presente, la figura del turista, producto eminentemente capitalista, contrasta agudamente con la figura del nativo cubano, producto en la isla de una sociedad comunista.

El turismo sexual aparece claramente representado en la obra de Valdés, al igual que ocurre con algunos de sus contemporáneos a finales de los noventas (el caso de Pedro Juan Gutiérrez, Amir Valle Ojeda, Teresa Dovalpage y otros). En Valdés, este turismo sexual aparece no sólo en la isla, a través de la imagen de la jinetera que intercambia sexo con los turistas a cambio de fulas o dólares, sino que también ocurre cuando la cubana va al extranjero como esposa de un extranjero, en lo que parece ser uno de los negocios del gobierno cubano en su búsqueda desesperada de divisas. En muchos casos, como muestra el testimonio *Jineteras* de Amir Valle, estas mujeres que se casan con extranjeros los han conocido antes como jineteras. Las novelas de Valdés muestran a la mujer como un bien económico en la transacción entre el turista y el gobierno cubano, cuando el primero decide casarse con una cubana, y esto origina en el lector una reflexión sobre la situación sociopolítica cubana y la percepción de la misma en el llamado Primer Mundo.

La sociología y la antropología están cada día prestando más atención al turismo, fenómeno contemporáneo, como tal casi propio del siglo XX, donde la democratización de la sociedad, la proliferación de los medios de transporte y el resurgir de un nuevo romanticismo han hecho esto posible (Urry 130). Sin embargo, el turismo presenta como fenómeno varios problemas, entre ellos la tensa relación entre turista y anfitrión, más notable cuando existe una disparidad social entre ambos, como es el caso de Cuba con el turismo que recibe. Como señala Kaplan,

> [i]f the tourist traverses boundaries, they are boundaries that the tourist participates in creating; that is, an economic and social order that requires 'margins' and 'centers' will also require representation of those structure distinctions. The tourist confirms and legitimates the social reality of constructions such as 'First' and 'Third' worlds, 'development' and 'underdevelopment', or 'metropolitan' and 'rural.' (58)

> [si el turismo atraviesa fronteras, son fronteras en cuya creación participa el turista; es decir, un orden socio-económico que requiere 'márgenes' y 'centros' también requerirá la representación de esas distinciones estructurales. El turista confirma y legitima la realidad social de construcciones como 'primer' y 'tercer' mundo, 'desarrollo' y 'subdesarrollo' o 'metropolitano' y 'rural'.]

El turismo se convierte así, en la visión de Marie-Françoise Lanfant, en una especie de neocolonialismo ("Introduction" 5), que incluye, como en los imperios de antaño, el control del cuerpo nativo hasta el extremo de llegar a una pseudoesclavitud sexual, un fenómeno ampliamente extendido en el mundo contemporáneo. Como señala Jan Jindi Pettman, algunos estados de Europa occidental, los Estados Unidos, Australia y Japón tienen una reputación por enviar turistas sexuales; otros estados, especialmente Tailandia y las Filipinas, tienen la reputación de ser destinos para el turista sexual (54). En este último grupo, es decir, destino del turismo sexual, podríamos incluir a Cuba.

Como ya se indicó, Cuba no es ajena a este fenómeno, puesto que ya en los años cincuentas, como señala Pérez en *On Becoming Cuban*, para el estadounidense "Cuba was the site of sex with women of the Other, exotic and mysterious, primitive and carnal, passionate and governed by libidinal impulses, and often articulated in explicitly racial terms" (189) ["Cuba era el lugar para tener sexo con la mujer del Otro, exótica y misteriosa, primitiva y carnal, apasionada y gobernada por impulsos libidinosos, y a menudo articulada en términos explícitamente raciales"]. De hecho, en *Te di la vida entera*, la propia Valdés describe esa noche habanera precastrista, a comienzos del segundo capítulo, con una mención a los "códigos sexuales y alegres de la Perla de las Antillas" durante la noche (32). Como se verá en el presente estudio, la situación parece no haber cambiado significativamente, con la salvedad de que ahora la mujer occidental también participa más activamente en este turismo sexual.

En Zoé Valdés hay dos obras en particular, *La nada cotidiana* y *Café Nostalgia*, en donde el turismo afecta a la sexualidad y a la mujer de manera más relevante, si bien el resto de su narrativa servirá como referencia en ciertos momentos. En estas obras se puede observar tanto el turismo sexual dentro de la isla a través de la figura de la jinetera que se vende al extranjero por unos pocos fulas como, más concretamente, fuera de la isla cuando la cubana va como esposa de un extranjero, uno de los nuevos "negocios" del gobierno cubano en su búsqueda de divisas. Las novelas muestran a la mujer como un bien material en una transacción entre el gobierno cubano y la persona jurídica extranjera, e invitan a una reflexión sobre la relación entre el contexto histórico y la ficción del texto, lo que permite una lectura crítica sobre la situación sociopolítica cubana y su recepción en el llamado "primer mundo".[5]

La imagen de Cuba como un paraíso del sexo no deja lugar a dudas en las novelas de Valdés. Si bien en *Te di la vida entera* recrea, como ya se señaló, La Habana precastrista, "despelotada y desmelenada que soportaba muy poco a las vírgenes" (62), esa pasión sexual permanece en el presente como se manifiesta en sus primeras novelas: en *Sangre azul* hay referencias a las "jineteras sin suerte rechazadas por los turistas" en el Vedado (158). Daniela, la hija del embajador en la novela homónima, también cae presa de su relación con un ladrón francés durante un vuelo y una estancia en la capital francesa. La mujer aparece como dependiente de la relación de los hombres, incluso aunque ésta sea más fuerte que aquél.

Si bien estas descripciones aparecen también en la obra de otros autores cubanos, lo relevante en Valdés es que también presta atención al varón como servidor sexual, no sólo a la mujer. En *Te di la vida entera*, Cuquita Martínez, la protagonista, observa la negociación entre un pinguero (joven que sirve sexualmente a los turistas) de unos "quince a dieciséis años" y una turista argentina de "unos cincuenta años" en donde él le promete a ella una noche inolvidable por "veinte fulas n'a má" (293-4). Se puede apreciar aquí que ciertas mujeres también exploran la sexualidad caribeña, al igual que la precocidad de los amantes. Este gusto del turista por un acompañante sexual mucho más joven y mejor dotado que él es tratado por Valdés en otra de sus novelas, *Café Nostalgia*. En esta novela, la protagonista, Marcela, fotógrafa de éxito residente en Francia (igual que Valdés), cuenta cómo salió de la isla gracias a un turista francés que, como se verá más adelante, bien podía ser su abuelo. Esta diferencia de edad, si bien puede sorprender a algún lector, es algo común y corriente si se está un poco al corriente de las noticias que salen de la isla.

Sexo y matrimonio

Sin embargo, lo más interesante en la obra de Valdés es la atención que se presta a otra subyugación mayormente femenina: el matrimonio. Más concretamente, el matrimonio entre la cubana y un extranjero. En principio, este matrimonio se usa como una crítica política hacia la situación isleña, que es la causa de que la mujer se vea forzada a emigrar. Este es el caso que se presenta en *La nada cotidiana*, obra que refleja la situación a través de la mediación de la escritura de una manera doble: el texto de una carta dentro del de la novela. En esta obra, Yocandra, la protagonista, malvive en La Habana sufriendo "la nada cotidiana" del título mientras se debate entre sus dos amantes, el Traidor y el Nihilista. En un momento de la novela recibe una carta desde Madrid de su amiga la Gusana en la que ésta expresa como su deseo de dejar la isla la lleva a casarse con el español. Las condiciones políticas de la isla son las que la impulsan a tomar la decisión de venderse para poder sobrevivir en un nuevo lugar, aunque el cambio no es tan para mejor como en principio se suponía, puesto que, para empezar, el español no era tan rico como parecía en La Habana (100). En cierto sentido, éste es el primer desengaño de una serie que va a mostrar que los problemas de la mujer no son solamente políticos. Este viaje de la Gusana a Madrid le permite comentar el destino de algunas compatriotas que han dejado la isla por vía matrimonial y ahora malviven en Madrid por el trato de sus maridos, hasta caer en algunos casos en la prostitución (103-4). Como resulta evidente, la salida de la cubana al extranjero a través del matrimonio no es una solución efectiva, sino que en muchos casos es el comienzo de un problema mayor. Obviamente, si todo es un problema político, la salida "legal" solucionaría el conflicto, pero ése no es el caso. Al problema político se añade un problema de política sexual, en donde la mujer se ve subyugada a las normas masculinas.

Esta situación subyugación matrimonial primero y fracaso después se observa en la propia existencia de Yocandra en la misma novela, puesto que ella también había viajado a París, en calidad de "esposa acompañante" del Traidor (60), condición ésta del matrimonio necesaria para que él pudiera recibir su puesto en Francia. La vida en el extranjero, a pesar de figurar como esposa de un cubano y no de un extranjero, no es lo que ella pensaba y tiene que regresar desilusionada a la isla. La misma desilusión llena las páginas de otra novela de Valdés, *Café Nostalgia*, pese a que aquí la protagonista, Marcela, no regresa sino que permanece en París. *Café Nostalgia* es la historia de Marcela, una fotógrafa de éxito en Francia, país al que en principio llegó gracias al matrimonio con un francés que podría haber sido, no ya su padre, sino su abuelo, por la diferencia de edad que los separaba, y a quien poco menos que se entrega forzada por las circunstancias, tras haber escapado sus padres a Miami:

> Al año del abandono de mis padres conocí no por casualidad a un turista, pues era la época en que empezaban a pulular los viajeros en la isla después de tantos años de ley seca con el turismo capitalista, prohibido por diversionismo ideológico según los que hacen y deshacen las leyes. Fue en una botella, yo esperaba la guagua con trascendental paciencia, él pasó muy orondo en su Nissan con chapa extranjera. Se ofreció a llevarme de regreso a casa. Contaba casi setenta años y yo diecinueve. . . . Nos casamos porque yo necesitaba largarme y reencontrar a mis padres y él se sentía viejo y abandonado. (26)

La diferencia de edad, si bien puede sorprender a algún lector, es algo común si se está al corriente de las noticias que salen de la isla. Como cabe esperar, la relación no es, al igual que en el caso de la Gusana, lo que Marcela esperaba y, en este caso, llega el divorcio que convierte a Marcela en una SDF, sin papeles oficiales y en continua lucha por conseguir la residencia. La vida en París es todo menos fácil, como señala la propia Marcela al indicar que vive en París "porque no puedo vivir en mi ciudad" (22).

Efectivamente, al igual que había sucedido con la Gusana de *La nada cotidiana*, Marcela tuvo que salir de La Habana debido a la opresión sufrida después del escape de sus padres del puerto del Mariel (15-16). La represión que ella sufre, como si la traidora hubiera sido ella en lugar de los papás, la obliga a reconsiderar su postura ante la vida y es entonces cuando decide emigrar con el viejo turista francés. A la crítica política se une ahora una crítica feminista al mostrar a la mujer claramente como un objeto comercial: el matrimonio no es sino una transacción económica en la que un país (Cuba) vende un producto (la mujer) a un comprador (el turista extranjero) por algo necesario (divisas). El marido la tiene que comprar, casi literalmente, de la misma manera que ella, más adelante, compra su libertad a su marido. La novela no deja lugar a dudas en este aspecto, puesto que desde el momento en que se conocen y deciden casarse hasta que, por fin, ella llega a salir, pasan cuatro años (26). En ese tiempo, los documentos "marchaban a máxima lentitud porque en realidad lo que pretendía la oficina de emigración cubana era desfalcar al senil francés" (27). El romanticismo brilla por su ausencia y la mujer, a pesar de su elección inicial para irse o no, queda finalmente reducida a una mercancía u objeto de cambio. No es una relación equitativa, puesto que al ser él un viejo rico y ella una joven tropical, especie de esposa-trofeo, esta relación, con un largo historial ya en la literatura, no puede ser nunca una relación entre iguales (Marting 245).

La antropóloga Gayle Rubin, en "The Traffic in Women: Notes on the 'Political Economy' of Sex", publicado ya en 1975, explica la opresión sexual de la mujer a partir de ideas tomadas de la antropología y del psicoanálisis, probando que la opresión de la mujer proviene de la institucionalización social del sexo. Ella defiende que la identidad sexual es una construcción social necesaria para el mantenimiento de la familia como célula de la sociedad (179). La familia descansa en el matrimonio, que básicamente es una relación de parentesco obtenida a través de una transacción sexual en la cual la mujer es el elemento cambiado/pasivo, y el hombre el cambiante/activo (174). La mujer pasa a ser un "conducto" de la relación, lo que implica que

> men have certain rights in their female kin, and that women do not have the same rights either to themselves or to their male kin. In this sense, the exchange of women is a profound perception of a system in which women do not have full rights to themselves. (177)

> [los hombres tienen ciertos derechos sobre sus familiares femeninos, y que las mujeres no tienen los mismos derechos ni sobre ellas mismas ni sobre sus familiares masculinos. En este sentido, el intercambio de mujeres es una imagen profunda de un sistema en el que las mujeres no tienen derechos completos sobre ellas mismas.]

Esta desigualdad, necesaria para que el sistema funcione bien, precisa de que uno de los grupos (el elemento que se negocia, esto es, la mujer) responda más al deseo del otro que al suyo propio (182). De ahí la necesidad de oprimir a la mujer, que luego se justifica a través del psicoanálisis, que sería el encargado de inculcar en cada "identidad sexual" su cometido (185, 197-8).

Este sistema, que Rubin denomina "sexo/identidad sexual", explica la situación de objeto de cambio que sufren los personajes cubanos en la relación que mantienen con sus maridos y la necesidad de acoplarse a los deseos de los hombres que el mismo sistema machista propugna, tanto en Cuba como en Francia. Cuando ellas se rebelan contra el papel de "objeto del deseo" y se convierten en "sujeto del deseo" estallan todos los conflictos. Sin embargo, el mismo sistema ofrece algunas ventajas para Marcela, puesto que ella puede lograr la ciudadanía francesa gracias a su matrimonio, ciudadanía que, sin embargo, ella rehúsa (*Café* 27-28). Ella logra permanecer en el país pero por sus propios méritos. Este no es sino uno de los diversos puntos en donde se aprecia en las obras de Valdés un paso de la figura de la mujer como objeto de intercambio sexual (uno de los problemas que atraviesa Cuba en estos momentos) a un papel más autoconsciente y controlador de su propio destino, que sin embargo no termina de triunfar. Al igual que la Gusana en *La nada cotidiana* pretendía crear una organización de exiliadas a espaldas de su marido, ahora Marcela en *Café Nostalgia* rehúsa aceptar las reglas machistas de la sociedad para tener una vida más cómoda y decide controlar su destino a pesar de las dificultades.

La crítica a la subyugación femenina en *Café Nostalgia* no impide la crítica política no sólo hacia el gobierno cubano que prácticamente fuerza a Marcela a irse de la isla, sino también hacia el gobierno del nuevo país en el que ella reside, en este caso Francia en lugar de España. En la novela se presentan varios momentos en los cuales Marcela observa con ojo crítico la sociedad francesa y la compara con la cubana. Ninguna de las dos sale bien parada. Como ejemplo, la burocracia vampirista sufrida en Cuba resulta no ser mejor en Francia, su nuevo país de adopción:

Permanecer en este país se pone cada vez más difícil, y aunque ya poseo la carta de residencia de diez años resistí y perseveré, casi de pupila, en la Prefectura de Lutecia, primero cada tres meses, después todos los años, en un atacante círculo vicioso, declaración de impuestos, seguridad social, domicilio, carta del banco, entradas económicas, porque, a fin de cuentas, de lo que se trata es de mantener con el dinero ganado a los vagos engendrados en el seno de la burocracia. (29)

Efectivamente, como Marcela señala, "[l]a política es la misma exquisita porquería aquí, allá y acullá, y los políticos se desarreglan y arreglan entre ellos" (28). Otra relación matrimonial entre una cubana y un extranjero tiene lugar en *Bailar con la vida*, entre Canela y Peter. Al igual que en *Café*, Canela también necesita protección, y Peter compañía; sin embargo, en este caso, Peter es también extranjero, puesto que es un inglés viviendo oculto en España, y no existe una diferencia de edad tan sustancial.

Se puede observar, por lo tanto, que la representación del matrimonio entre una cubana y un extranjero dentro de varias de las obras de Zoé Valdés se presenta como algo negativo desde un doble punto de vista: por un lado, políticamente, no es sino una manera más que el gobierno cubano tiene de comerciar con sus propios ciudadanos para sobrevivir económicamente, algo que éticamente se antoja vil; por otro lado, desde un punto de vista femenino, es una situación de subyugación de la mujer dentro de una sociedad global controlada por el hombre, si bien en Europa es posible, con esfuerzo, sobrevivir como mujer, como muestra el caso de Marcela.

Estilos sexuales alternativos

Si bien en la mayoría de las narraciones iniciales de Valdés el sexo representado es heterosexual, con la excepción de la Mechunga y la Puchunga en *Te di la vida entera*, que juegan a dos bandas, pues tanto se van con varones como se lo hacen entre ellas (21), y alguna mención en *Café Nostalgia* a la necesidad de que las mujeres se amen entre ellas puesto que muchos hombres atractivos son homosexuales (107), últimamente, ya dentro del siglo XXI, la autora cubana comienza a representar con mayor osadía las relaciones lésbicas y bisexuales. Las obras en las que este tipo de relación es más prominente son *Querido primer novio*, *Lobas de mar* y *Bailar con la vida*. La primera, parte de su sexagonía, cuenta como Dánae, atrapada en un matrimonio que no la llena, viaja al campo para encontrar a un antiguo amor guajiro que conoció muchos años antes en las escuelas al campo. En su viaje, ella rememora la relación con Tierra Fortuna Munda, que tuvo lugar cuando Dánae era una joven (su primer viaje a estas escuelas fue con once años), seguramente poco después de 1970. A pesar de sus matrimonios (además de Dánae con Andrés, más adelante el lector descubre que Tierra también se casó con un antiguo dirigente gubernamental para salir del campo), el verdadero amor fue el que existió entre ellas.

El hecho de que Valdés incluya esta relación lésbica en la década de los setentas, en una época en que políticamente se perseguía a la gente con una orientación sexual "errónea", al menos según la idea del nuevo hombre promulgada por la revolución, señala otro punto de ataque político más subliminal en esta obra, al tiempo que es una reivindicación de lo femenino dentro de una Cuba que, tras cuatro décadas de Revolución, sigue siendo un país machista. La crítica política se hace más explícita a lo largo de la obra con los problemas de transporte (106-7), las menciones al abuso que los dirigentes comenten con los guajiros, cuyos defectos físicos y, en última instancia, su muerte, es a causa de un fertilizante con el que el gobierno estaba experimentando (284).

En *Lobas de mar*, de nuevo tenemos a dos mujeres que se aman, aunque eso no les impida relacionarse con varones. Sin embargo, al contrario que en la novela anterior, aquí la actitud pasa a ser más teatral o *performative* en inglés, puesto que al disfrazarse de varones para participar en el mundo varonil de los piratas, las protagonistas están poniendo en práctica los postulados de Judit Butler en *Gender Trouble*, obra que señala que el género sexual es creado por los actos de la persona (24-5), en lugar de ser algo natural o esencial. Al igual que existen normas para muchas cosas en la sociedad, también existen normas para ser hombre o mujer. A través de la historia de esta novela, que cuenta la peripecia de dos personajes reales, Ann Bonny y Mary Read, cuyas vidas transcurrieron entre finales del siglo XVII y comienzos del XVIII. Ann, tras asesinar al aya con sólo 13 años, escapa de su casa y poco después contrae matrimonio en un burdel con James Bonny, de quien heredaría el apellido, y con quien se embarca disfrazada de varón. Tras varias aventuras de Ann en los mares, ésta termina como amante de Calico Jack (vendida por su marido). Mary nace bastarda, y es obligada por su madre a disfrazarse como su hermanito mayor, Billy, tras su fallecimiento a causa de su delicada salud. De esta manera, puesto que su suegra piensa que ella es ahora Billy, les pasa una pensión que les permite no morir de hambre. Más adelante, se enrola como soldado, se casa con un oficial que fallece por enfermedad y entonces decide alistarse en la marina, como Mary Read. Ahí es en donde sus destinos se cruzan, puesto que el barco pirata de Calico Jack y Ann Bonny ataca la embarcación en la que va Mary Read y la toman entre los prisioneros y ella termina uniéndose a ellos. Después de varias aventuras, que, dentro del campo sexual, incluyen las relaciones entre Ann y Calico, Ann y Mary, y los tres juntos, además de Ann con Diego Grillo en Cuba, mientras está esperando ella el hijo de Calico Jack, ambas terminan atrapadas y, mientras Calico es ajusticiado, ellas logran salvar la vida por su condición de mujeres: ambas están embarazadas. Si bien Ann sobrevive, Mary termina muriendo poco después a causa de una enfermedad. Paradójicamente, a pesar de su ruptura de barreras en torno al género sexual, al final son los valores tradicionales machistas los que les salvan la vida. Sin embargo, las aventuras de estas dos mujeres, convertidas en hombres a la luz pública hasta el final (si bien ciertos personajes saben de su identidad), supone una puerta a la limitada libertad que la mujer tenía en esa época y, por extensión, a la que tiene en Cuba hoy en día. Así, como señala José Ismael Gutiérrez, el lesbianismo "es visto como un refugio de la feminidad desplazada—múltiple, amorfa, especular y resistente al discurso— una alternativa, así sea pasajera, para escapar de la tiranía de los asfixiantes modelos falocéntricos originadores de cuantiosas ignorancias y marginalidades" ("Mujer y piratería..." 64).[6]

También en *Bailar con la vida* se le ofrece al lector una visión libre de la sexualidad que incluye de manera relevante la inclinación tanto hacia la relación lesbiana como a los juegos entre tres personas o *menage a trois*. La escritora protagonista no sólo entra en una relación pensando en el placer físico sin más (16-7), sino que también comparte a su amante con su mejor amiga durante un vuelo a Londres (75) y casi llega a hacer el amor sólo con ella (58-9); incluso llega a tener una relación con una pareja que inicialmente ella había creado como personajes de su novela, y que después encuentra y conoce (168). También Canela, otro de sus personajes, se siente atraída por las mujeres (21), y más adelante, cuando ella está con Juan en un bar, tanto ellos como los otros clientes del local asisten a una escena libidinosa entre dos mujeres en el lavabo del bar (31-2). No son sino algunos de los muchos episodios que ocurren en esta obra. Se podría juzgar *Bailar con la vida* como la obra en la que el muestrario o diversidad de prácticas sexuales es más amplio, aunque eso no quiere decir que sea la obra en la que la representación de la sexualidad está más lograda. No cabe duda, sin embargo, de que este aspecto es clave en la obra de la autora cubana, al igual que ocurre con el tema racial.

Raza

La cuestión racial es otro de los temas candentes en Cuba, al haber basado la isla, desde el siglo XVI hasta cerca de finales del siglo XIX, en un sistema esclavista.[7] Este sistema creó, con el tiempo, uno de los símbolos no sólo de Cuba, sino del Caribe, al menos dentro de la imaginación masculina europea: la mulata. Así, es ya un tópico de los estudios literarios y culturales sobre Cuba esta figura, que se ha convertido en una de las señas de la identidad cubana. Diversos estudios han señalado su importancia, así como los diferentes ideales que en ella convergen: la mujer como objeto sexual apasionado, el mítico ajiaco de africanos y españoles, con alguna mezcla ocasional de los chinos armoniosamente combinados en un cuerpo femenino, que sirve de metáfora a la isla.[8] Estas imágenes han sido creadas, como todo objeto cultural, a través de los años por ciertos elementos sociales necesitados de una simbología de cohesión de las tendencias nacionalistas de la isla. Los estudios sobre la mulata la presentan como una construcción literaria de la imaginación masculina blanca que respondía al sexo como elemento principal, al tiempo que servía para establecer una crítica a la situación de Cuba. La novela decimonónica que mejor representa esta imagen es *Cecilia Valdés* (1882) de Cirilo Villaverde, pero la imagen todavía sigue, después de más de un siglo, en otras obras de autores masculinos, como *Trilogía sucia de La Habana* (1998) de Pedro Juan Gutiérrez o *La isla del Cundeamor* (1993) de René Vázquez-Díaz, las cuales muestran que, pese a los avances logrados tanto en la emancipación femenina como racial a finales del siglo XX, estos dos presupuestos no han variado mucho con el paso del tiempo: la mulata cubana sigue asociada con el sexo y la cuestión racial en la identidad cubana.

Sin embargo, la mulata, al igual que cualquier referencia a la raza en Cuba, ha sido borrada como elemento de estudio tras la revolución, o mejor dicho, ha sido incorporada a la mitología oficial comunista, como ocurre en la poesía de Nancy Morejón. La mayoría de los historiadores coinciden en que las autoridades cubanas desalentaban el estudio de cuestiones raciales a causa de la situación política del país, con los Estados Unidos como amenaza constante a la revolución. En ese ambiente, cualquier intento de dividir al país en términos raciales significaba un debilitamiento de la revolución. En el mundo del exilio, los estudios raciales variaban según la posición política del autor con respecto a la política racial del gobierno castrista. Por ejemplo, Pedro Pérez Sarduy y Jean Stubbs en *Afro-Cuban Voices* intentan reflejar las relaciones raciales tras 1959; y ambos señalan las armoniosas relaciones de Castro con los países tanto del África subsahariana como de otras islas caribeñas cuya población es mayoritariamente mulata o negra, incluso también con la población estadounidense de origen africano (1). Sin embargo, Carlos Moore en *Castro, the Blacks, and Africa* presenta de otra forma los datos y es radical en su anticastrismo. Algo similar ocurre en *Afro-Cuban Religious Experience: Cultural Reflections in Narrative* de Eugenio Matibag. La política oficial cubana se opone y penaliza cualquier punto de vista que se aparte de la consideración de la cultura negra como parte integral de la identidad nacional cubana.

Sin embargo, la producción cultural cubana refleja más el ideal revolucionario de la armonía racial que la realidad vivida en Cuba, en donde tanto los negros como los mulatos, especialmente cuando éstos son mujeres, continúan experimentando la discriminación desde el triunfo de la revolución. Como señala Howe:

> The myth of a racism-free Cuba as a black haven resulted from the fact that few Afro-Cubans have left Cuba since the 1960s; by deduction, they must be unconditionally loyal to the revolutionary government's racial policies. Cuba supported the Black Power movement in the United States and provided sanctuary for American blacks who were dissatisfied with the racial tension and impasses they encountered. As a result, most critics have underscored the revolutionary zeal of Afro-Cuban intellectuals and artists, assuming the straightforwardness of their works, without questioning the official folklorization of Afro-Cuban expression to the exclusion of meaningful black politics or alternative voices. (69-70)

> [El mito de una Cuba libre de racismo como paraíso negro ha resultado del hecho de que pocos afrocubanos han salido de Cuba desde los sesentas; por deducción, deben ser fieles incondicionalmente a la política racial del gobierno revolucionario. Cuba apoyó el movimiento del Black Power en los Estados Unidos, y ofreció santuario a los negros estadounidenses que no estaban satisfechos con la tensión racial y los impasses que encontraban. Por lo tanto, la

mayoría de los críticos han subrayado el celo revolucionario de los intelectuales y artistas afrocubanos, asumiendo la franqueza de sus obras, sin cuestionar la folclorización oficial de la expresión afrocubana hasta el punto de excluir cualquier política negra son sentido o cualquier voz alternativa.]

La retórica de Castro apelaba a las ideas de José Martí sobre la armonía racial, en el sentido de que los negros no intentaban separarse y quitarles el poder a los blancos. Él intentó detener la historia del conflicto racial en Cuba, que comenzó ya en tiempos coloniales con la esclavitud y, tras la revolución haitiana, con la idea diseminada por España de que los criollos quedarían a la merced de los afrocubanos si la isla se hacía independiente; ya en siglo XVIII Arango introdujo en la élite criolla el "miedo al negro" y abogaba por la potenciación de la inmigración blanca (Patterson 51). Tras la independencia, en la que los afrocubanos tuvieron un papel destacado, hubo un conflicto en 1912, cuando un gran número de líderes afrocubanos fueron asesinados cuando intentaban conseguir más representación política. Más adelante, en los años treintas y cuarentas, el gobierno se dedicó a la purga de las sociedades Abakuá que controlaban los muelles del puerto de La Habana. Tras el triunfo de Castro, y a pesar de las palabras de éste, las purgas contra las sociedades Abakuá continuaron.

Algunos intelectuales, animados por las palabras de Castro de que la cultura negra o afrocubana era parte integral de la identidad nacional, crearon programas para afrocubanos, pero estos programas poco a poco fueron desplazando la auténtica expresión política negra en la isla. La ausencia de ésta fue favorecida también por el hecho de que la mayoría de los afrocubanos eran analfabetos antes de la revolución y no tenían ni la menor idea de las luchas raciales e intelectuales que tenían lugar ni en su país, ni en los Estados Unidos, ni mucho menos en otros lugares. La división de los pocos intelectuales afrocubanos en torno a la acción política que debían tomar contribuyó también a la ausencia de algo similar al "Black Power" de los Estados Unidos durante los sesentas, de manera que, ausente el componente político combativo, la cultura negra perdió un poco sus raíces y se convirtió en un producto estético que formaba parte de la cultura nacional revolucionaria (Howe 74-75). Los pocos afrocubanos que favorecían una política negra fuerte cayeron en desgracia con el régimen ya al comienzo de los sesentas, cuando se incorporó la política negra a la ideología marxista cubana en su oposición a los Estados Unidos.

Además, la situación era paradójica, puesto que al mismo tiempo que el gobierno cubano reprimía cualquier voz independiente de los afrocubanos dentro de la isla, estaba apoyando y a su vez siendo apoyado por el Black Power y otras fuerzas afroamericanas de los Estados Unidos. De hecho, se publicó un número especial de "Lunes de revolución" dedicado a estos movimientos y también se les dio santuario a algunos líderes de los Black Panthers. Para culminar este proceso, la participación de Cuba en algunos conflictos africanos, como Angola o Etiopía, crearon una imagen positiva del régimen en las comunidades negras de todo el mundo, que veían a Cuba como un aliado contra el imperialismo. Sin embargo, como bien señala Howe, el gobierno cubano veía estos movimientos afroamericanos como una plataforma para mostrar su antiimperialismo y su retórica a favor del tercer mundo, sin ningún plan de desarrollar una estructura similar en Cuba (79). No es difícil observar un doble rasero en esta política.

En los setentas, cualquier elemento afrocubano que se salía de la norma era catalogado junto con los homosexuales y los burgueses como una aberración social que debía ser extirpada de la revolución, puesto que la lucha de clases propugnada por el marxismo erradicaba el conflicto racial (Pérez Sarduy y Stubbs 5). Esto ocurría en una década en la que los negros comenzaban a quejarse después del triunfo revolucionario de trato discriminatorio (Patterson 65). El gobierno se planteó un sistema de cuotas de presencia negra y estableció vínculos con África de la misma categoría que tenía con otros países de Europa occidental o Latinoamérica. Sin embargo, eso no parece sino una cubierta para un racismo subliminal que se oculta a través de la expresión africana reducida a las artes: música, pintura, carnavales y otras expresiones (Howe 83).

Pero el conflicto estaba servido en términos de lucha racial. Cuando tras la revolución algunos afrocubanos se quejaron de una desigualdad en términos de producción literaria, el gobierno autorizó la producción de "La Guerra de Palmares", una serie televisiva en la que todos los actores eran afrocubanos, y entonces aparecieron las quejas de los blancos. El prejuicio resulta obvio, pues ellos no criticaban series en las que todos los actores eran prácticamente blancos (Howe 84).[9]

Valdés refleja la cuestión racial en su obra, en distintos grados y con el componente añadido de su ascendencia china, un elemento de la composición étnica cubana que no ha sido todavía tan estudiado como el elemento africano. En principio, el hecho de que en sus novelas el protagonismo sea fundamentalmente femenino va a ofrecer una visión diferente de la vida cubana, incluida la cuestión racial. El énfasis en lo sexual de sus novelas las hace atractivas para investigar la figura de la mulata, santo y seña del erotismo cubano a lo largo de los años, a través de la pluma de una autora. Antes de ver cómo se refleja esta mulata en Valdés, es conveniente recordar el origen y la evolución de esta figura en la imaginación literaria cubana.

La relevancia de la mulata parte en la literatura de la fascinación que los escritores cubanos tenían por las mujeres de ambiguo origen racial (Kutzinski 21). De hecho, al hablar de Cecilia Valdés, Jean Lamore indica que Cirilo Villaverde, al elaborar el personaje de Cecilia, sabía perfectamente que atraería al lector masculino porque Cecilia "reunía los principales rasgos que conformaban una imagen ya mítica en esa época: la de la mulata ardiente y sensual, a la vez mujer fácil y mujer fatal" (Introducción 36). Estas mujeres, según Kutzinski, constituían "the only available site of female sexuality in nineteenth-century Cuban literature. White women, that is, those of known 'purity of blood' and hence of social standing, were, almost by definition, exempt from such sexualization" (30) ["el único espacio disponible de la sexualidad femenina en la literatura del siglo XIX. La mujer blanca, es decir, aquellas de reconocida 'pureza de sangre' y por tanto de prestigio social, estaban exentas por principio de tal sexualización]. Esta ausencia de la feminidad blanca (que ya se observaba en Cecilia Valdés a través de las descripciones de Isabel, la novia criolla de Leonardo) pone todo el peso en su compañera de color. Es más, la mujer blanca estaba en inferioridad de condiciones con respecto al hombre en la Cuba decimonónica, puesto que no se podía casar con un blanco después de tener relaciones con un negro, mientras que el hombre sí podía relacionarse con una mulata o una negra y, después, contraer matrimonio con una blanca (Martínez Alier 59).

Esta discriminación tenía por origen el control masculino sobre la isla. Durante el siglo XIX, a la hora de establecer las bases de lo que sería la sociedad cubana, las decisiones eran tomadas por los varones, al igual que sucedía en otras naciones tanto americanas como europeas. La mujer quedaba relegada a un papel pasivo.[10] Si a esta discriminación basada exclusivamente en el sexo unimos el color, obviamente las negras y las mulatas sufrían mayor discriminación tanto fueran libres como esclavas (Rosell 41). Hoy día, tras la revolución castrista, esta discriminación existe. Como muestra Verity Smith, en la Cuba revolucionaria en los ochentas todavía se continúa con una educación sexista que determina, desde la infancia, el papel que corresponde desempeñar en la sociedad al hombre o a la mujer (4). La figura de la mulata muestra claramente, además de la cuestión de género sexual, la existencia de un racismo marcado en la isla de Cuba, todavía presente. Por supuesto, hasta la abolición de la esclavitud en la isla en 1887, el racismo era un hecho palpable, que se acompañaba de la noción legal de la "pureza de sangre". La conciencia sobre la importancia de "lo negro" en Cuba comienza en el siglo XX, en parte gracias a los estudios del sociólogo cubano Fernando Ortíz, uno de los impulsores de esta revalorización con su noción de la transculturación (86-90), la cual ponía de relieve la "mulatez" de la cultura isleña.

Casi toda la crítica está de acuerdo en la importancia del elemento negro en la isla. Para Enrique Patterson, en el negro radica el componente nacionalista autóctono de Cuba: "Los negros, aunque en minoría, se convierten en un vector cualitativo de cubanía, son los que mantienen la cualidad, el carácter, en un mundo que cambia y que introduce, además, a chinos y libaneses" (56). Aunque Patterson se refiere a los comienzos de la época republicana, tras la "independencia", lo cierto es que ese parámetro pervive durante el presente siglo y convierte para algunos críticos al mestizaje o mulatez en "the principal signifier of Cuba's national cultural identity" (Kutzinski 5) ["el principal significante de la identidad cultural cubana"].

Sin embargo, el racismo sigue vigente, incluso tras la revolución, como señala Pérez Sarduy: "no debe suponerse que el racismo en todas sus manifestaciones haya sido eliminado, y mucho menos en lo personal y social, así como en lo concerniente a las relaciones culturales" ("¿Y qué tienen..." 46). De hecho, para Richard Jackson "racial blackness in Cuba as a value beyond the limits of folklore is not recognized by the Revolution" (16) ["la Revolución no reconoce la negrura racial en Cuba como un valor más allá de los límites del folclore"], es decir, lo negro y lo mulato son un simple barniz de la "identidad oficial" cubana.[11]

Es en este sentido "oficial" que la mulata aparece reflejada en ocasiones en la obra de Valdés, como un reclamo publicitario del ideal dentro del contexto público y oficial de la mulata como símbolo del nacionalismo en un nivel patriarcal de poder. En *La ira: Cólera de ángeles*, la mulata aparece como símbolo del pueblo, en un baile popular organizado, "Dos mulatas fondillúas y barrigonas, con sendas pintas de cerveza, remeneaban frenéticamente la cintura y los hombros" (59). Aquí la mulata fondillúa tan del gusto del hombre caribeño (no tanto la barrigona), aparece en el marco obligado de una fiesta popular. En otras ocasiones este discurso público es el del marketing que impulsa el discurso, que no práctica, del multiculturalismo. Esto queda patente en el cartel que en *La hija del embajador* Daniela observa en París: "'Con Benetton, todos amigos', una mulata con la familiar bandera de la estrella solitaria apretaba a un rubio pecoso con la insignia yanqui, reían confraternales en gigantesco primer plano" (61-2). La mulata se convierte así en un reclamo comercial, parte de ese espacio "oficial y público", en ocasiones alejado de la realidad cotidiana.

En contadas ocasiones, la raza se asocia al sexo siguiendo el parámetro de lo público. Cuando en *La nada cotidiana* la familia de Yocandra toma posesión años después de la Revolución de la casa de un escultor que se ha ido al extranjero, en un salón descubren parte de su obra, cuadros y esculturas que reflejan el poderío sexual asociado al negro: "unas nalgas negras que refulgían en aquella cadencia somnolienta, la mano sólida y musculosa sostenía con firmeza una incomparable pingona prieta. Mulatos pechos turgentes de pesista desafiaban los tirantes que apenas rozaban las tetillas marrones" (82). Si bien aquí la imagen sexual es masculina y escultórica, es interesante señalar que es una de las pocas ocasiones en que la sexualidad exuberante se refleja en un tipo racial en la obra de Valdés, en concordancia con lo que Franz Fanon, en *Peau noire, masques blancs*, señalaba del negro como símbolo de la potencia sexual en la imaginación blanca, algo que ha dado lugar en el exterior al boom del "turismo sexual", antes mencionado.[12]

Ya se señaló que el sexo es un elemento muy presente en la obra narrativa de Valdés desde sus inicios. Todos los grupos étnicos, sin diferencia, participan de tal actividad, al igual que las mujeres, sean éstas más liberadas o más ingenuas. Incluso cuando aparecen las jineteras no se hace hincapié en la raza de las mismas (*Sangre azul* 158). A la hora de hablar del sexo, no hay tanto énfasis en las mulatas como ocurre en la obra de Gutiérrez o de Díaz, por indicar unos ejemplos. De hecho, en muchas ocasiones la mulata se aleja del "modelo de belleza", como ocurre en *Querido primer novio* con una de las compañeras de Dánae en el campamento, Pancha Pata de Plancha, quien era "buena gente, pero soez, una mulata de espaldas anchas, teñida de rubio pollo" (122), que en lugar de ser atractiva para el varón, resulta conocida en el campamento como "Capitan Tormenta debido a sus inevitables amaneramientos masculinos" (132). La raza no parece, pues, ser un factor predominante en las descripciones de Valdés, y de hecho muchas de sus protagonistas no se sabe específicamente a qué grupo racial pertenecen a primera vista.

Se observa que la mayoría de las protagonistas suelen ser blancas, como Daniela, la hija del embajador, que es confundida con la princesa de Mónaco teñida de rubio en el avión (21), o como Dánae, en *Querido primer novio*. Lo mismo ocurre con Attys, la protagonista de *Sangre azul*, que se describe como pecosa, de piel lechosa y ojos verdes (33-4), además de rubia (50, 130), si bien no tiene nariz aguileña, sino más bien gruesa (34), lo que tal vez indique su "abuela negra". Sin embargo, Canela, uno de los personajes más importantes de *Bailar con la vida*, es mulata, y la novela juega con este factor racial para mostrar el deseo que causa entre los hombres. Valdés no deja lugar a dudas del papel importante que tiene la raza negra en la configuración de la identidad cubana. En su obras este tópico del abuelo negro que todos los cubanos llevan dentro aparece con frecuencia. De hecho, la mulatez en Valdés parece referirse más a la esencia cubana, que a la imagen personal de la mujer, algo "más comercial". Lo que a ella le interesa es esa cubanidad mulata, sincrética, sobre la que reflexionan varios personajes. Yocandra, la protagonista de *La nada cotidiana*, comenta que "por mis venas corre sangre negra, no puedo negarlo, nada más oigo un tambor y se me eriza el alma" (167). Dánae, en *Querido primer novio*, también comenta, al reflexionar sobre las razas que, "si bien no era una africanóloga, por lo menos tenía bien clarito que de por aquellos lares descendía buena parte de mi cultura y de mi religión. Porque aquí, el que no tiene de Congo tiene de Karabalí" (181). La genealogía de Daniela no deja lugar a dudas, no sólo de ese abuelo negro, sino de todo el sincretismo racial que entraña ser cubano, puesto que cada abuelo viene de un sitio: el abuelo chino y el abuelo gallego, la abuela irlandesa y la abuela negra (15). Esta multiplicidad racial se observa en *La ira: Cólera de ángeles*, cuando Raquel tiene una visión, mientras se hunde su patera, de la Virgen de la Caridad del Cobre, con una "hermosa sonrisa de dientes blancos resaltando en el rostro moreno", escoltada por los tres Juanes: "Juan indio, Juan negro y Juan Criollo" (167). Y es que para Valdés, como se señala en *Te di la vida entera*, Cuba es "esta islita reina del mestizaje" (129).

Este mestizaje sincrético no evita, sin embargo, que Valdés refleje en su obra una constante que todavía parece existir entre ciertos segmentos de la población de color, no sólo en Cuba sino en otros lugares, incluso Estados Unidos. Este problema es el deseo de ser blanco, presente en la sociedad isleña y reflejado ya en obras decimonónicas, aunque no en todas, puesto que como indica William Luis, hay novelas que presentan otra perspectiva (46). Sin embargo, esta idea de deseo de la mulata por el blanco se impuso en la tradición cultural y continuó hasta el presente. Ciertas protagonistas de Valdés esbozan deseos por prototipos de la cultura blanca, sobre todo en sus primeras obras. Attys, en *Sangre azul* confiesa un deseo de ser Marilyn Monroe (38), y Yocandra, en *La nada cotidiana* expresa un deseo de "ser extranjera, tener los ojos azules y el pelo casi blanco por lo rubio, parecido al de las suecas" (35). Este deseo no parte de la nada, sino que surge como una respuesta a los deseos del hombre. En el caso de Yocandra, surge como una reacción ante la burla del Traidor, uno de los que acabará siendo su amante. La mujer claramente se muestra supeditada al deseo del varón.

Este deseo de "blanqueamiento" también se une a otro problema ejemplificado en la obra de Valdés, el racismo. Indica el mito popular, extendido sobre todo en los Estados Unidos, que en Cuba no existe el racismo o, al menos, este es un fenómeno menos agudo que en otras latitudes. Sin embargo, como se ha visto unas líneas más arriba, esto no es cierto: existe un racismo latente y algunas obras de Valdés lo reflejan. En principio, en *La nada cotidiana*, las amiguitas que se marchan después de la Revolución a Estados Unidos son todas del modelo de belleza que el varón tiene en mente: "Mercedes, rubia de ojos verdes, pelo largo. Lourdes, trigueña de ojos verdes, pelo largo. Chachita, pelirroja de ojos verdes, pelo largo" (79). Y el padre de Yocandra, un guajiro de no muchas luces, muestra claramente su trasfondo racista que, eso sí, provoca reacciones inesperadas: "Bastó media vez que mi padre comentara que lo último que le podía pasar a él y a su familia, el golpe mortal, era enterarse de que su hija templaba con un negro, para que yo me metiera hasta el tuétano con un negrón de ojos verdes, marino mercante para colmo" (42-3). En *Querido primer novio*, Dánae envía una carta a su amante en la que habla de su mamá, Gloriosa Paz, e indica que "se ha echado un marido, es albañil y mulato, ya tú podrás imaginar lo racistas que son en mi barrio" (241).

En ocasiones, el racismo se refleja en Valdés como un elemento de ataque personal, algo que ocurre también en otras obras cubanas contemporáneas. En *Café Nostalgia* uno de los personajes, Minerva, critica a Nieves debido a que está saliendo con el chico que ella quiere: "¿Tú sabes lo que es ser negra y llamarse Nieves? Y a este Monguy, ¿cómo se le ocurrió empatarse con una prieta? En lugar de adelantar la raza. Yo se lo dije, que perdió prenda conmigo, porque no todos los días un jabao tiene la posibilidad de empatarse con una rubia de ojos verdes" (131). A lo que, sin embargo, le replica Lucy, otro de los personajes, "¿y tu abuela dónde está? Debes tenerla escondida en el escaparate. A mí me dijeron que era hija de esclava de barracón con un amo gallego de los que daba bastante bocabajo" (132). Más adelante Enma le llama a Marcela "mulata" (309) y también se le presenta una escena al lector en la que un blanco no le pega a un negro para que no se diga que es racista (328).

Esta conciencia del componente africano en la obra de Valdés toma fuerza en otro elemento: la religión. Si bien en contadas ocasiones se hace referencia al catolicismo, la presencia de la santería es más notable. *Te di la vida entera* comienza con un rogamiento de cabeza, que hasta tiene su propia canción, como si fuera uno de los capítulos, en el disco que el grupo Café Nostalgia hizo basado en la novela. Y las menciones a que un personaje es hijo o hija de Ochún son constantes. En otras ocasiones, la santería hace acto de presencia a través de un babaloche, como ocurre en el encuentro que Marcela tiene en *Café Nostalgia* cuando todavía joven está en La Habana: un viejito le pide que se acerque y le cuente su sueño, en el cual le profetiza que el hombre quemado volverá a ella en otro cuerpo y la poseerá (155). Sin saberlo, aquí está una de las claves de la obra, puesto que el hombre quemado es el viejo señor casado con quien ella flirteaba (aunque nunca llegaron ni a tener una cita y mucho menos sexo, como se indica más adelante (291)), y ese nuevo cuerpo que la poseerá va a ser Samuel, su hijo. A pesar de que Marcela no cree, reconoce que el viejo babaloche sabía todo (157). Al final de la obra, cuando Marcela comienza a encajar las piezas y le confiesa todo a Samuel, se resuelve el misterio, puesto que el hombre no murió por culpa de ella, sino de Mina, otra amiga de Marcela en La Habana que era realmente con quien el papá de Samuel tenía una relación. O al menos eso es lo que Samuel ha descubierto (350). Se cumple así la profecía del babaloche, puesto que después de la confesión Marcela y Samuel hacen el amor.

La presencia de la santería, abundante pero discreta dentro de la obra de Valdés, no sólo aparece en el presente, sino que se remonta ya a los tiempos coloniales. Así, en *Lobas de mar*, Ann convence a Diego Grillo para asistir a una ceremonia de negros junto con Lourdes Inés (142-3). En dicha ceremonia, Tomasito, uno de los negros participantes, le entrega a Ann un escrito en donde le da una serie de consejos a través de las deidades yorubas (146-7). Pero además de esta presencia africana, Valdés también se ocupa de otro elemento de la composición étnica cubana: el oriental.

Efectivamente, como última nota hay que abordar el componente asiático, también presente en Cuba e importante para Valdés porque le afecta directamente. Como se sabe, los chinos llegaron ya desde mediados del siglo XIX, en parte para suplir a la mano de obra afrocubana de tal manera que, aunque oficialmente venían con contratos, en la práctica era como si fueran nuevos esclavos.[13] Al ser componente de su propia sangre, no es extraño que Valdés le preste atención, a veces simplemente de pasada, como ocurre en *Te di la vida entera*, cuando Juan y su amigo salen con unas orientales, con pinta de tibetanas que "[s]e hacían llamar geishas" (154). En esta misma obra, si bien no se insiste mucho en ello, no hay que olvidar que Cuquita, la protagonista—y un personaje que le sirve a Valdés de homenaje a su madre—tiene ascendencia oriental, al igual que la misma autora. Sin embargo, es *La eternidad del instante* la obra que mayor homenaje le rinde a la cultura asiática, que domina sin oponente la primera mitad de la novela. Esta obra, estructurada, al igual que *Te di la vida entera*, en dos partes, sitúa la primera en China en el siglo XIX, para trazar una semblanza de la vida de la familia de su abuelo. Si *Te di* era un homenaje a su madre, *La eternidad* lo es a su abuelo. Se ve así en la obra tanto la mezcla racial cubana, a través de la boda del abuelo con su abuela, de origen irlandés, así como la soledad, la discriminación y el mal trato que sufrieron los orientales en Cuba, a través del engaño y la mentira.

Se puede observar que Valdés no sólo repara en el componente africano, sino que presta atención, al igual que algunos contados narradores cubanos— Severo Sarduy es quien viene a la mente inmediatamente—o artistas—Wilfredo Lam—al componente chino. Sin embargo, aunque es un elemento que está presente y del que Valdés no huye, no es clave en su temática, al menos no en la medida que lo es el lenguaje, la política o el feminismo, aunque no cabe duda de que forma parte de la esencia cubana, una esencia híbrida, que no se queda en la imagen visual femenina tan característica de gran parte de la literatura cubana, sino que va más allá. El hecho de que sea Valdés una autora y una exiliada, ofrece esta visión profunda que combate el machismo crónico que afecta a Cuba, tanto la Cuba isleña como la exiliada.

Notas

1. Ver el capítulo quinto de la obra de Lindstrom para obtener un breve resumen de la historia de la escritura femenina en Latinoamérica y la necesaria adaptación que la teoría feminista sufrió al llegar a Latinoamérica, sobre todo en cuestión de raza y clase. Lindstrom menciona el caso de Domitila Barrios, representante boliviana de los mineros que en un congreso en México en 1975 reflexionó sobre si su situación y sus problemas eran iguales que los de las mujeres de clase media.

2. Como indica Valle Ojeda, en su testimonio *Jineteras*, muchas de las jineteras comenzaron a ejercer la prostitución a una edad temprana, como quinceañeras; ver los testimonios de Chabely, quien con sólo 18 años en el momento del documento, ya se acostaba con cubanos "[h]ace unos años" (76), o de Mayra Beatriz, que cuenta con sólo 17 años (156). También Holgado Fernández habla de la juventud de las practicantes del sexo con turistas, aunque, al contrario que muchos de los testimonios de Valle, que muestran muchachas bien preparadas, ella indica que en muchos casos son guajiras que vienen del campo y tienen poca preparación (224).

3. Como señala Louis Pérez Jr., "Travel to Cuba began slowly and increased steadily, from nearly 33,000 visitors in 1914 to 36,000 in 1915 and 44,000 one year later, reaching spectacular levels in the decades that followed: from 56,000 in 1920 to 90,000 in 1928, to 178,000 in 1937. Between 1920 and 1940 more than two million U.S. tourists visited Cuba. Travel resumed after World War II and escalated in the 1950" (*On Becoming* 167) ["El viajar a Cuba comenzó de manera lenta y se incrementó sólidamente, de casi 33.000 visitantes en 1914 a 36.000 en 1915 y 44.000 un año más tarde, hasta alcanzar niveles espectaculares en las décadas siguientes: de 56.000 en 1920 a 90.000 en 1928, a 178.000 en 1937. Entre 1920 y 1940 más de dos millones de turistas estadounidenses visitaron Cuba. Los viajes se reanudaron tras la Segunda Guerra Mundial y aumentaron en los cincuentas"]. Además, como el propio Pérez sigue diciendo, no era sólo un turismo elitista, sino que atraía a un gran número de gente de la clase media y trabajadora estadounidense. Además, ofrecían un ambiente muy familiar para este tipo de turista, pues se hacía hincapié en el hecho de que los hoteles y la gerencia era "americanos". La importancia del turismo del gran país del norte llegó a ser tan grande que hasta los hoteles y los negocios españoles y cubanos tuvieron que adaptarse a los gustos norteamericanos para sobrevivir en un mercado cada vez más competitivo (*On Becoming* 168-170).

4. De hecho, esta atracción por el cuerpo del nativo, observado a través de una serie de clisés como más primitivo, más sexualizado y más dominable, es en parte uno de los atractivos que la industria turística emplea en ciertos países (Filipinas, Tailandia, Cuba) y a través de ciertas figuras, principalmente femeninas (la dócil asiática y la caliente mulata), debido a que el turista como figura se constituye como un ser masculino de raza blanca, aunque también en las sociedades desarrolladas occidentales, la mujer comienza a

disfrutar de las ventajas o no (según el punto de vista) de este turismo sexual. De hecho, Erve Chambers ya indica en la introducción al volumen *Tourism and Culture* (1997) al hablar de la obra *A Small Place* de Jamaica Kincaid que para esta autora "contemporary tourism is an extension of colonial opportunity and authority" (1), con lo que su obra está en contra de la imagen sonriente y alegre que supuestamente tienen los nativos, tan atractiva para el extranjero. Marie-Françoise Lanfant está de acuerdo también con esta idea del turismo como una especie de neocolonialismo o neoimperialismo (Introduction 5), idea también defendida por otros críticos, como Martí-Olivella (24). Este neocolonialismo incluye, como en los imperios de antaño, el control del cuerpo nativo hasta el extremo de llegar a una pseudoesclavitud sexual, un fenómeno ampliamente extendido en el mundo contemporáneo.

5. Como señalan varias de las crónicas de Mauricio Vicent para el diario *El País* desde La Habana, la prostitución ha llegado a adquirir a finales de los noventa proporciones alarmantes, que han llevado al gobierno de la isla a poner cerco a dichas prácticas, a través de operaciones policiales como la "operación Lacra" ("Cuba pide..."). También Orozco en *Cuba Roja* habla de los distintos cambios políticos a favor y en contra del turista en relación al sexo (274-7). Distintos diarios y revistas, sobre todo europeos (*El País, Le Point* o *Primera Línea*) dan cuenta del mismo problema. Sin embargo, hay que señalar que no es un fenómeno actual, puesto que ya se daba antes de la revolución con la imagen de Cuba como isla romántica, una noción de romanticismo que, como señala Pérez, era "a euphemism for sex and seduction, the rendering of Cuba as a setting for amorous adventures" (*On Becoming* 188) ["un eufemismo para el sexo y la seducción, la versión de Cuba como un lugar para la aventura amorosa"]. La subliminalidad desaparece en la representación contemporánea, para lo que sirva como ejemplo el siguiente fragmento de la revista española *Primera Línea*, una revista dirigida principalmente al sector joven, en un número sobre el sexo exótico, habla de las mulatas cubanas como

> [t]an fogosas o más que las brasileñas, las cubanas llevan el ritmo y el sexo en las venas. Están más sueltas que las cariocas y es por ello que no se cortan un pelo a la hora de pedir regalitos a cambio de sus favores carnales. Se toman el sexo como lo más normal y natural del mundo, así que cuando se va allí lo mejor es cambiar el chip y desinhibirse por completo. (Valencia y Agulló 27)

Si se siguen los postulados de MacCannell sobre la atracción turística, se puede comprobar que el sexo en Cuba reúne sus criterios. Según este sociólogo, una atracción turística es una "empirical relationship between a *tourist*, a *sight* and a *marker* (a piece of information about a sight). A simple model of the attraction can be presented in the following form: [tourist/sight/marker] attraction" (41) ["relación empírica entre un turista, una vista y un señalizador (una pieza de información sobre la vista). Un modelo sencillo de la atracción puede ser presentado de la siguiente manera: [turista/vista/señalizador] atracción"]. En el caso que aquí se trata, ya se ha comprobado cómo funciona el señalizador en una revista bastante popular entre el tipo de turista que sí va a ir a la isla, y las informaciones que vienen de la misma indican que la vista en la misma parece cumplir con las expectativas prometidas: el sexo en la playa con la mulata y la palmera. Esta imagen sufre un proceso de sacralización, siguiendo con la terminología de MacCannell, ya que se desmarca de otros objetos semejantes, como pueden ser las otras islas caribeñas. La cuestión, en el mundo occidental, radica en visitar cuba *ahora*, cuando todavía es una isla comunista en el hemisferio capitalista, cuando además de las mulatas se puede visitar una ciudad decrépita como La Habana, en la que no hay ni letreros de neón ni MacDonald's.

6. Es interesante el artículo de José Ismael Gutiérrez sobre la novela *Lobas de mar* puesto que ofrece bastante información sobre otras adaptaciones, incluso cinematográficas, de la historia de estas dos piratas, Ann Bonny y Mary Read.

7. Para tener una visión de la esclavitud en la isla se recomienda la lectura del estudio de Pérez *Cuba*, especialmente pp. 85-7, sobre la importación de esclavos a comienzos de la colonia, pp.92-3, sobre la complejidad racial en la isla, y pág. 107 también sobre la esclavitud. Más adelante, Pérez indica como la Revolución cortó oficialmente con el racismo en sus inicios (321). Las dos primeras partes de *Cuba santa*, de Orozco y Bolívar, también ofrecen muchos datos, si bien el estilo es más periodístico en ocasiones. A pesar de todo, tienen cifras sobre la importación de esclavos a las Américas y también un mapa que indica las zonas de las que provenían estos (12). *Walking in the Night*, de Cañizares, contiene un apéndice que ofrece un brevísimo resumen de la historia de los negros en Cuba (127-38). El artículo de Patterson "Cuba: discursos sobre la identidad" se centra también en la negociación entre criollo y esclavo primero, y blanco y negro después, visitando las opiniones tanto de José Martí como de Fernando Ortiz. Por último, Pérez Sarduy en "¿Y qué tienen los negros en Cuba?" señala el racismo que los negros sienten en la isla todavía ya en las postrimerías del siglo XX.

8. Algunos estudios parten de la esclavitud isleña, como William Luis en *Literary Bondage* y Sara Rosell en *La novela antiesclavista en Cuba y Brasil , siglo XIX*; otros se centran en un análisis más específico del mito y su simbología en la creación literaria y nacionalista cubana, como Vera Kutzinski en *Sugar's Secrets*.

9. Howe, en el segundo capítulo de su obra, ofrece varios ejemplos de cómo el racismo está presente en la isla, al hablar de los problemas de ciertos intelectuales por promover el componente africano: Walterio Carbonell, autor de *Cómo surgió la cultura nacional* (1963), un texto que, a pesar de su compromiso revolucionario, buscaba más representación para el componente africano de esa cultura nacional; Sara Gómez, autora del documental *De cierta manera* (1974-1978), que muestra la lucha negra en términos revolucionarios pero con detalle en la complejidad de los temas de género y raza en la isla, al tiempo que incluye organizaciones religiosas afrocubanas, cuando el gobierno insistía en que habían sido erradicadas (Gómez murió antes de finalizar el documental, que no fue estrenado por un tiempo); o Eugenio Hernández, cuya obra *María Eugenia* (1967) molestó a muchos blancos que se sintieron ofendidos por la gran presencia de personajes negros con papeles relevantes en la obra; e incluso Fernández Robaina en su estudio *El negro en Cuba*, que termina, muy oportunamente, en 1959, puesto que el último capítulo, tentativamente titulado "La lucha", no fue publicado en un acto de auto- censura del autor. Como concluye Howe: "The relationship between Afro-Cubans and the revolutionary government is characterized by mutual fear and misinterpretation. Censorship and punishment are realities that have bred suspicion and self-censorship among Afro-Cubans and other intellectuals who include Afro-Cuban themes in their works" (92) ["La relación entre los afrocubanos y el gobierno revolucionario se caracteriza por el miedo y la malinterpretación mutuos. La censura y el castigo son realidades que han criado sospecha y autocensura entre los afrocubanos y otros intelectuales que incluyen temas afrocubanos en sus trabajos"]. Un caso interesante es el de la poetisa Nancy Morejón, que ha producido una obra de calidad dentro de los límites ofrecidos por el sistema, pero intentando hacer hincapié en cuestiones de género y raza. A pesar de su oficialismo, ella se vio en el ostracismo durante los setentas, debido a ciertos problemas "políticos". En los ochentas, reapareció de nuevo con una poesía más comprometida políticamente, aunque todavía con referencias a la esclavitud y a cuestiones de género y raza. Es tal vez una de las mayores exponentes de la voz negra en las letras contemporáneas cubanas (Howe 139-140).

10. Adriana Méndez Rodenas relata, en este sentido, los problemas que María Mercedes Santa Cruz y Montalvo, condesa de Merlín, tuvo con el circulo literario de del Monte en su viaje a La Habana en 1840. Los recelos del grupo intelectual masculino ante una cubana "de letras" llevaron a la marginalización de su escritura, delegada a un papel de observadora foránea por su estancia en Francia (93). Algo parecido sucede con otra figura relevante de las letras femeninas cubanas, Gertrudis Gómez de Avellaneda, quien también pasó parte de su vida en España, algo que fue usado para reprocharle su cubanidad (Servera 37). La marginalización que sufren estas mujeres, como indica Brackette Williams, se debe a la separación decimonónica de los papeles sexuales: al hombre le correspondía la cultura y la agencia de la nación, y a la mujer la naturaleza y la recepción y, para el bien de la nación, "the more feminine the woman, the more masculine the man, the more intimate was family life, and, of course, the healthier was society for all its well-placed order" (9) ["cuanto más femenina la mujer, más masculino el hombre, más íntima es la vida familiar y, por supuesto, más saludable era la sociedad por su bien colocado orden"]. Por lo tanto, las mujeres con ideas sobre temas "masculinos" no contribuían a este principio para mantener el estado de las cosas.

11. Es curiosa la observación de Raul Cañizares sobre las reacciones opuestas que suscitó su participación en un programa de radio en Florida sobre el racismo. Él indicó en dicho programa que sí existía racismo en la isla, y varios radioescuchas llamaron a la emisora: los que se identificaban como blancos para protestar y objetar, mientras que los radioescuchas negros llamaban para indicar que sí habían sufrido discriminación en la isla (127-8). De todas formas los límites raciales no están tan definidos como en otros lugares, opinión con la que también coincide Ramón Orozco, aunque este último señala que "aunque la segregación racial no tiene ni punto de comparación con ninguna otra sociedad donde haya diferentes razas, una joven blanca difícilmente tendrá relaciones con un negro" (15).

12. La importancia de esta idea ha dejado huella dentro y fuera de la isla: en la obra de otros autores, como Gutiérrez con su *Trilogía sucia de La Habana*, o en el cine, como es el caso de *Flores de otro mundo* (1999) de Iciar Bollaín, película que cuenta tres historias de relaciones, una de las cuales es entre una mulata cubana y un campesino español en Castilla. Él la conoció a ella a través del mencionado turismo sexual, y vuelve al pueblo en uno de los viajes con ella, lo que ni decir tiene que cambia la rutina de la villa, alterando la vida y costumbres de los vecinos.

13. Para una visión de la presencia china en Cuba, véase *El viaje más largo* de Leonardo Padura Fuentes, sobre todo el primer capítulo homónimo (21-32).

CAPÍTULO QUINTO

La representación del espacio y lo urbano

> The earliest maps are thought to have been created to help people find their way and to reduce their fear of the unknown.
> [Se cree que los primeros mapas han sido creados para ayudar a la gente a encontrar su camino y reducir el miedo a lo desconocido.]
>
> Peter Turchi

La escritura es un acto doble, como indica Peter Turchi, que involucra la exploración y la presentación (12). Por lo tanto, es muy similar al acto de crear un mapa: el escritor se convierte en una suerte de cartógrafo que explora un universo real o imaginario, o una combinación de ambos, y lo muestra a otros a través de sus narrativas. Los mapas y las novelas intentan ofrecer un sentido a los mundos que conocemos.[1] Sin embargo, ofrecen diferentes aspectos de una misma realidad, sea ésta real o imaginaria. No importa cuán exacto sea un mapa, siempre fracasará a la hora de comunicar la experiencia de un lugar, el sentido de ser o la dimensión humana. Es entonces que la literatura hace acto de presencia, para llenar esos espacios, aunque la literatura tiene también sus propios huecos. Cualquier intento, bien sea en la cartografía o en la literatura, de plasmar nuestro mundo tridimensional en la página plana de una hoja de papel conlleva una distorsión (Harvey 324). Pero el sentido de complementación entre ambas prácticas permanece. No es sorprendente, pues, que en muchas guías de viajes contemporáneas, además de los mapas detallados de países y ciudades, el lector pueda encontrar también literatura que se ocupa de la historia, la cultura e incluso la ficción narrativa misma del país. Existe incluso una nueva tendencia de "literary companions" o antologías para acompañar la visita a un determinado país o una determinada ciudad. En cierta medida, estos libros representan el país en un sentido diferente que lo haría un mapa. Como indica Linda Greenow, "fiction writers provide a means for geographers to verify facts, statistics, and models of urban change, to describe cities and city life vividly and empathetically, and to humanize scientific studies of people and places" (277) ["los escritores de ficción le ofrecen a los geógrafos una manera de verificar datos, estadísticas y modelos de cambio urbano, para describir las ciudades y la vida urbana de forma vívida y con empatía, y para humanizar los estudios científicos de la gente y los lugares"]. Por ejemplo, en varias librerías estadounidenses uno puede encontrar

The Cuba Reader, obra que se debe archivar en la sección de viajes y no en la de literatura o historia, y que contiene obras que abarcan desde Cristóbal Colón en el siglo XV hasta Senel Paz o David Mitrani, escritores cubanos de los años noventas. Por consiguiente, la literatura, la sociología, la historia y la antropología se combinan para crear otro tipo de mapa de Cuba.

Los mapas se crearon para describir y ayudar a aquellos que no conocían o estaban familiarizados con una zona, según Turchi. Se puede añadir también que los mapas pueden ayudar incluso a quienes conocen una zona a que consideren una nueva y diferente perspectiva. Algunas veces, un autor representa un mundo nuevo para comunicarse e influir en sus lectores. Esta situación crece a veces por las condiciones particulares en la vida de un determinado autor, como puede ser su clase social o su condición de exiliado. En el caso de las letras latinoamericanas, la escritura ha estado relacionada con los mapas desde un comienzo, gracias a la imaginación de los primeros españoles que, empleando mayormente su imaginación, crearon mapas del Nuevo Mundo; los cuales resultaron ser erróneos e inexactos, defectuosos. Estos mapas resultaron a veces tan creativos e imaginativos como la mejor novela que alguien pueda imaginar, llegando a ocultar en ocasiones la geografía real y autóctona del lugar, como muestra Ileana Rodríguez en *Transatlantic Topographies*. Cuba se consideró en un comienzo como parte de un nuevo continente, y finalmente como isla.

El propósito de este capítulo es explorar cómo se define y delinea el espacio en la narrativa de Valdés. Para ello, se analizan los espacios fundamentales en su obra: La Habana durante los años del periodo especial en tiempo de paz, París y Miami como capitales que albergan cubanos exiliados, y en menor medida también Madrid y Nueva York. Si bien en la mayoría de su obra el espacio es eminentemente urbano, también se ofrece una visión del campo de la isla, sobre todo en *Querido primer novio*. Por último, el capítulo ofrece una breve semblanza del mar en su obra, ese elemento tan importante en la vida de cualquier isla.

La Habana

Obviamente, Valdés, que se define como "habanera", representa la ciudad desde su exilio parisino. Sin embargo, como ya se señaló antes, parte de su narrativa fue escrita mientras ella todavía residía en Cuba, a comienzos de los años noventas, durante el periodo especial en tiempo de paz. Tanto *Sangre azul, La nada cotidiana, La hija del embajador* y partes de *Café Nostalgia* y de *Te di la vida entera* fueron, según ella, escritas en la isla. Son las obras que, en la introducción, unifiqué como obras de su primera etapa, la etapa combativa. Por lo tanto, La Habana está muy presente como marco geográfico. Se verá ahora cómo se representa la ciudad en algunas guías turísticas y después en la narrativa de Valdés y en otras obras de escritores cubanos contemporáneos; y también cómo Valdés crea un contraste con esas guías y también entre la capital cubana y las otras ciudades representadas en su obra, hasta crear un mapa del exilio urbano cubano.

La ciudad de La Habana ha sido representada y cartografiada durante siglos, debido a que era un lugar de capital importancia para el comercio y el control de las colonias por parte de la corona española. No hay que olvidar que, hasta la reforma de los Borbones a finales del siglo XVIII, todo el comercio legal entre América y España partía de La Habana. También en literatura se ha representado por su importancia en la isla, como se puede ver en las obras de Carpentier o de Álvarez-Tabío Albo. Desde la llegada de los europeos a finales del siglo XV, Cuba no sólo ha sido importante estratégicamente, sino también como la "Perla del Caribe", un lugar de belleza tanto geográfica como humana. A pesar de que, como el escritor boricua Edgardo Rodríguez Juliá ha indicado al hablar de las ciudades caribeñas en general, "la ciudad caribeña no contiene ese depósito historicista que contiene la ciudad europea" (23), la historia de La Habana es rica, especialmente si uno la compara con otras ciudades de las Américas. En el siglo XX, gracias al desarrollo del turismo como fenómeno generalizado, La Habana—y Cuba en general—se ha convertido en un destino turístico importante en el mundo, como ya se ha indicado en el capítulo tercero. Primero, gracias a los estadounidenses en la primera mitad del siglo XX, y más adelante, tras el paréntesis de las dos primeras décadas de la revolución, por europeos y canadienses en las últimas décadas (los años ochentas y sobre todo, los noventas). Esta nueva revitalización del turismo ha avivado viejos demonios, como el turismo sexual, que ha traído tanto problemas como beneficiosas divisas para el régimen castrista.

Es con el turismo en mente que se plantea aquí la cartografía habanera. Para ello, este capítulo comienza analizando brevemente cómo se representa la capital cubana en algunas novelas de Valdés, y después en las guías turísticas durante los noventas. Relacionar ambos tipos de textos no es una idea descabellada, puesto que, como indica Yvette Sánchez, "[e]xento de refinamiento retórico, este tipo de discurso, recurrente en *Café Nostalgia* y en las demás novelas, podría encontrarse tal cual en una guía de turismo" (169). Hasta cierto punto, lo que separa algunos pasajes de la narrativa de Valdés de una guía turística es la retórica, el estilo; el resto es información, que a veces se cambia un poco en honor a la imaginación literaria.

Puesto que Valdés ha escogido el camino del exilio por razones políticas, su aproximación a este fenómeno en Cuba y, en concreto, en La Habana durante los noventas está lejos de ser positiva. Así, la ciudad aparece en su obra vieja, represiva, abrumadora y insalubre para habitar. Los edificios se caen literalmente, al igual que ocurre metafóricamente con la estructura social, desde la familia a la amistad. Su retrato de La Habana, sin embargo, no difiere mucho del ofrecido por otros escritores contemporáneos que han seguido la estela de Valdés, tanto residentes en la isla como en el extranjero. Esta visión de La Habana contrasta vivamente con las guías y los mapas ofrecidos por la industria del turismo, como se verá más adelante.

En *La nada cotidiana* la mayoría de la acción transcurre en interiores, más concretamente en el apartamento de Yocandra en La Habana, el lugar que ella describe como una celda hexagonal situada frente al mar. Al situar la acción dentro del apartamento, la novela ofrece una atmósfera claustrofóbica, algo que también sucede en *Café Nostalgia* con Marcela y su apartamento parisino, en el que ella se refugia en varias ocasiones. Para Yocandra el mar es una barrera a punto de devorarla bien con huracanes, como le sucede a su vecina (*La nada* 70) o en la imagen de los balseros devorados por los tiburones que aparece a través del relato de su amigo el Lince (128); pero ocasionalmente también puede convertirse en un signo de esperanza, "una serenidad máxima, un espanto curioso que sosiega" (27) y también un puente entre La Habana y Miami (124). Algunos de estos elementos no se pueden representar en un mapa y entonces la narrativa trata de suplir esa carencia. En su apartamento, al igual que en la ciudad, la escasez es la nota dominante: no hay papel, ni comida, ni trabajo. Incluso el agua y la electricidad faltan, con constantes apagones, que interfieren con la telenovela brasileña que pasan por televisión (54). Además, aparecen los edificios en ruinas o cayéndose, la violencia en la calle, la gente comiendo literalmente de los contenedores de basura. Los cubanos representados en esta novela tienen tanto miedo y tanta hambre que no dudan en dejar la isla en balsa (127-8).

En esta Habana que, curiosamente, recibe varios nombres irónicos durante *La nada cotidiana*, como "Ciudad-Laboratorio", porque lo que ya no es novedad en el resto del mundo todavía constituye un experimento allí (115), o "Ciudad-Experimento" porque le piden a uno de los personajes que repita su éxito en la creación de un centro cultural en un pueblito en La Habana (120), o incluso "Ciudad-Mortaja" porque toda la gente ilustre muere o se va (123), es posible elaborar un mapa de los alrededores frecuentados por Yocandra y sus amigos: su primer encuentro sexual tiene lugar en el Castillo de la Fuerza (42), aprendió a mecanografiar en el Callejón del Chorro (39), su familia se mudó de Centro Habana al Vedado, una de las áreas más exquisitas de la capital cubana (78) y el lugar donde ella vive al comienzo de la narrativa, que pertenecía a su amiga la Gusana antes de que ésta se fuera del país casada con un español (89). También ha vivido como esclava sexual del Traidor en el apartamento que éste tiene en La Habana Vieja, entre la Calle Monserrat y la Bahía de La Habana, tal vez el área más turística de la ciudad (52).

Los lugares no vienen vacíos, sino que traen consigo una carga connotativa: La Habana Vieja es el lugar del intelectual que viaja al extranjero y disfruta de un cierto estilo de vida bohemio. El Vedado solía ser el área de la burguesía rica, pero el padre de Yocandra, debido a su ardor revolucionario, recibe un apartamento allí unos años después del triunfo de la revolución, el apartamento abandonado por un artista homosexual que había escapado para los Estados Unidos. Este antiguo barrio exclusivo se convierte ahora, gracias a la revolución, en algo menos vistoso e incluso chabacano, cuando el lector descubre que, a pesar de su localización urbana, muchos vecinos tienen animales en sus casas, y no exactamente mascotas, sino cerdos y gallinas para un futuro uso alimenticio, es decir, para ayudarles a combatir el hambre (165-6). Y esperan, como Yocandra. Al fin y al cabo, las islas son para esperar, según Harvey (285).

No es sólo en *La nada cotidiana*, sino también en otras novelas, que Valdés ofrece esta imagen de La Habana. En *Café Nostalgia*, en una sección que ocurre antes del periodo especial, en los ochentas, La Habana parece una zona de combate, al menos ante los ojos de Marcela, la protagonista: "las casas de mi infancia se caían de alambrería, apuntalamientos, suciedad, en resumen, se desmoronaban a causa del ocio y de la humedad" (109). Más adelante en la novela, el lector puede leer La Habana de los noventas gracias a un guión cinematográfico que Marcela encuentra en su apartamento y que describe la decadencia de la capital cubana (203-44). *Te di la vida entera* ofrece un punto de conexión directa con el fenómeno turístico, al llevar a los personajes en un paseo por los barrios preparados para los turistas:

> Atraviesan apesadumbrados la plaza Vieja, bajan por San Ignacio hasta la iglesia del Espíritu Santo, el Uan hace fotos de la placita de la calle Acosta donde vivía Mercedes, la amiga de su abuela, una santera de ojos transparentes. Siguen rumbo a la parroquia de La Merced, de ahí al puerto. Regresan subiendo por la calle Cuba, en la plaza del convento de Santa Clara detienen sus pasos, ¡cuántas veces no había jugado pelota allí con sus socios de la escuela! . . . . Vuelven a La Habana restaurada, la que ofrecen a los turistas y a los ignorantes. En la plaza de la Catedral pululan los mexicanos zambos en chores Lacoste, los italianos recios y reacios a aceptar la realidad de un socialismo decadente, los canadienses olorosos a Coppertone, es decir, bronceador, aunque siguen más blancos que los Nela, quesitos cremas exiliados de nuestros paladares, los franceses tras la huellas de Sartre, Simone y Gérard Philipe. Algunos búlgaros y húngaros se solazan en el museo viviente de su pasado, pero tropical (297-8)

Como se puede apreciar en este párrafo, parece existir una Habana doble: la de los turistas, la que aparece en las guías turísticas y en las revistas, y otra Habana, la que estas novelas presentan, y que aparece también en la obra de otros autores como Daína Chaviano, Leonardo Padura Fuentes, Teresa Dovalpage o Pedro Juan Gutiérrez, especialmente este último, contemporáneos todos de Valdés en términos de su época de producción literaria (todos publican en los noventas). Todos ellos representan en sus obras la decrepitud de La Habana a finales del siglo XX.

Como ya se señaló, esta imagen no tiene mucho en común con la imagen de La Habana que llega al mundo occidental (o sea, Norteamérica y Europa occidental) por medio del mundo del turismo (agencias, documentales, revistas y guías turísticas). Desde la belleza de las playas o la seguridad del país hasta la oportunidad histórica de observar en vivo y en directo uno de los últimos ejemplos del modelo comunista (disculpas a China y Corea del Norte, pero ambos son menos accesibles que Cuba), o la posibilidad de disfrutar de todos los placeres sexuales, algunos de ellos prohibidos en los países occidentales. Como indica Quiroga, durante el periodo especial comenzaron a aparecer una serie de libros de fotografías de La Habana que contaban con el beneplácito del gobierno cubano y que ofrecían una imagen positiva de la ciudad, alejada de la pobreza y la revolución, excepto para glorificar las ruinas de La Habana Vieja como monumentos del pasado (98-9), en una especie de visión romántica que también ocurre en algunos documentales como *Buena Vista Social Club*.[2] Esto fue un reflejo de la necesidad que tenía la isla del turismo, y se relaciona no sólo con el paisaje urbano, sino también con la geografía humana que lo acompaña, y que da lugar a una series de atractivos codiciados por otro tipo de turista: el turista sexual.

Una revista española, *Primera Plana*, en su número de julio de 1999 describía Cuba como uno de los paraísos sexuales del mundo; sin embargo, la causa era—volviendo a los tópicos tan usados—la naturaleza de la mulata, no la pobreza o la necesidad del país. Las guías turísticas son más cuidadosas, y así *Cuba* (en la colección *Insight Guide*) trata de algunos de los temas peliagudos, a pesar de que uno tiene que leer con cuidado y a veces entre líneas para descubrirlos entre las páginas llenas de fotografías que muestran la belleza natural del paisaje, llenos de gente sonriente (Perrottet 9-17) y de bailarinas exóticas como las del Ballet Tropicana (Perrottet 56, 78-9). Sin embargo, un lector atento puede encontrar fotos interesantes, no a toda página como las anteriores, sino mucho más discretas, pequeñas muestras visuales que contrastan una pareja de turistas en Varadero con una cola de nativos que esperan pacientemente para conseguir algunas legumbres (Perrottet 70). De nuevo, insisto en que el lector tiene que revisar cuidadosamente la guía para encontrar este tipo de ejemplos. En la sección histórica de la guía, se presta mucha más atención a la Cuba prerrevolucionaria, mientras que Castro se menciona más brevemente y el periodo especial en tiempo de paz ocupa sólo un breve párrafo (Perrottet 35).

Otras guías son más interesantes porque prestan atención a La Habana Vieja, donde uno puede encontrar algunas obras maestras de la arquitectura colonial que, si uno lee a Valdés, no son tan importantes para el cubano de a pie, tales como la catedral. Una de las mejores guías recientes, parte de la serie *DK Eyewitness Travel Guides*, dedica 10 páginas a La Habana Vieja (Beltrami 60-77), el mismo espacio reservado para Centro Habana, (Beltrami 78-95), mientras que el Vedado, una de las zonas más modernas de la capital, recibe sólo 10 páginas (Beltrami 96-105), más otras 10 reservadas a los barrios colindantes, en contraste con lo que aparece en las novelas de Valdés, en donde el Vedado es muy prominente. El único punto de contacto es el Malecón, que en las guías aparece como la avenida costera ideal para disfrutar de una vista panorámica del mar y de la ciudad, y recibe un tratamiento especial porque es el área que "thrills tourists and locals so much" ["les encanta tanto a los turistas y a los nativos"] y en donde los nativos envían "offerings to the gods" ["ofrendas a los dioses"] (Beltrami 58), pero en absoluto se refieren a ella como la avenida de la prostitución, como parece hacer Valdés al mostrar a las jineteras y también cuando Yocandra y su amiga la Gusana en *La nada cotidiana* pasean en bicicleta y son confundidas por los nativos con prostitutas por hacer eso en el Malecón (66, 94). También en *Café Nostalgia* el Malecón ha cambiado en los noventas, y ahora en lugar de un paseo distinguido es un lugar vulgar, lleno de ruido y de todo tipo de negocios, incluidos los de índole sexual: "Las jineteras y los pingueros deambulan a la caza de extranjeros carentes de todo menos de dólares" (224). Es interesante que este punto de contacto entre las guías y la obra de Valdés gire en torno al sexo, indicando el papel degradante que les corresponde a los cubanos en la economía globalizada en la que ellos cuentan sólo con su cuerpo para sobrevivir.

A la vista de estas condiciones y de la triste realidad a la que tienen que enfrentarse, y siguiendo el precepto de que todo tiempo pasado fue mejor, Valdés esboza otras alternativas en términos espaciales, mudando sus personajes o bien en el tiempo, escapando cronológicamente a una Habana prerrevolucionaria que ella recupera al representar el pasado glorioso de la ciudad, o bien en el espacio, representando otras ciudades en las que habita el exilio cubano. A través de este doble movimiento, ella crea un mapa de la nueva cubanía, representada por el exilio en diferentes áreas urbanas del mundo: París, Miami, Madrid...

En algunas novelas, como ya se mencionó, el contraste tiene lugar entre dos Habanas, la de antes, prerrevolucionaria, y la del presente, en el periodo especial, tras la caída del comunismo soviético. La novela que probablemente representa esto mejor es *Te di la vida entera*, en donde la primera parte transcurre en los años cuarentas y cincuentas, y la segunda prácticamente en los noventas, sin una transición gradual, sino con un salto seco de casi cuarenta años entre una parte y otra, de manera que se establece un contraste brusco, claro e hiriente. A pesar de sus fallas, La Habana de los cuarentas y cincuentas se representa en la obra de Valdés como una ciudad llena de vida, de luz, de deseo sexual, de night clubes, y de posibilidades de ascenso en la escala social a pesar de la ausencia de medios. Como se vio antes, La Habana en los noventas, sin embargo, no se parece en nada a eso, sino que más bien es el reino de la escasez. Lo que ayuda a mostrar esto claramente es el hecho de que Cuba, la protagonista de *Te di la vida entera*, es una chica joven al comienzo de la novela, y una sexagenaria sin dientes en la segunda parte. A través de la decrepitud física del personaje se hace presente la decrepitud física de la ciudad y del mismo sistema, confiriéndole a la obra un significado más profundo a pesar de la clave de humor en que está escrita.[3]

La primera parte de esta novela intenta recobrar una "ciudad olvidada", en la definición de Ann Markusen, es decir, un lugar donde nacimos pero que ya sólo está disponible a través de las memorias o de los documentales televisivos, un lugar que nos causa una experiencia de "surprise, wonder, admiration, pity and regret" (2304) ["sorpresa, maravilla, admiración, pena y arrepentimiento"]. En el olvidar ideológico causado por la revolución, estos escritores muestran que el lugar sí importa, y trabajan como "knowledgeable workers" (Markusen 2307) ["trabajadores informados"], defendiendo la existencia de esta Habana prerrevolucionaria, que no es tan mala como la representaban en las novelas revolucionarias de los sesentas.

Sin embargo, ¿era realmente así la ciudad? Para Zoé Valdés, aquella Habana prerrevolucionaria es sólo una memoria transmitida, puesto que ella nació el año del triunfo de la revolución. Muchos estudios contemporáneos apuntan a la falta de fiabilidad de nuestra memoria (por ejemplo: casos erróneos de testigos, memorias falsas recobradas, y algunas otras situaciones exploradas con mayor o menor éxito por la ciencia ficción contemporánea). Los científicos que se dedican al estudio del cerebro sólo tienen una ligera idea de cómo funciona, cómo almacenamos recuerdos en nuestra memoria, incluidos sucesos que nunca han tenido lugar. ¿Cómo pueden conocer estos escritores un lugar del que han oído hablar a sus ancestros pero que nunca han experimentado? Aunque, ¿importa eso realmente? ¿O es esa Habana real sólo a causa de la gente, las novelas y las memorias que vuelven a la vida en contraste con su patético presente? En cierta medida es una ciudad soñada—"geografía del sueño", se indica en *Café Nostalgia* (126). Para Yvette Sánchez "los desterrados evocan la ciudad mediante una poética del espacio, topográfica, toponímica, al nombrar para recuperar los barrios, calles, monumentos, parques, plazas, restaurantes, bares reconocibles por muchos" (169).[4]

En otras ocasiones, este contraste sucede no en términos de recuerdos, sino en términos geográficos reales, por medio de la representación contemporánea del exilio urbano, algo que Valdés hace en varias novelas. *Café Nostalgia*, uno de sus trabajos más logrados, ofrece un claro punto de partida para elaborar un mapa sobre la diáspora cubana. La novela establece una geografía de ciudades del exilio cubano, que cubre gran parte del mundo: la protagonista, Marcela, vive en París pero, gracias al teléfono y al Internet, se mantiene en contacto con muchos de sus amigos, puesto que la amistad es algo que ella necesita como una araña necesita su telaraña (19). Su contestadora está llena de mensajes de todo el mundo: Silvia en Quito (Ecuador), Marceliña está ahora en Brasil pero pronto retorna a Buenos Aires (Argentina), Lucio está en Nueva York (USA), Óscar en México D.F., y así sucesivamente (128-9). Marcela tiene su propia comunidad en la red, una comunidad muy semejante a la "community without propinquity" ["comunidad sin proximidad"] que proponía Webber (citado en Markusen 2309), es decir, una comunidad que no se encuentra enraizada en un área geográfica local, sino que es independiente de la geografía gracias a la tecnología (teléfono, Internet, correo postal y electrónico, y otros tipos de medios de comunicación). Al tener toda esta tecnología disponible, la comunidad de exiliados cubanos puede mantenerse en contacto y permanecer relativamente independiente de las comunidades locales (aunque éste no sea el caso de la comunidad cubanoamericana en Florida). De esta manera, tampoco tienen la necesidad de compartir el mismo grado de responsabilidad que debieran, si bien hay ciertos factores políticos, como la ciudadanía, pueden jugar un papel importante para que estos exiliados; en el caso de Valdés, la obtención de la ciudadanía española le ha facilitado mucho su vida dentro de la Unión Europea.

En esta comunidad sin proximidad algunas áreas urbanas se representan mejor que otras en la narrativa de Valdés. El mayor contraste en *Café Nostalgia* es entre París, en donde vive Marcela, y La Habana, que aparece a través de las memorias de su juventud primero y en un guión cinematográfico (representado en la obra en *bastardilla*) que ella encuentra después. En realidad, el guión cinematográfico se podría considerar robado hasta cierto punto, al igual que en la antigüedad se robaban mapas para descubrir nuevas rutas (Harvey 101-3). Tras llevar unos años en el exilio, Marcela roba el guión sin saber inicialmente que éste la va a llevar a La Habana (202). Aunque el guión no le ofrece al lector nada nuevo en términos de representación de La Habana (es la misma imagen de la ciudad que aparece en sus otras novelas), París tampoco es un paraíso, como se verá seguidamente en este capítulo. Baste decir por ahora que ambas ciudades, París y La Habana, tienen algo en común, que es la literatura: ambas son ciudades literarias para Valdés, al contrario que Nueva York, que es una ciudad cinematográfica (*Café* 47).

París

París es el otro gran espacio de la narrativa de Valdés, sobre todo en su primera etapa. La representación de este espacio inmediato, en el que se ve forzada al exilio, es normal en la literatura de exiliados y expatriados. De hecho, el tema del exilio no es algo novedoso dentro de las letras cubanas. Ya desde sus inicios en el siglo XIX, muchos de los más insignes escritores isleños se vieron obligados a vivir en el extranjero y a escribir desde allí, sobre todo debido a causas políticas: primero contra el poder colonial español durante el siglo XIX y después contra los sucesivos gobiernos cubanos, sobre todo las dictaduras de Batista primero y de Fidel Castro después. Si bien en la mayoría de los casos estos autores escogieron los Estados Unidos como destino, hay una gran cantidad que residen en otros lugares. En la actualidad, la presencia de autores cubanos se presenta en una amplia diáspora que abarca desde Suecia hasta Suráfrica, pasando por España, Francia o Gran Bretaña.[5] En cada lugar, el exiliado ha tenido que acomodarse a su nuevo medio, y en varias ocasiones, este nuevo espacio se refleja en sus obras, tanto sean estas obras de ficción o memorias.

La presente sección se centra en la repercusión que su nueva residencia tiene en su obra narrativa. En concreto se explora aquí cómo se construye la topografía parisina dentro de sus novelas, especialmente las dos novelas cuya acción principal presenta París como telón de fondo: *La hija del embajador* y *Café Nostalgia*. Hay que señalar que en otras obras también aparece en algunos momentos la capital francesa, por lo que algunas referencias complementarias tendrán como base *Sangre azul*, *La nada cotidiana*, *La ira: Cólera de ángeles* y dos cuentos de *Traficantes de belleza* que tienen como fondo la ciudad de las luces.

Las novelas de Valdés presentan una oscilación entre la admiración y la crítica con respecto a París y a los parisinos. Su visión es contradictoria, producto de la rabia que le da la ignorancia que se tiene de Cuba y los cubanos, pero también del buen sabor que le produce saber que los cubanos en el exilio saben más que los franceses a pesar de la censura de noticias que vienen de la isla ("Conferencia"). La condición de las protagonistas en las dos obras como mujeres y extranjeras de un país que antaño había sido colonia europea sirve de filtro en este análisis de París para plantear cuestiones de género sexual e incluso de postcolonialismo que adquieren una repercusión universal. El espacio parisino aparece reflejado en principio a través del contraste con el espacio perdido debido al exilio: La Habana. Este contraste inicia una desconstrucción de la ciudad como modelo de excelencia que concluirá con una revisión de la "capital de la cultura francesa" en la que la misma no sale muy bien parada. En la oscilación entre el respeto que merece la ciudad dentro de su tradición en las letras hispanas y el deseo de criticarla, la ironía y la visión femenina actúan como elementos fundamentales que acaban con el mito de la capital cultural mundial que pretende ser París.

En principio hay que señalar que la ciudad francesa ya contaba, antes de la aparición de las obras de Valdés, con una amplia presencia dentro de las letras hispanoamericanas. Desde finales del siglo XVIII, París había sido un centro de referencia para la intelectualidad de estos países en todos los campos culturales, incluido el de la literatura. Como indica Marcy E. Schwartz en *Writing Paris: Urban Topographies of Desire in Contemporary Latin American Fiction*, "Paris is evoked by writers and intellectuals as a metaphor for a broad spectrum of culturally bounded desires. Latin American urban culture has designated Paris as an idealized, hegemonic cultural center that serves as a Model for European Modernity" (1) ["Los escritores e intelectuales evocan París como una metáfora para un amplio espectro de deseos ligados culturalmente. La cultura urbana latinoamericana ha designado a París como un centro cultural hegemónico e idealizado que sirve de Modelo de la Modernidad Europea"]. Esta metáfora de Schwartz es vista por Pera más como un mito, "no sólo en Hispanoamérica, sino en el mundo occidental" (14). Es decir, la capital francesa fue idealizada en la imaginación, no sólo latinoamericana sino casi universal, como el centro cultural de occidente, un occidente que representaba la modernidad humanista en oposición a la tradicional cultura ibérica. Esto quedó patente durante el conflictivo siglo diecinueve latinoamericano, en el que, tras las guerras de independencia, los dirigentes criollos de los países latinoamericanos buscaron con ahínco un centro civilizador alejado de la tradicional cultura peninsular. París fue este centro de civilización en la oposición entre civilización y barbarie, sobre todo en la obra de Sarmiento, que ayudó a consolidar ese mito parisino en la imaginación latinoamericana (Pera 49-50, Schwartz 12-4). Con los modernistas esa civilización se convirtió en una elegancia y una sensualidad que pronto derivaron en el potencial erótico del lugar para la iniciación sexual del hombre latinoamericano (Schwartz 17, Jones 21-2).

Si bien inicialmente existía, como se ve, una admiración incondicional, a partir de los años treintas comienza un cierto distanciamiento y cuestionamiento, que continúa hasta el presente, del papel de esta ciudad en las letras hispanoamericanas. Algunos escritores, como es el caso de Cortázar en *París, ritmos de una ciudad*, se distanciaron un poco de la ciudad al hablar de ella ciudad, en lugar de poner la pasión de antaño.[6] París adquiere un aire decadentista (Schwartz 20). Sin embargo, decadente o no, el atractivo persiste en mucha de la literatura latinoamericana contemporánea, con grandes escritores que han vivido y han reflejado la capital francesa en sus letras, e incluso escritores que han hecho esto último sin tomar el primer paso, es decir, han representado la capital francesa sin haberla ni tan siquiera pisado, como es el caso de las crónicas de Pedro Balmacedo Toro.[7]

Cuba no fue una excepción a este deseo parisino, sobre todo tras la revolución castrista, cuando ilustres representantes de las letras insulares se instalaron en la capital francesa. Ya antes, durante los años treintas, la capital francesa había contado con un exiliado ilustre, Alejo Carpentier, quien además tenía a su favor el origen francés. Él se había instalado allí por su oposición al régimen de Machado primero y al de Batista después. Años más tarde, tras la subida al poder de Fidel Castro en 1959, otro ilustre cubano se fue hacia Francia, Severo Sarduy. Es interesante el papel jugado por la capital francesa en torno al conflicto cubano dentro del mundo intelectual, por un lado con la visita de Jean Paul Sartre a la isla en apoyo de lo que políticamente allí tenía lugar, pero por otro lado con el apoyo a la difusión de la obra de otro ilustre disidente, Reinaldo Arenas, a quien se le ayudó desde la ciudad francesa a difundir su obra y su situación. A este grupo se una desde 1995 Zoé Valdés.

París se va a reflejar en su obra, sobre todo en dos novelas: *La hija del embajador* y *Café Nostalgia*. En la primera, París aparece en principio como lugar de fascinación, que lleva después a un desengaño, reflejado en la obra a través del aborto de Daniela que casi la lleva a su muerte al final. En la segunda, a través de los desengaños de Marcela se le ofrece al lector una visión más amplia de la ciudad de las luces. Sin embargo, también aparece la capital francesa en otras obras, aunque no tiene un papel tan preponderante: *Sangre azul*, en la que la relación erótico-amorosa entre la joven Attys y el pintor Gnossis continúa en la capital francesa; *La nada cotidiana*, donde Yocandra visita, gracias a su matrimonio, una capital europea, presumiblemente París; *La ira: Cólera de ángeles*, cuya protagonista, Raquel, obtiene una beca para ir a París, en donde se enamora de su primer marido; o en varios de los cuentos de *Traficantes de belleza*, especialmente en dos de ellos, "A cuerpo de rey", el relato de un pianista de "aquella isla" que va a París, y "Arriba de la bola", el relato de un fin de año en la comunidad cubana de París.

En todas estas obras, París es un marco físico obligado para los personajes. Es decir, ellos no están ahí por amor o devoción, sino forzados por unas condiciones políticas que, hasta cierto punto, escapan de su control. Se trata de lo que Amy Kaminsky o Aijaz Ahmad denominan verdadero exilio, forzado y vivido en el cuerpo de los que lo sufren.[8] Este detalle tiene su importancia en la obra de Zoé Valdés cuando se retrata la capital francesa, puesto que el nuevo marco pierde en su contraste con la capital cubana: París siempre es peor que La Habana. Esta es una norma de muchos casos de literatura escrita en el exilio, puesto que el autor tiende a idealizar y conservar el mito de un espacio mejor del que se ha visto forzado a emigrar. Esto ocurre muy claramente en mucha de la literatura cubano-americana que se escribe en Estados Unidos y que refleja la ciudad de Miami, sobre todo por parte de autores que, como en el caso de Valdés, son exiliados desde hace no demasiado tiempo.[9]

En la obra de Valdés este contraste se inicia por la meteorología: la lluvia se erige como uno de los elementos que afecta la condición parisina frente a la habanera. Mientras en la isla luce el sol o llueve en contadas ocasiones y de forma torrencial, París se caracteriza por una llovizna y un cielo gris que parecen no desaparecer nunca (*La hija* 84, *Café* 19, *Traficantes* 97); obviamente, en ocasiones este tiempo afecta de manera considerable el estado de humor de los personajes. Pero tampoco el calor es el mismo. Junto a la lluvia, en París predomina el fresco y, cuando aparece el calor, como en el metro, este es un calor seco (*La hija* 43). Ninguno de los dos elementos es del gusto de los cubanos residentes en París.

El marco urbano parisino sufre también de su situación en cuanto a un elemento tan insular como es el mar. En varias obras se hace referencia a esta ausencia: Attys, la protagonista de *Sangre azul*, se queja de que a París le hace falta el mar, pues ella no concibe una ciudad sin mar (118). Esta ausencia del mar y su sustitución, muy pobre la mayoría de las veces, por el río Sena, parte ya de la obra poética de Valdés. El poema "París, julio" de *Vagón para fumadores* indica dos de los elementos ya vistos al hablar de París: "En el calor seco, sin mar de fondo" (28). El calor seco visto a la salida del metro en *Café Nostalgia* ya aparece aquí, lo mismo que la ausencia del mar. En "Nunca antes de la fiesta", de otro poemario, *Todo para una sombra*, la voz poética indica también esta ausencia de mar (66). El mar se une a la lista de ausencias sufridas en la capital francesa, si bien parece cambiar con el tiempo esta percepción, ya que en un reciente poemario, *Cuerdas para el lince*, uno de los poemas, "Montparnasse, pan de fresas" contiene los siguientes versos: "El mar no me hizo falta/Yo era la reina del video" (19).

Este contraste físico entre París y La Habana se traspasa a los personajes. Los parisinos no son como los cubanos, y esto se demuestra claramente en la fiesta del cuento "Arriba de la bola", donde la voz narrativa ya advierte del chauvinismo francés al indicar que "España ya es exótica para ellos" (*Traficantes* 173). La ironía contra los franceses sigue durante todo el cuento. Por supuesto, los anfitriones cubanos se comportan amablemente con los invitados, algo que los franceses encontraban natural, "ya que se supone que los autóctonos del trópico debemos comportarnos así, como si anduviéramos de fiesta desde que nos cortan la tripa del ombligo hasta que nos visten con el traje de palo" (*Traficantes* 177-8). Durante el baile, esta ironía llega a endurecerse:

> Los visitantes observaban como si estuvieran acomodados en palcos de la Opera de París y yo fuera Maya Plisetskaia. Algunos de ellos, desenvueltos, para su opinión desvergonzados, iniciaron unos rígidos pasos de un, dos, tres, chachachá, balbuceando el ritmo, triunfantes como niños que acaban de pronunciar la primera sílaba de una larga palabra. Los que entendían el castellano se interesaron por esa metáfora tan sugestiva de hay que estarrrr arrriba de la bola, y la frase que tan sólo dura medio segundo en nuestras bocas cubanas, en las de ellos permaneció una eternidad. Quise aclarar que la bola era algo inexplicable, sin sentido común, únicamente traducible al compás del baile, una metáfora más del sensualismo. Que la bola era todo y nada a la vez. Y que más bien era nada. ¡Ah, la nada, el vacío!, murmuraron. (*Traficantes* 182)

Aquí se puede ver la distancia que existe entre los cubanos exiliados en París y los nativos, incapaces de asimilar tanto el lenguaje como el sentido último de la canción, obsesionados con su marco de referencia existencialista tal vez.

Esta visión de los parisinos adquiere tonos a veces negativos, puesto que no tienen ni idea de lo que realmente ocurre en la isla. Valdés no oculta su sarcasmo y a pesar de que Francia es uno de los países en los que ella tiene más éxito de ventas, ella no duda en criticar en ocasiones a "sus lectores". Además del cuento anteriormente citado, también en *Café Nostalgia*, tras acompañar a un empresario francés en viaje a la isla, Marcela disfruta del momento en el que, al abandonar Cuba, se le confiscan a él toda su película (según las autoridades cubanas, podría haber estado fotografiando como espía lugares secretos). Esto, unido a sus frustrados intentos de comprar algunos hoteles y de conquistar a algunas mulatas, hace que ella no pueda frenarse y piense: "me alegraba, jódete, lame-culo, ahora dirás en Francia que Esta Isla es una maravilla" (118). De regreso en París, Marcela intenta evitar que los tópicos típicos sobre la isla le arruinen el día cuando desdobla el diario y encuentra un artículo sobre su patria:

> Total, es como si leyera el mismo artículo: belleza insular, tropicalismo, musicalidad, jineterismo, salud y educación diz que garantizados, una pequeña dosis de pobreza por culpa del embargo, otra mínima cantidad de disidentes, esta vez por culpa de ellos mismos, de encaprichados que son. Abreviando, la misma pendejada de todos los días. (120-1)

Esta es la lista, hasta cierto punto, de tópicos compartidos por muchos narradores cubanos en los noventas, cuyas obras en la mayoría de las ocasiones están prohibidas en la isla, incluso cuando el autor vive en ella. Lo que sorprende un poco es la osada actitud de Valdés con sus anfitriones, puesto que tradicionalmente la literatura del exilio tiende a ser más amable con el anfitrión.[10]

Es interesante el juego con la perspectiva en esta sección (y ocurre en más ocasiones en las novelas de Valdés), puesto que el cambio en la focalización y en la voz del discurso cambia los valores jerárquicos atribuidos a la ciudad francesa y a la isla caribeña. Mientras que, como ya se señaló al comienzo de este trabajo, París era la meta y el requisito para la intelectualidad hispanoamericana durante gran parte del siglo diecinueve e incluso del veinte, en la escena anterior los franceses aparecen representados como seres absorbidos en su "intelectualidad", incapaces de gozar de la fiesta sin una preocupación de "alta cultura" como es la reflexión filosófica (sobre todo teniendo en cuenta que a muchos personajes femeninos de Valdés no les gusta la filosofía, como se ve con la protagonista de *La nada cotidiana* (57-58).

Si se toma la noción de Foucault sobre el lenguaje como poder, el hecho de que la novela esté en español y de que la voz narrativa, como ya se vio, sea femenina y cubana, deja evidentemente al francés como objeto de análisis crítico, privado de voz y de agencia. El deseo de intelectualizar el baile a través de una lectura filosófica se convierte en algo ridículo dentro del texto, que refleja un análisis válido de la cultura francesa. Como indica Todorov, la etnología surgió con la primera premisa de que la mirada del otro es más penetrante que la propia (3-4).[11] Aquí se aplica este principio pero con un sutil cambio: el otro objeto de análisis es la antigua metrópoli, mientras que el sujeto analizador es el antiguo colonizado. Este proceso permite establecer una identidad en ese preciso momento en la cual lo cubano se convierte en una homogeneidad superior a lo francés.[12] Así no es sólo la ciudad el objeto de la mirada femenina y extranjera (doblemente extranjera, pues, que dirían algunas críticas feministas) y del análisis, sino que la nación y los ciudadanos de la misma también son objetos de esa mirada. La diferencia no existe sólo en cuestión de espacio sino de cuerpos, de personas.

Esta diferencia se marca en aspectos más íntimos de la personalidad humana, puesto que el distanciamiento entre París y La Habana se ofrece como referente al distanciamiento sexual entre Raquel, la protagonista de *La ira: Cólera de ángeles*, y su primer marido. Ante la imposibilidad, según Raquel, de coincidir en sus horarios "sexuales", indica que es un problema "de desfase, como entre París y La Habana, un pequeño asunto de meridiano, de latitudes" (27). No es sorprendente que en otra obra, *Sangre azul*, la protagonista se asombre cuando dos muchachos la piropean en una calle parisina, puesto que eso "no ocurre con frecuencia en este país" (97); al contrario de lo que sucede en la isla.

Este rebajamiento de París en comparación con La Habana no implica que en la narrativa de Valdés todo sea negativo sobre la ciudad francesa. La autora es consciente de toda la herencia cultural de la capital francesa y de la importancia que ésta ha tenido en las letras hispanas, y en ocasiones juega con esta historia literaria, como muestra Vera-León al analizar el juego con el término "ave" en la escena del vuelo sobre París de Daniella y el marqués en *La hija del embajador*, con toda la connotación que lleva al modernismo (179-80). El París literario aparece con frecuencia, sobre todo en *Café Nostalgia*, donde se reconoce que, al igual que La Habana, París es una ciudad literaria, en contraste con Nueva York, que es cinematográfica (47). La tradición está presente cuando en la misma obra, Marcela y su amante deciden, "una vez terminado el almuerzo, recorrer las locaciones parisinas de Rayuela, la grandiosa novela de Julio Cortázar" (264). Vivir la literatura en la capital francesa se convierte en un modo de vida en varias escenas parisinas de las novelas de Valdés, de tal manera que París se convierte, como en mucha de la tradición literaria, en literatura.[13]

Estas caminatas en ocasiones recuerdan el *flaneur* popularizado desde el surrealismo: ese vagar por la ciudad sin un destino fijo, para empaparse del sentimiento urbano. Esto sucede con frecuencia en la ya mencionada *Café Nostalgia* (274-5, 329-30). Las reminiscencias de esos elementos surrealistas aparecen también en la "casualidad" de los encuentros pensados, algo que nos recuerda a *Nadja* de Breton. Cuando Marcela piensa en Paul, un antiguo amante suyo, súbitamente se encuentra con él a la salida del metro (*Café* 56). Es una especie de nacimiento a la necesidad que la llevaba a pensar en él. El metro como símbolo del nacimiento a la ciudad aparece también en "A cuerpo de rey", cuando el pianista emerge del metro en plena Place de Montparnasse: "¡Por fin, bienvenido al corazón de la bohemia de sus ilusiones!" (*Traficantes* 94). El metro opera como entrada a ese mundo bohemio y literario creado a través de la imaginación artística y cultural durante los años.

La referencia a la escritura y al espacio natural de la misma, el café, es obvia en *La hija del embajador*. Daniela, al poco de llegar a París, entra en un café para hacerlo: "Le gustaba escribir en los cafés, cosa imposible de hacer en La

Habana, porque aunque hubiera cafés, quien iba a creerse esa comemierda de escribidera. Los cafés eran para esperar a alguien" (17). Obviamente, un mismo espacio urbano cumple distinta función según la ciudad, y mientras el café cubano tiene una función tal vez más práctica, el parisino se asocia a la escritura. En otras palabras, la novela sugiere que La Habana está para gozarla, París para leerlo. Esta asociación es reforzada más adelante en la misma obra, cuando Daniela le sugiere a Marcela que vayan a un café existencialista: "En el café, no sólo de Sartre y de Simone de Beauvoir, sino también de otros escritores, Marcela saludó a una escritora argentina, a un profesor de la Sorbona, o dos galeristas y otros tantos personajazos más" (45). Esta atracción de Daniela por el café como elemento literario parisino se refuerza con el placer general que ella tiene al llegar a la capital francesa y absorber toda su cultura: los museos, las calles o la torre Eiffel (34). Esta superioridad cultural se asocia con la superioridad material también. París es "la capital de las divinas tentaciones" (37), sean estas dulces o comida, ropas caras (43-4) u otros artículos. En ocasiones las novelas presentan un lenguaje de la abundancia al referirse a la ciudad francesa; por ejemplo, a la hora de referirse a la amada, "[e]n París no se decía 'mi chinita, mi mamita rica', sino princesa, tesoro, joyita, y otras edulcoradas formas de la abundancia" (89). El lenguaje se encarga de marcar ese cambio de estado no sólo cultural (el francés) sino clasista (el tipo de vocabulario).

Sin embargo, esta repetición de la tradición cultural asociada a París no siempre mantiene el status quo. Como ya se señaló con anterioridad en este trabajo, hay también una desconstrucción de esa imagen "clásica". Uno de los mejores ejemplos de este sutil paso de lo clásico a lo decadente a través de la ironía tiene lugar en el cuento ya mencionado "A cuerpo de rey". El pianista cubano que acaba de llegar a París, al poco de entrar en la zona bohemia de esta ciudad, tiene que hacer un esfuerzo para no caer en la modernidad:

> ¡Ah, disfrutar del viejo París! El París de peinados a la garçon en cabezas de escritoras brillantes, vestidas de esmóquines, calzando enormes zapatos, ya que lo chic de los años veinte era lucir los pies zangandongos, además de poseer lánguidas figuras. Por tanto, ignoró los macdonales, borró los anuncios de compañías aéreas, de ordenadores y lavadoras. De reojo se estrenó en la proclamación de un papel suave pero resistente, aromatizado en lavanda, de un malva que no hiere ningún ojo, y mucho menos para el que está eficaz y expresamente destinado, el del culo. (*Traficantes* 94-5)

El París clásico ya no existe, y conlleva todo un ejercicio mental de imaginación intentar recrearlo, puesto que está contaminado con los símbolos de una modernidad alejada del espíritu bohemio: los anuncios y los restaurantes de comida rápida estadounidenses. En este sentido, París no es tan ajeno a la situación de cualquier capital latinoamericana, cuyos centros están también poblados por los mismos anuncios y por los centros de comida-basura de las cadenas "made-in-USA". La Habana, debido a su peculiar situación política, sería la única excepción. La misma ironía hacia el París moderno se observa en el otro cuento de la misma colección antes comentado, "Arriba de la bola", en donde al hablar del pato y, más concretamente del muslo de pato, la voz narrativa indica "[c]uidao no los hayan sacado del Sena [los patos], con lo asquerosos que son los patos de ese río tan romántico" (*Traficantes* 177). Esto sucede al poco de quejarse con respecto a los espacios en París, que son minúsculos: "Me duché en dos ladrillos; a nadie habrá que aclararle cómo son de minúsculos los espacios de París, una se baila como si bailara un danzón" (*Traficantes* 177). La imagen literaria de la ciudad y su fama cultural se cuestionan al confrontar la imagen lírica con la mundana.

París es, además de prosaico, una ciudad donde la gente vive más aislada que en los trópicos. En muchas de las obras se hace referencia a una palabra clave: soledad. En *La ira: Cólera de ángeles* la protagonista deja de interesarse por París cuando su amante se va y la deja en esta ciudad. Sin el amor, la ciudad no es más que soledad (13). Algo similar le ocurre a la protagonista de *La nada cotidiana* cuando está con su esposo en una ciudad, que si bien no se indica explícitamente que sea París, varias pistas en el texto (la presencia del francés, las *baguettes*) permiten aventurar que sí sea la metrópolis francesa. Tras descubrir que su marido está medio paranoico, ella se dedica a vagar por la ciudad, bajo la nieve, sintiendo los efectos de la soledad (62-3). En *Café Nostalgia* la soledad es una referencia constante, en gran parte debido a la ausencia de amor que sufre la protagonista. Al comienzo ella se siente sola, y más adelante, tras conocer a Samuel, cuando este se va a Nueva York, ella nota más fuertemente esa ausencia y la soledad que conlleva (249). Esta soledad y aislamiento se contrasta con la situación habanera. Mientras en la capital cubana la gente habla y se ayuda, en París no sucede lo mismo: Marcela se dedica a espiar a su nuevo vecino por la mirilla de la puerta, desde su posición o, como ella lo llama, "palco presidencial" (200).

Al igual que sucedía con Yocandra en *La nada cotidiana*, siempre aislada en su celda hexagonal, lo mismo sucede con Marcela en París, a pesar de encontrarse ahora en un país libre. Ella vive en un "hueco" (*Café* 32), definido más adelante como un "espacio tan sombrío del planeta" (11). El tener que vivir ahí porque no puede hacerlo en su ciudad es suficiente para crear una vibración negativa que la acompañará a lo largo de la novela (24), incluso cuando va con sus compatriotas a la orilla del Sena y pretende junto con ellos que están en el Malecón (261).

Esta soledad marcada por la ausencia del amor personal en la gran ciudad lleva hacia una de las revisiones más profundas sobre la imagen de París en las letras latinoamericanas: la iniciación sexual del criollo. Este tema, que ya se comentó al comienzo del presente trabajo, clave en gran parte de las letras hispanas, sufre una revisión genérica en la obra de Valdés. Efectivamente, la iniciación sexual perdura, pero con un guiño saludable: ahora París se convierte en el escenario de una iniciación sexual femenina, en donde no siempre es la fémina el elemento pasivo de la relación. Así, París es, sin lugar a dudas, el espacio de la sexualidad para Daniela en *La hija del embajador*. El misterioso ladrón que ella conoce en el vuelo hacia la capital francesa se encargará de enseñarle caminos sexuales que ella ni había imaginado, convirtiendo el acto sexual en otra de las "divinas tentaciones" que ella sufre en París. Es un sexo asociado al peligro ("Vivir el peligro. Vivir el amor", 86) dada la vida aventurera de Maurice, alias "el barón Maule", el ladrón que se dedica, por amor al buen gusto, a sustituir las copias de obras artísticas que están en las casas de los ricos, por los originales. Sus encuentros sexuales culminan con el que tiene lugar en una avioneta mientras sobrevuelan el Arco de Triunfo y los Campos Elíseos (51-2).

En *La ira: Cólera de ángeles* Raquel descubre el amor en París, casualmente con un cubano. En este caso, el papel de París como espacio de iniciación es importante, puesto que por la novela parece ser que la protagonista es bastante modosita mientras está en la isla, y tanto ella como otro cubano tienen sus primeros encuentros en la capital francesa. No es sólo sexo, sino que la voz narrativa femenina indica que se trata del amor, el descubrimiento del amor (11). El sexo y el amor se suceden también en *Café Nostalgia*, puesto que Marcela echa de menos en París el sexo, aunque al final lo que ella busca en la novela es el verdadero amor, que acaba encontrando en Samuel. Las relaciones en la ciudad de las luces se ven pero desde el punto de vista femenino. Al igual que ocurre en la ficción de otra ilustre exiliada latinoamericana, la argentina Luisa Futuronsky, las novelas de Valdés cuestionan la visión tradicional de París en la escritura latinoamericana al revisar el papel pasivo otorgado a la mujer. Las protagonistas femeninas de Valdés disfrutan en París de la experimentación sexual que tradicionalmente se consideraba un dominio masculino (Schwartz 115). A través de esta experimentación muchas llegan a lograr una satisfacción sexual en la que activamente toman parte y que se incluye en este espacio occidental en el cual la mujer, a priori, goza de mayores prerrogativas que en América Latina o, sobre todo, Cuba, país tradicionalmente asociado con los valores machistas incluso en parte reciente de su producción narrativa. Sin embargo, y al igual que ocurría con los varones, Marcela y las otras protagonistas de Valdés se dan cuenta de que nunca podrán entrar en ese espacio francés, que siempre serán extranjeras, por lo que a veces ya ni se esfuerzan en asimilar lo francés, sino que lo critican más abiertamente.

París, pues, funciona en la obra de Valdés como un lugar de encuentro y un centro cultural importante. En este sentido supone una visión que refleja y continúa parte de la narrativa hispanoamericana. Pero al mismo tiempo, también es un espacio que no puede alcanzar lo que era La Habana, que está dominado en ocasiones por la soledad y la tristeza y cuya cultura está contaminada por el capitalismo y los valores mercantilistas. En este sentido, las obras de Valdés desconstruyen esa imagen a la que, en principio, prestan un respeto admirable. Esta desconstrucción continúa con la visión de la ciudad como un espacio de iniciación y experimentación sexual desde la mujer, en el que el hombre pasa a un segundo plano.

Otros espacios: Miami, Madrid, el campo y, en fin... el mar

Se cierra esta visión a los espacios de la narrativa de Valdés con otros lugares que aparecen en su obra. En principio, hay una tercera ciudad que aparece en todo su esplendor en una novela, *Milagro en Miami*. La capital del estado de Florida es, como Las Vegas, un lugar falso, el simulacro de Braudillard, en donde los personajes tienen doble personalidad y nadie es quien parece. Ya con anterioridad, en *Te di la vida entera*, en un capítulo cuya voz narrativa era Juan, aparecía una reflexión de este personaje sobre Miami, en la que señalaba que no había que olvidar "que Miami la hicimos nosotros, digo, perdón, el cubano abnegado y esforzado, porque eso era yerbazales n'a m'á, y doblando el lomo levantamos ese espejo pretencioso que es Miami, la capital del chisme, desdorando los presentes y los ausentes" (145). Efectivamente, la ciudad de Miami fue transformada por la gran cantidad de cubanos que a ella llegaron, muchos de ellos incluso desde antes de la Revolución de Castro. Sin embargo, tras las olas de los sesentas y los ochentas, se terminó de consumar esta transformación hasta hacer de Miami la capital de la otra Cuba (Portes y Stepick 582). En Valdés se observa la conexión de Cuba con esta ciudad, al igual que los sentimientos encontrados de Valdés al hablar de ella: tal vez la ciudad más cubana del planeta fuera de la isla, pero con algunos problemas, pretenciosa, llena de chismerío.

En *Milagro en Miami* se asiste de nuevo a esta mezcla de sentimientos. Tierno Mesurado, el detective protagonista que ha acudido a dicha ciudad a resolver un crimen, adora Miami hasta el punto de que la considera como un buen lugar para jubilarse. Sin embargo, como puede comprobar el lector al comienzo de la primera manga o entrada de la novela (la novela está estructurada en nueve mangas como un partido de béisbol), que se dedica a describir la ciudad, ésta es peor que París: "comparada con París—competencia desigual—Miami saldrá perdiendo" (9). Tal vez debido a que el focalizador en este inicio de la obra es el señor Mesurado, la ciudad se presenta también con sus puntos a favor: es el mejor lugar para degustar comida cubana (10) y también para bailar (11).

Sin embargo, Miami también es sinónimo de falsedad e imaginación, al menos para los cubanos que todavía están en la isla y que tienen, en muchos casos, parientes allá. Además, es necesario un vehículo para moverse por cualquier sitio. Otros lugares no son comparables a la capital cubana, La Habana, y la única solución para el exiliado sería volver. En ese sentido contribuyen al mito de origen, de regreso a la tierra original, típico de las literaturas diaspóricas. Llegan al extremo de tener la maleta preparada para cuando Castro muera.

Además de aparecer como trasfondo en *Milagro en Miami*, también aparece la ciudad estadounidense en *Bailar con la vida*, en las secciones iniciales protagonizadas por la escritora, antes de su viaje a Londres. Se le presenta ahora al lector una ciudad moderna, con cafés Starbucks y restaurantes tailandeses que, afortunadamente, no están llenos de latinos que hablan a gritos (27). La imagen que se ofrece es más cosmopolita y alejada del ambiente cubanoamericano que la presentada en *Milagro*. También ayuda a este cambio el hecho de que, mientras *Milagro* estaba centrada en una única historia y lugar, en *Bailar* se ofrece una gran variedad de escenarios y también de historias que se entremezclan, a veces de manera vertiginosa.

Además de esta ciudad, otra capital que también tiene su representación en la narrativa de Valdés es Madrid. En *La nada cotidiana* el lector puede experimentar el contraste entre La Habana de los noventas, en la que la gente vive la nada cotidiana del título, y la capital española, gracias a la carta que la Gusana le escribe a Yocandra, tras haberse casado con un español que la sacó de la isla (99-108). El hecho de que el español "no tenía tanto dinero como se nos pintaba en La Habana" (100) es su primer paso en una serie de desilusiones en el Viejo Mundo.

Al estar en Madrid, la Gusana critica la sociedad española y su capital. Madrid "es una ciudad bastante sucia y abarrotada de turistas" (107), llena de chiquillas que también dejaron la isla y que ahora malviven en el frío, tras ser abandonadas por sus maridos, que se cansaron de la exótica novedad que ellas suponían:

> Aquí vienen a visitarme, muy discreticas ellas, mulaticas casi niñas, o negritas cabezas de clavos, abandonadas por sus Pepes o escapadas de ellos. Varias ejercen la prostitución clandestina, viven ilegales y lloran de terror, hambre y frío. Porque una cosa es putear en verano y otra bajo una nevada que pela. (103-4)

Por lo tanto, Madrid, al igual que París y Miami, no es una alternativa a la capital cubana. La solución sigue siendo La Habana, pero una Habana sin Castro ni su régimen, evidentemente. No sólo la capital española aparece en la narrativa de Valdés, sino que también Sevilla ocupa un lugar especial en su obra más reciente, *Bailar con la vida*. De hecho, esta novela presenta una gran variedad de ciudades como escenario: además de Sevilla están Londres, París y también Miami, como se vio un poco más arriba.

Aunque es el espacio urbano el que domina en las obras de Valdés, hay que señalar que tanto en *Querido primer novio* como en sus dos obras infantiles, *Los aretes de la luna* y *Luna en el cafetal*, Valdés representa también el campo cubano. En *Querido primer novio* es el espacio de lo misterioso, con la Ceiba milenaria que sirve de voz narrativa a la obra, y que da paso a un espacio mágico, por un lado, y duro por otro. Mágico es el campo de la novela, con la aparición del primer amor de Dánae, la protagonista, en la figura de Tierra, la extraña guajira que la llevará a descubrir la campiña en toda su plenitud. Duro también, pues la representación tiene lugar como parte de la experiencia de Dánae en las escuelas al campo, en donde las condiciones no son las más idóneas para un buen recuerdo.

Relacionado con la naturaleza, pero también con la ciudad, sobre todo La Habana, está el mar. El mar ha sido un tema importante en las letras cubanas ya desde sus inicios, con la poesía de José María de Heredia en el siglo XIX. En gran medida, esto es reflejo de la condición isleña de Cuba: a veces es una buena defensa, una frontera natural; en ocasiones una barrera que impide salir, un peligro que amenaza al salir (con los tiburones y las tormentas) o incluso en la isla misma (los huracanes). Es un tema que forma parte de la esencia cubana y que, obviamente, Valdés refleja en su obra, en la cual aparece como referencia y como necesidad. Como ella señala, "[d]esde niña he estado muy ligada al mar, ¿quién que ha nacido en una isla no lo está?" (Prólogo 1). Esta relación, tanto personal como herencia de la tradición cultural cubana, se refleja en su narrativa. En ocasiones es una necesidad: Daniela se sorprende y se irrita cuando no ve el mar desde su ventana en París (*La hija* 56), y la Gusana, en Madrid, también echa de menos el mar, según le cuenta en una carta a Yocandra (*La nada* 106). Si esto ocurre al ir al exterior, desde dentro de la isla, Yocandra cumple todos los días su rutina matinal, que consiste en "despertar cada mañana y beber un café comprobando que el mar sigue ahí, gozándolo" (*La nada* 27, 69). En *Te di la vida entera* el mar figura varias veces como punto de referencia frente al malecón, último lugar de paz y reposo en la isla.

Sin embargo, también existe la visión negativa, como ocurre en *La ira: Cólera de ángeles*, en donde el mar adquiere mayor relevancia. Al final de la novela Raquel, la protagonista, decide escapar de Cuba en una balsa para llegar a los Estados Unidos, pero las tormentas hacen peligrar su aventura (164-6). Por supuesto, como se señaló en el capítulo segundo al hablar del canibalismo textual en su obra, la misma acción transcurre hacia el final de *El pie de mi padre*, si bien ahora la protagonista se llama Elisa. A pesar del fracaso de Raquel/Elisa en su huida, puesto que es encontrada en alta mar por un guardacostas estadounidense y devuelta a Cuba, aunque a la base de Guantánamo, territorio estadounidense, es posible leer el mar también en esta obra como escape y esperanza, si bien juzgo que la esperanza está al otro lado, y el mar es, simplemente, el obstáculo.

Por último, para cerrar este capítulo, hay que mencionar que el mar tiene una función más trascendental, puesto que forma parte íntima de la identidad de algunos personajes de Valdés, como bien ha visto Hilma Zamora en el nombre de Marcela, la protagonista de *Café Nostalgia*, a quien le lastima la etimología de su nombre, que le viene evocado por el mar que la transporta en sueños desde París a su cuarto de La Habana (126-7). Pero ese deseo de estar en la isla produce también un sentimiento etéreo, puesto que estar en la isla es estar flotando, como le señala a Marcela su amante Samuel (*Café* 226): la isla es una gran balsa, a la deriva, como si fuera un barco contagioso del que nadie quiere saber nada (*Café* 235). Más adelante, en la misma novela, se insiste en esta idea de que la isla está a la deriva (338), lo que según Álvarez Borland sugiere "intense dislocation on the part of the autor since here Marcela/Zoé conceives her island/country as a raft, floating in the ocean" ("A Reminiscent..." 359) ["una dislocación intensa por parte de la autora, puesto que aquí Marcela/Zoé concibe su isla/país como una balsa, flotando en el océano"]. Esta idea coincide ya con las señaladas por el crítico Iván de la Nuez en su obra titulada, precisamente, *La balsa perpétua*. De esta manera, la isla se convierte en una balsa, y las ciudades alrededor del mundo en islas de esa comunidad cubana en la diáspora. Nada está fijo en el espacio de Valdés.

Notas

1. No es, pues, una sorpresa que algunas obras de ficción incluyan un mapa, como el mismo Turchi señala (x); uno puede pensar en *El señor de los anillos* de Tolkien o en *La isla del tesoro* de Stevenson, por mencionar sólo un par de ejemplos.

2. De hecho, estos libros se centraban en La Habana Vieja, al igual que muchas guías, puesto que "that was the area of the city that needed to be rebuilt for the tourist economy, as well as the area that allowed the observer the most compact vision of the city as a whole" ["esa era la zona de la ciudad que necesitaba ser reconstruida para la economía turística, además de ser la zona que le permitía al observador la visión más compacta de la ciudad como un todo] (Quiroga 101).

3. Otros contemporáneos de Valdés también muestran una Habana prerrevolucionaria semejante. Teresa Dovalpage en *Posesas de La Habana* logra esto a través de las memorias de Bárbara, la abuela de la familia, que recuerda su infancia en la que, a pesar de la pobreza, la vida era hermosa, aunque ella vivía entonces en el campo, en Pinar del Río (75). Sin embargo, cuando se mudó a La Habana, recuerda sus primeros días en la capital con alegría, y muestra cómo entonces la ciudad era distinta a la de ahora: entre otras cosas, las luces eran la imagen más notable de La Habana, al menos para ella y para su hermanito, y junto con ellas otras cosas como el cine y las atracciones que hacían de La Habana una fiesta continua (83). *Aprendices de brujo* de Antonio Orlando Rodríguez también muestra La Habana en 1924 a través de los ojos de una pareja de homosexuales que van desde la muy atrasada—en comparación—Bogotá hasta la progresista—en aquel entonces—capital cubana para disfrutar de una artista de ópera que va de gira. La Habana aquí es una ciudad mucho mejor en términos de nivel de vida que cualquier otra capital latinoamericana, con la excepción, tal vez, de Buenos Aires. También ayuda el hecho de que, en esta novela, éstos sean dos caballeros de clase alta, llenos de dinero, y que cuentan entre sus amigos con una rica heredera que no sabe que hacer con todo el dinero que tiene (decide ir a Egipto y después aparecérseles en La Habana para la ópera). Lucho y Wenceslao observan La Habana con ojos de turista, y al igual que ocurre con las protagonistas de las obras de Valdés, vemos su pasear por una serie de lugares prominentes, algunos de los cuales ya no existen hoy (151-2, 155-6). Daína Chaviano, en las novelas que componen su "Ciclo de la Habana Vieja", hace este regreso al pasado más interesante, puesto que sus personajes regresan a La Habana de los siglos XVII y XVIII, a través de viajes en el tiempo, aprovechándose de las más recientes teorías de la física contemporánea, y bordeando la ciencia ficción, género en el que ya había conseguido notoriedad mientras residía en la capital cubana.

4. Como prueba Sánchez, no es sólo el caso de Valdés, sino que toda una generación de escritores cubanos está entregada a esta recuperación por la enumeración: Daína Chaviano, Eliseo Alberto, Jesús Díaz y otros. Para más información, ver Sánchez pp. 169-72.

5. Efectivamente, además de la extensa lista de autores cubanos que se encuentran residiendo en los Estados Unidos, como Cristina García, Roberto Fernández, Elías Miguel Muñoz o Achy Obejas, hay una serie de autores que residen en otros lugares, como Mireya Robles, quien reside en Suráfrica desde hace ya bastantes años, René Vázquez Díaz, que vive en Suecia, o los recientemente fallecidos Guillermo Cabrera Infante (tal vez el exiliado más famoso) en Inglaterra y Jesús Díaz en España. Para más información sobre la literatura del exilio consúltense las obras de Cortina, Cuadra o Cymerman que aparecen en la lista de obras citadas.

6. Como señala Schwartz en "Cortázar Under Exposure", el autor argentino, a pesar de conocer bien la ciudad, se aleja de ella a través de una voz narrativa dudosa, como un gato ajeno al paisaje que le rodea (130-1). No se involucra como algo visceral y personal.

7. Es lo que indica Schwartz al hablar de las crónicas de Balmaceda Toro en el diario chileno *La Epoca*, "he had never been to Paris" (1) ["nunca había ido a París"].

8. Kaminsky señala en *After exile* que el exilio es "a lived reality" (xvi) ["una realidad vivida"] y critica la falta de tacto de los que utilizan la palabra para denominar otras cosas que carecen de esa inmediatez (xi). Algo semejante hace Ahmad en *In Theory*, en donde habla de cómo este uso libre se hace por la conveniencia personal de ciertos intelectuales (86). Cabe señalar que esta afirmación está de acuerdo con Mario Benedetti, quien señala que "[e]l escritor que vive desgajado de su suelo y de su cielo, de sus cosas y de su gente, no es alguien que aborda el exilio como un tema más sino tan sólo un exiliado que, además, escribe" (12). Es decir, el exilio es una experiencia real y forzada ante todo, no una posición elegida, como el falso exilio del que habla Cora Kaplan en el caso de muchos escritores angloamericanos del periodo de entreguerras del siglo XX. Para Kaplan, estos autores utilizaban exilio como una metáfora aislada del marco histórico y político, simplemente como una categoría estética que poseía una cierta mística que los alejaba de la vida mundana de sus conciudadanos (28).

9. Alvarez Borland señala la diferencia que se observa entre los cubano-americanos de primera generación (es decir, los exiliados puros, completamente educados en la isla) y los de la generación "uno y medio", siguiendo la terminología de Pérez Firmat (es decir, los que salieron de la isla cuando eran niños). Estas diferencias afectan tanto al lenguaje (los primeros prefieren el español—como Valdés en Francia—mientras que los segundos eligen muchas veces el inglés como lengua de expresión literaria) como a la actitud en torno a Cuba (los primeros son mucho más radicales que los segundos, aunque la situación política en Miami muestra que el radicalismo no ha disminuido) (*Cuban American* 5-9).

10. Mario Benedetti señalaba, hace años, que el escritor en el exilio tenía una deuda con el país de acogida y tenía que, por lo tanto, ser amable. Sin embargo, al igual que Valdés no lo es, ella viene de una tradición cultural que ha sido bastante osada con el país de acogida. Así, ni José Martí a finales del siglo XIX, ni Reinaldo Arenas un siglo más tarde, lo fueron con los Estados Unidos.

11. El ser de otra cultura distinta a la analizada era una condición necesaria para llegar a conocer dicha cultura, según Bajtin, quien había creado un neologísmo, exotopia, que era la condición de no pertenecer a la cultura, paso previo al conocimiento de la misma (citado en Todorov, 4).

12. Aunque la identidad se cuestiona como algo fijo, y es móvil y cambiante, algunos críticos afines al estructuralismo todavía la consideran como basada en una conciencia de la diferencia, es decir, una oposición en principio binaria entre un yo y otro (Todorov 77). En la escena comentada en este trabajo, en ese preciso instante, esa oposición es plausible.

13. Jones considera en su estudio *A Common Place* que París funciona en mucha de la literatura hispanoamericana más como un intertexto literario que como un escenario real. De hecho el capítulo que le dedica a Cortázar lleva por título "The City as Text: Reading Paris in *Rayuela*", y en él señala que "[t]he Paris that confronts the reader of *Rayuela* is exposed as a verbal construct" (25) ["el París al que se enfrenta el lector de *Rayuela* está expuesto como una construcción verbal"].

CAPÍTULO SEXTO

La representación de otras artes: el cine, la pintura y la música

La cultura popular ha tenido una importancia creciente en los últimos años como uno de los componentes fundamentales de los estudios culturales, tan de moda en el mundo académico occidental. Así, estudiosos de diversos campos, desde la antropología hasta la historia, pasando por la literatura, se han dedicado al estudio de esta cultura popular o, como García Canclini prefiere, culturas populares (Lindstrom 92). Dentro del campo de la literatura, algunos autores como Julio Cortázar, son ampliamente reconocidos por la experimentación que han llevado a cabo en su obra con otros medios, como el cómic.[1]

Uno de los rasgos distintivos de la narrativa de Valdés es la presencia constante en su obra de elementos de la cultura popular, los cuales contribuyen a que su obra sea accesible a un amplio espectro de lectores. Elementos como el fútbol, el deporte rey en la mayoría de los países hispanos (si bien no en Cuba) llegan a las páginas de las novelas de Valdés, aunque sea de manera tangencial (*Te di la vida entera* 309). También aparecen esporádicamente menciones a personajes conocidos a nivel mundial, buen sean deportistas como el velocista estadounidense Carl Lewis (*Te di* 159) o las tenistas Stefi Graff y Mónica Seles (*Te di* 184), o artistas de la talla de Madonna, que es observada por Juan corriendo con sus guardaespaldas en el parque (*Te di* 158-9). El espectro de personajes reconocibles por un alto número de lectores es amplio, desde la realeza inglesa, con la desafortunada princesa de Gales, Lady Di (*Bailar* 86), hasta personajes de la televisión estadounidense como Oprah Winfrey (*Bailar* 26). En otras ocasiones se alude a lugares representativos de la globalización, como los cafés de la cadena estadounidense Starbucks (*Bailar* 56). Sin embargo, hay cuatro géneros populares que adquieren mayor relevancia en la narrativa de Valdés: el cine, la pintura, la música y la literatura de género, sobre todo el género policiaco y el de aventuras. Unidos al constante melodrama y humor que transpiran sus páginas, tal vez sea éste el elemento más representativo de su prosa. No llega, incluso en sus obras más melodramáticas, como *Te di la vida entera*, a los extremos de otras obras cubanas, como *novelita rosa* de Yanitzia Canetti, pero sí se sirve de la cultura popular en su obra. Hay varios medios a los que ella se refiere, que se verán a continuación.

El cine

El cine es uno de los intertextos más importantes dentro de su obra, tanto en el plano referencial como técnico. En las novelas de Valdés, el cine aparece constantemente y se puede apreciar generalmente una doble función: por un lado se mencionan películas, actores y directores como elementos cuya función es referencial: sirven como fuentes para que el lector se forme una idea visual en su mente de la persona o de la situación. Por otro lado, también se incluyen guiones o elementos técnicos del guión cinematográfico dentro de la escritura de la obra. Esta presencia de lo cinematográfico es reflejo de su vida, puesto que a su regreso a la isla tras trabajar en la oficina cultural de la embajada cubana en París, fue guionista de cine y también subdirectora de publicaciones en este campo. En la actualidad, ella continúa escribiendo guiones y también haciendo sus pinitos como directora. El cine es, pues, un espacio en el que Valdés tiene interés y experiencia, incluso como miembro del jurado en el prestigioso festival de Cannes.

De hecho el cine es el elemento visual que más destaca en la novelística de Valdés, más incluso que la pintura, que se analizará más adelante. En principio, aparece con una función referencial, es decir, como un modelo conocido para que los lectores "visualicen" o se hagan una idea con respecto a la escena o al personaje novelesco en cuestión. Si se toman los presupuestos de Wolfgang Iser en *The Act of Reading* sobre el texto como un "conjunto de instrucciones" para el lector a la hora de buscar una interacción entre éste y la obra" (ix), las menciones cinematográficas que se han visto operan para dirigir a un lector consciente de todo un bagaje fílmico común más que nada a la cultura europea. De esta manera las citas contribuyen a la creación del llamado "lector implícito" de la obra (Iser 27), o incluso mejor, al "intended reader," que Erwin Wolff propone en "Der Interdierte Leser" (1971) (citado en Holub 152-3), un lector que incorpora el deseo y, en este caso, las convenciones cinematográficas de Valdés. Al mismo tiempo, ya que la cultura contemporánea occidental está dominada por la imagen, especialmente la imagen fílmica (videos, anuncios, películas, etc.) no es de extrañar que Valdés utilice estos elementos a su alcance para provecho de su narrativa. Las películas ponen a su alcance a un público más amplio a la hora de describir eventos, y también un público menos restricto que la pintura, que se verá a continuación. Las menciones intertextuales de Valdés responden, en cierta medida, a su época; en palabras de Iser: "literary texts constitute a reaction to contemporary situations" (3) ["los textos literarios constituyen una reacción a situaciones contemporáneas"].

En esta inclusión de menciones cinematográficas, si bien hay un cierto equilibrio entre el cine de los Estados Unidos y el de Europa, el primero parece ganar, puesto que Hollywood constituye un punto de referencia en muchas obras. En *La hija del embajador* Daniela descuelga en una escena el abrigo con un gesto que "había visto en tantas películas" (36), y acto seguido continúa con el motivo cinematográfico: "desde que desguindó el abrigo había comenzado su película. Cuando un cubano pone los pies en el extranjero ya no vive, actúa. Viajar es como entrar en Hollywood. Ya en la calle actuaba para los primeros planos" (36-7). De esta manera, el cine no sólo ofrece una pauta de visualización al lector, sino que también ofrece una pauta de comportamiento a los personajes.

Estas referencias a la meca del cine estadounidense continúan en otras novelas. En *La nada cotidiana* Yocandra recibe una carta de su amiga la Gusana desde Madrid en la que concluye que su vida en la capital española es "como una película de Hollywood" (107). Y para concluir con las explícitas referencias hollywoodenses, dos ejemplos de otra novela, *Te di la vida entera*: en una escena Cuca, la protagonista, "enfocó al hombre [Juan], como en una película de Hollywood" (80); y más adelante ella disiente de la versión de África presentada por "las películas hollywoodenses donde a cada cinco segundos tienes a un león delante, una manada de elefantes, una serpiente del gordo y del tamaño de un acueducto central y cientos de negritos desnudos en posiciones semisalvajes, cada cual con una trencita en el medio de la cabeza anudada, en el mejor de los casos, por un huesito de pollo, en el peor por uno humano" (109).

El cine de Hollywood aparece también en menciones a películas específicas que son producto de dicha "maquinaria" cinematográfica. De este modo, Cuca de joven se parece a la Lolita no de Nabokov, sino de Kubrick (*Te di* 47), y más adelante se encierra en el baño para llorar "como Joan Crawford en *El suplicio de una madre*" (*Te di* 136), y un muchacho que ha salido de las prisiones de Castro tiene una cicatriz en la mejilla "a lo Al Pacino en *Scarface*" (*Te di* 214), película que, como se recordará, tiene su relación con Cuba, ya que en la misma Al Pacino interpreta a un marielito que se involucra en el mundo del hampa de Miami y termina muriendo violentamente. Cuca protege en un determinado momento a Juan "como Scarlet O'Hara a un herido de guerra en el genial plano general de *Lo que el viento se llevó*" (*Te di* 242). Por último, aunque los ejemplos abundan, en *Café Nostalgia* Marcela se ducha "esperando de un momento a otro a Anthony Perkins disfrazado de mujer con el cuchillo en la mano" (41), obvia referencia a *Psicosis*, la película que en 1960 había dirigido Alfred Hitchcok en EEUU y que también vuelve a aparecer como objeto de referencia en otra obra de Valdés, *Bailar con la vida* (15). A veces, la mención es simplemente cómica, como ocurre en *Te di la vida entera*, cuando las amigas de Cuquita están felices por "el retorno del Jedi, digo, del Uan" (302); aquí la mención implícita de la película de George Lucas sirve irónicamente para burlarse de las expectativas de Cuca. Como se puede observar, la función de todas estas citas es encaminar al lector con imágenes de la cultura popular/cinematográfica y, al mismo tiempo, "seleccionar" a dichos lectores, a los que sean capaces de reconocerlas en su lectura.

Pero no es sólo el cine de Hollywood el que se presenta, sino que también aparece el europeo, especialmente el francés. Ambos se emparejan en ocasiones. En la misma *Te di la vida entera* se describe así el escote y el pecho de Cuca en un baile apasionado con Juan: "pulposito, respirando sin tregua, y el entreseno hinchándose y desinflándose, sube y baja, tan parecido a esos escotes de las mujeres de las películas de capa y espada de Errol Flynn, o de Alain Delon, que cuando respiraban, las pechugas querían estallar dentro de los corsés" (86). Aquí un personaje del "star system" de Hollywood y otro del cine francés se unen. En otras ocasiones, el modelo comparativo pasa simplemente a ser francés: el Nihilista, uno de los dos amantes de Yocandra en *La nada cotidiana*, aparece ante los ojos de ésta como la persona ideal que "podría hacer de Marcel Proust en cualquier película francesa" (114); o, de nuevo en *Te di la vida entera*, los hombres iban vestidos en el cabaret "a lo Jean Gabin" (79). Sin embargo, en ocasiones el cine francés no sale muy bien parado, puesto que cuando pasan una película francesa en un vuelo trasatlántico es para adormecer a los pasajeros (*Bailar* 75). Incluso aparece también el cine español en la figura, como no, de Pedro Almodóvar con su obra *Mujeres al borde de un ataque de nervios* (*La nada* 98) o el cine ruso, con la película *Moscú no cree en las lágrimas*, "la película donde aparecían muchachas con los mismos traumas míos" (*Te di* 100).

En todo este universo referencial cinematográfico no deja de sorprender, sin embargo, la ausencia de referencias al cine cubano. Incluso aparecen menciones a otros países latinoamericanos: en *La ira: Cólera de ángeles*, Raquel se niega a llorar tras la muerte de su marido y le recomienda al que quisiera llorar por el difunto "una buena tanda de películas argentinas o mexicanas de los años cuarenta" (73); pero ni se mencionan obras cubanas del "cine revolucionario" de los sesentas, ni obras posteriores que cuestionan la revolución en Cuba en el momento actual a través de aspectos particulares, como *Fresa y chocolate*, que critica la intransigencia del régimen contra la homosexualidad. La única excepción ocurre en *Te di la vida entera*, en donde se menciona el film *Lucía* de Humberto Solás (173), obra un poco dura de tragar para la dirigencia cubana; pero es prácticamente la única película cubana que ella menciona en su obra. Otro de los pocos momentos en donde el cine se asocia con Cuba tiene lugar en *Los aretes de la luna*, la novela infantil de Valdés, y no se trata de menciones cinematográficas, sino de la ocupación de los familiares de Luna, la niñita protagonista:

> Entonces papá le explicó que abuelo Justo es editor de cine, y que de él dependía una de las etapas más importantes de la realización de una película. ¡El es quien arma las películas como un rompecabezas! Y de eso papá sabe mucho, porque él mismo es cineasta, ¡ya filmó una película larga! (51)

Sin embargo, no sabemos cuál es esa película "cubana" que permanece en el anonimato (¿tal vez algún film de Antonio Vega, el compañero de la autora?). A pesar de que Valdés indica que no tiene nada en contra del cine cubano, sólo en contra del mal cine, parecen ser ciertas las palabras de Iván de la Nuez en el sentido de que Cuba "sitúa a su cultura ante una agónica elección entre Europa y los Estados Unidos" (26).

Además del motivo referencial, el cine también se incorpora técnicamente dentro de la obra de Valdés. Dos ejemplos del uso de este elemento en su obra servirán para probar este punto. En *Café Nostalgia* Marcela lee el guión de una película escrito por un nuevo exiliado en París que va a vivir al apartamento que está frente al suyo. Este guión aparece reflejado en la novela en itálica, como un segundo texto que incorpora el mundo de la isla dentro del mundo del exilio parisino: el guión es para una supuesta película que transcurre en la isla, y presenta a una serie de personajes que Marcela había conocido en La Habana antes de vivir en París. De esta manera, a través de ese doble texto, y al igual que ocurre con la red de personajes, la novela ofrece la doble perspectiva sobre Cuba: la de aquí (el exilio, y los personajes que viven en la memoria de Marcela) y la de allá (la isla, y los personajes que todavía habitan en ella y que Marcela conoció). El papel técnico del cine se articula todavía más dentro del lenguaje novelesco en *Te di la vida entera*, puesto que aquí el guión cinematográfico entra a formar parte del texto de la novela, sin diferenciación tipográfica: "Dale rewei a la secuencia. Toma dos. Exterior. Día. Escena sin muerte de María Regla. ¡Se filma! Digo ¡se escribe!" (345). En otras ocasiones, las instrucciones parecen ser para un personaje como si éste fuera un actor o actriz. Esto sucede en *Te di la vida entera*, cuando Cuba "gritó un NOOO histérico, de esos de filme de terror y misterio que venden por kilos en las tiendas de saldo, fuera de Cuba, claro" (*Te di* 54). Aquí se puede observar cómo el lenguaje propiamente cinematográfico articula esta escena de la novela y se integra en la misma.

Algo semejante ocurre en *Querido primer novio*, en donde se usa la técnica cinematográfica para explicar una escena particular: el contacto visual entre Dánae, la protagonista, y una iyaguoná, novia de un santo: "El auto se detuvo en un semáforo y ella [la iyaguoná] cruzó la calle portando en su regazo un mazo de girasoles gigantes. Avanzaba como en ralentí, volteó su rostro en cámara lenta hacia Dánae en el interior de la máquina, sus ojos brillaron de una extraña paz" (293). La novela toma posesión de unos términos aplicados a la descripción de los guiones cinematográficos para indicar al lector cómo sucedió la escena. Antes, en la misma novela, al referirse a uno de los personajes, Alicia Lenguaje, quien habla tan rápido que sus amigos intentan contar cuantas palabras dice en 24 segundos, la velocidad del film se menciona: "en ocasiones podían llamarla Veinticuatro por Segundo, broma referente a la velocidad de la imagen en el cine" (99). Esta técnica toma un rumbo humorístico cuando la chicas están mirando a los chicos a través de un hueco en las duchas, como "cine en tecnicolor, tech-ni-olor, techni-toco" (*Querido* 203).

El cine forma parte del lenguaje narrativo de Zoé Valdés, tanto por su experiencia personal en dicho campo como por un deseo de "crear" un tipo de lector que comparte unos gustos fílmicos que por su extensión son accesibles a una gran cantidad de público. Al mismo tiempo, el lenguaje cinematográfico también salpica la narrativa de esta autora, tanto por razones temáticas como simplemente técnicas: hacer "visualizar" al lector el desarrollo de una escena. Esto integra el "séptimo arte" dentro de la literatura, y le confiere un tono popular y accesible a la obra de Valdés, algo que la crítica no siempre valora suficientemente.

La pintura y el tapiz

Relacionado con el cine por su componente visual está la presencia de la pintura en su obra. Si bien ocasionalmente aparece la mención de algunos cuadros o pintores, que adquieren importancia en un papel semejante al observado con anterioridad en el cine, es decir, como elemento referencial, la pintura adquiere un papel protagonista como elemento organizador en una de sus novelas, *Café Nostalgia*. Aunque en esta novela el cine también tenía un papel protagonista a través del guión cinematográfico que aparecía en la obra, va a ser un tapiz medieval francés, *La dama con unicornio*, el elemento que va a cohesionar la obra, puesto que este tapiz sirve técnicamente de modelo estructural para la misma, al tiempo que, temáticamente, funciona para Marcela como signo o representación de un mundo lejano y de su condición como mujer y exiliada. En su reacción nostálgica frente a este doble conflicto de presencia y ausencia, surge una "poética del exilio" en Marcela: ella cuestiona el papel del intelectual "periférico" en su exilio "metropolitano". Se plantea de esta manera la problemática de la importancia de esa metrópolis (entendida como Europa Occidental y Estados Unidos) como foro cultural en el mundo contemporáneo, problemática cuestionada por varios teóricos (Homi Bhabha en *The Location of Culture* y, en un plano más centrado en la cultura cubana, Iván de la Nuez en *La balsa perpetua*), con quienes la novela de Valdés establece un fructífero diálogo.

Es interesante indicar que Valdés había experimentado previamente con esta relación entre la pintura y la narrativa. La edición de *La ira: Cólera de ángeles* publicada por Lumen pertenece a una serie sobre los pecados capitales que inicialmente había formado parte de un proyecto de la editorial francesa Textuel, en donde siete escritores tratarían los siete pecados capitales. A pesar de que en principio Valdés iba a hacer la lujuria, ella prefirió la ira y la editorial aceptó, por lo que esta novela está encuadrada en dicho pecado, la ira. La novela, que temáticamente sí se relaciona con este pecado, aparece intercalada con comentarios de Sylvie Douce de La Salle sobre una serie de pinturas que también tratan dicho tema. De esta manera, la novela y los cuadros, en excelentes reproducciones y con detalles de las pinturas, se complementan para ofrecer una versión artística más completa sobre la ira en el contexto de la protagonista cubana.

Es interesante la distribución de los cuadros en esta obra. El primer grupo de reproducciones, tras la primera sección de la novela, que se centra en la rabia de Raquel contra el sistema imperante en la isla, incluye reproducciones de *Cristo llevando la cruz* de Bosch, que implican el sufrimiento de la protagonista en su condición; *Sansón acusando a su suegro* de Rembrandt, que, como se explica en los comentarios de La Salle, es un símbolo de la lucha contra el poder, una reflexión a la lucha de Raquel (48); y finalmente *Las dos carretas* de Claude Guillot, otra representación de la ira cotidiana, similar a la que ella está sufriendo en su vida diaria.

Si bien estos cuadros complementan los sentimientos internos de Raquel, la segunda selección de cuadros, que aparece tras la segunda sección de la novela, justo después de que Raquel decide dejar la isla y se prepara para hacerlo, comienza el viaje desde lo interior a lo exterior, a la exteriorización de esa ira contenida. La acción de Raquel precisa de cuadros que hablen del exilio y de la expulsión. Así se le presentan al lector *Cristo expulsando a los mercaderes del templo* de Jacobo Jordaens y *Expulsión de Heliodoro del templo* de Rafael. Aunque estos cuadros son ambiguos en cuanto a la interpretación relacionada con la historia, otros como *El ganso de oro* de Herbert Draper, una obra no muy conocida por el público mayoritario, refleja mejor los sentimientos de Raquel, puesto que este cuadro expresa, según La Salle de nuevo, "la furia de la mujer contra ella misma y su destino" (142).[2] Curiosamente, además de la similitud temática, el cuadro representa a una mujer frente al mar, como pronto estará Raquel cuando inicie su viaje en balsa. Las otras dos obras, *La furia de Aquiles* de Charles Antoine Coypel, y *El juicio de Salomón* de Nicolas Poussin completan la serie. Su decisión de dejar la isla es, realmente, una decisión salomónica para Raquel.

Finalmente, al final del libro, tras la tercera sección de la novela, aparece la tercera serie de reproducciones, que incrementa la lectura política de la obra. Los cuadros se trasladan de la ira individual a la cólera colectiva, social: *La maldición paterna. El hijo ingrato* de Jean Baptiste Breuze, es una posible ironía en torno a la fuga de Raquel, puesto que ella es una hija de la revolución, nacida en 1959 de unos padres revolucionarios, que sin embargo muestra con su salida su ingratitud hacia esta revolución que la vio nacer y la educó. *Ruhrkompf*, de Barthel Pilles, simboliza la violencia necesaria para cambiar las cosas en la isla. Otras piezas incluidas son *Peasants Brawling over Cards* de Adriaen Brouwer, *L'Ange du foyer ou Le triomphe du surréalisme* de Max Ernst, que anuncia la guerra, y *El 2 de mayo de 1808* de Francisco de Goya y Lucientes, que materializa esa guerra y, implícitamente, arroja sombras sobre el incierto futuro de Cuba. De esta manera, si bien no matemáticamente, lo cierto es que existe un paralelismo entre el texto de la novela y las reproducciones de las obras con sus correspondientes comentarios, aunque en este caso la decisión es de la editorial, y la autoría de la novela y de los comentarios no es la misma. Sin embargo, esto cambia en *Café Nostalgia*, en donde la obra artística se integra mucho más en la narrativa, aunque no se incluyan en este caso las reproducciones del tapiz alrededor del cual gira la obra.

La dame a la Licorne o *La dama con unicornio* es una serie de tapices del renacimiento francés que se encuentra en la actualidad, tras una historia muy interesante, en el museo del Cluny en París. Estos tapices tienen una relación muy íntima con la literatura, puesto que se trata de una obra que ha fascinado a varios escritores (Erlande-Brandenburg 11), y de hecho fue otra escritora, George Sand, la que los popularizó en 1844 al describirlos en una novela.[3] Hoy se conserva un juego de 6 tapices, aunque Sand había descrito en principio 8 (Erlande-Brandenburg 67). Sin embargo, muchos críticos consideran factible el hecho de que existieran otros tapices en esta serie que se encuentren ahora perdidos. Ese es sólo uno de los problemas que presenta esta fascinante obra, ya que su interpretación crítica tampoco es, en absoluto, clara, y ha dado pie a distintas explicaciones sobre su significado (Joubert 78-81). En lo que parece que sí existe consenso crítico es en cinco de los tapices, que representan casi sin duda los cinco sentidos: la vista, el oído, el olfato, el tacto y el gusto (Erlande-Brandenburg 67). El sexto tapiz, "A su único deseo", presenta más problemas interpretativos, aunque Erlande-Brandenburg parece tener una clara idea sobre su sentido.[4]

Muchos críticos también opinan que la figura de la dama, que es diferente en cada uno de los tapices, es una alegoría del alma humana y de su evolución. De esta manera, el olor sería la infancia, y el gusto la adolescencia, mientras que el último tapiz, "A su único deseo", representaría la edad adulta, a la que se llega tras pasar por la vista, es decir, la práctica de la meditación y de la ciencia, y el tacto, o sea, el dominio de los elementos (Joubert 79-81). Esta interpretación también estaría en consonancia con la novela de Valdés como se verá más adelante.

Esta unanimidad interpretativa pasa a la novela de Valdés, en donde cada uno de los seis capítulos lleva el título de uno de los tapices. En cada capítulo el título pasa técnicamente a resumir el sentido reflejado por el lenguaje que inicia el capítulo. Por ejemplo, el primer capítulo, "El olfato", comienza con innumerables referencias a dicho sentido, cuando Marcela está en una exposición de arte, provocadas por una escultura de tema marino que le trae a la memoria "el olor del mar como referencia: letargo perfumando a guayaba, brisa sosegada debajo de la nariz, como cuando sube la espuma del mamey en el vaso de cristal de la batidora eléctrica, eco sudado del mango" (9-10). Las referencias abundan, incluso hasta tres en la misma página, cuando en la misma exposición se le presenta un hombre "que olía a vainilla", y ella se pone a "investigar los respectivos olores" de los asistentes, hasta que al final se va y entra en una perfumería, en donde se prueba varias esencias aromáticas que el recuerdan "el perfume búlgaro de mi juventud" (10). Más adelante se queja del teléfono porque "nos impide oler" (12), aunque "las palabras son como flores olorosas" (13). Tal vez el momento más destacado es cuando ofrece una lista de sus amigos identificados con flores aromáticas. Dicha lista comienza con Ana, que es un "airado jazmín" (20) y continúa durante un par de páginas (20-2).

Si bien a lo largo del extenso capítulo las referencias olorosas decaen en cantidad, ese modelo se repite en los capítulos siguientes: el segundo capítulo, "el gusto", comienza

> con el verbo gustar, que es la palabra provocadora de los iniciáticos ritos del sensualismo. Emma y yo íbamos al Museo de Bellas Artes y nos gustaba tal o mascual cuadro: la pareja sentada sobre el césped, ella lleva un vestido a rayas azules y blancas, él la camisa desabrochada, es un Arche, la silla entre verde y terracota es un Lam, las niñas tuberculosas es un Fidelio Ponce, otra adolescente, contemplando un estanque, tiene el pelo recogido en un moñingo, su bata de gasa ondea, es un Murillo. Gustábamos de todo. Y deseábamos gustar a los demás. Gustar era la acción imprescindible. El gusto era lo imperante. (67-8)

Este gusto, a lo largo del capítulo se unirá al deseo sexual y al gusto por la práctica erótica durante su juventud. "El oído", capítulo tercero, indica en su primer párrafo que "[l]as palabras se olvidan mientras no se escriben" (115), y acentúa el interés en los sonidos que Marcela escucha en el barrio parisino "barrio habitado de voces" (116), las "melodías" y los "cláxones" (120). "El tacto", que comienza con el maquillaje que Marcela hace de un político para la televisión (179-84), progresa hasta recordar el contacto de sus pies con el mar en La Habana (187). Y el quinto capítulo, "La vista", comienza así: "En aquella ocasión Samuel regresó casi al amanecer. Como soy una prisionera de la imagen, pues en cada ocasión mi pupila debe comprobar, más bien retratar sensaciones para no equivocarme con respecto a mis estados de ánimo" (247).

Al igual que el tapiz del Museo del Cluny parece representar los cinco sentidos, también la relación entre la novela de Valdés y éstos es clara: no sólo es el título el que nos ofrece la pista, sino que técnicamente se continúa esta labor en cada uno de ellos. El sexto capítulo, que también presenta problemas para la crítica, lo hace para Valdés. "A mi único deseo" parece indicar, en principio, su ausencia de deseo sexual por Samuel, el vecino, y su entrega a lo que siempre le ha gustado: la fotografía: "Una vez Samuel desaparecido, cual la Albertina de Proust, tomé mi vieja Canon y decidí matar el ocio retratando la ciudad" (303). En este sentido, la obra de Valdés aceptaría la interpretación de Erlande-Brandenberg, según quien el sexto tapiz representa la liberación de la dama de las pasiones mundanas para juzgar bien y centrarse en su castidad misma (12):

> la criada adolescente brinda a la dama un cofre abierto, no es que ella tome el collar, es lo contrario, se ha desembarazado de la joya que hasta ese momento pendía de su cuello. No se trata de una ofrenda, sino de una renuncia en el acto de guardar. El unicornio y el león aparecen apoyados en las lanzas. Los críticos han relacionado este acto con el *liberum arbitrium* de los filósofos griegos, quienes veían con buenos ojos el hecho de escapar de las pasiones que desencadenaban en los seres humanos sentimientos incontrolables, desorganizando así el orden de los sentidos. (*Café* 333)

Este análisis de Marcela es, pues, una explicación acorde a las últimas interpretaciones críticas sobre la obra renacentista. Sin embargo más adelante en el capítulo, Samuel regresa y ellos terminan juntos, devorándose el uno al otro a bocados, literalmente en una escena final surrealista, que finaliza con una llamada de teléfono que provoca la acción opuesta de sus cuerpos, que "inician, más apresurados que discretos, un proceso de recomposición. Sólo que en lugar de recuperar mi corazón me apodero del suyo; él hace lo mismo con el mío" (359).

El hecho de que Valdés escoja estos tapices no es casual, como tampoco lo parecen ser los cuadros de *La ira: Cólera de ángeles*. Primeramente, en todos los tapices de la serie, el marco es similar y fácil de relacionar con la situación que atraviesa Marcela (y en ese momento, también Valdés misma): la dama está en una isla azul, de forma ovalada, rodeada por un mar rojo. En cierta medida se halla aislada, como lo están los cubanos, tanto geográfica como políticamente, hasta los recientes hermanamientos entre Castro y el presidente venezolano Hugo Chávez. Marcela se encuentra, de hecho, aislada también en su exilio parisino, con sólo unos pocos amigos. Este aislamiento se puede hacer extensivo a Valdés, que en esta época todavía no está estabilizada políticamente (sin papeles), sin una comunidad cercana de lectores, puesto que sus novelas salen primero publicadas en una lengua extranjera para ella. Como indica el escritor africano Ngug –wa Thiong'o en *Decolonising the Mind,* "the state of exile in the literary landscape reflects a larger state of alienation in the society as a whole" (citado en Weiss 178) ["el estado de exilio en el paisaje literario refleja un estado más amplio de alienación en la sociedad como conjunto"].

La isla que aparece en los tapices se une a las islas reales que aparecen en la novela: las Islas Canarias, en donde viven algunos amigos de Marcela, las islas que hay a orillas del Sena, que le recuerdan a Cuba (338). Los sentimientos que se muestran son de desplazamiento, de dispersión, representando a una serie de personas, una comunidad, dispersa en diferentes islas (no todas ellas geográficas) a lo largo y ancho del mundo. Esta interpretación del exiliado es similar a la que muestra el crítico Iván de la Nuez en su ensayo *La balsa perpetua*, en el cual el establece una nueva cultura cubana sin centro (ni la isla ni la comunidad en el exilio), con un número infinito de puntos geográficos a través de la diáspora en los que los individuos asumen sus nuevas identidades (28-9). Curiosamente, de la Nuez emplea los cuadros de un artista cubano, Luis Cruz Azaceta, para ilustrar su idea de una cultura aislada sin centro, especialmente sus pinturas en torno a las balsas, en las que un individuo, el balsero, está en el medio de un océano en su balsa, como la dama en su isla, rodeada por un mar rojo.

Los colores son importantes: una isla azul en un mar rojo. El azul, según Maia Riquelme, implica un movimiento desde la periferia hacia el centro, y "nos ayuda a caminar hacia las profundidades de nosotros mismos, hasta esa interioridad donde todo es sereno, donde nos sentimos envueltos por un secreto y dulce cielo" (171). Según Friedling, este color es el arquetipo de lo femenino, y Steiner indica que está relacionado con la melancolía (Riquelme 171). El rojo, por el contrario, se ha asociado con el temperamento colérico y con la destrucción, al igual que con la pasión. Es también el color de la masculinidad para Friedling (Riquelme 172). Por tanto, Marcela, como la dama, disfruta de ese espacio íntimo de feminidad en un mundo masculino de pasión y destrucción.

Además, el misterio de los tapices, todavía no bien explicado hasta hoy en día, iguala el misterio de Marcela, quien comienza el relato con una pregunta: "Ayer. ¿Cuándo fue ayer? Ayer se me olvidó mi nombre" (9). Ella va descubriendo sus memorias, sus recuerdos, con el lector, mientras se desarrolla la obra, y los sentidos le traen de vuelta sus memorias. Parece como si ella fuera un lienzo en blanco en su vida de exiliada, y las memorias que los tapices y el guión cinematográfico le traen ayudan a configurar su identidad.

La inclusión de estos tapices sitúan a Valdés dentro de la tradición occidental de la que forma parte, de hecho, dentro de la "alta cultura" de esa tradición. Como residente en Francia y ciudadana española, ella está atrayendo a los lectores no ya con la cultura popular del cine, sino con una pieza medieval que ha sido objeto de atención por parte de otros escritores en el pasado y que pertenece a un arte minoritario. Valdés, como escritora cubana en el exilio, también representa a una minoría, al igual que hace el tapiz en su obra. Esto se aplica no sólo a *Café Nostalgia* sino a los cuadros de *La ira: Cólera de ángeles* también, al igual que las referencias que aparecen en otras obras. Estos intertextos visuales (aunque en el caso de *Café Nostalgia* cabría hablar de ékfrasis o reconstrucción de imágenes a través de las palabras) incorporan la alta cultura y sugieren una evolución en la poética de la diáspora de Valdés, en su paso de la isla al exilio.

En *La nada cotidiana*, redactada en la isla antes de su salida al exilio, Yo-candra permanece en la isla, viviendo la nada cotidiana del título, y el arte es un deseo, una especie de "ojalá estuviera allí". Ella reflexiona sobre los cuadros del Museo del Prado desde una posición de envidia ante su amiga la Gusana, que sí tiene acceso y los ve, mientras ella se quedó en la isla. En *La ira: Cólera de ángeles*, Raquel va desde la cólera interior—también presente en Yocandra—hasta su exteriorización en su escape como balsera con sus hijos. El arte no es simplemente un deseo, sino que está involucrado en la rabia y evoluciona al igual que la historia. Cuando la protagonista acaba en Guantánamo, una especie de tierra de nadie, tras casi ser devorada por el océano, el lector la tiene en un lugar que ni es la isla, ni el exilio. Finalmente, Marcela, tras su matrimonio por interés con un viejo francés, consigue llegar al otro lado, al exilio. Pero ahí está en una isla propia, en la soledad del exilio. De esta manera, no importa en cuál de los espacios se esté, la cubana en Valdés se ve arrojada a la soledad.

Otras obras de Valdés también incorporan la pintura, pero nunca al nivel estructural de *Café Nostalgia* o, incluso, de *La ira: Cólera de ángeles*, sino más bien como elementos referenciales simplemente. Como ejemplo, Valdés menciona la pasión por los museos y la pintura desde los comienzos de su narrativa. En *La nada cotidiana* la protagonista se ve a sí misma en el Museo del Prado tras recibir una carta de su amiga la Gusana, ahora exiliada en Madrid: "me veo en el Museo del Prado frente a los Goyas, a los Grecos, frente a *El paso de la laguna Estigia*, ese cuadro fabuloso de Patinir, zozobrando de desazón frente a *El Jardín de las Delicias* del Bosco, o indagando en los rostros de las *Meninas* de Velázquez" (98). Sin embargo, esta mención, así como la carta de la Gusana en la que ella le habla a Yocandra de los museos y las obras que ha visto (*La nada* 102) no tiene la profundidad que en *La ira: Cólera de ángeles* o *Café Nostalgia*.

La música: el bolero

Dentro de las letras cubanas, la influencia de la música ha sido siempre muy importante, y ciertos autores, como Fernando Ortiz, Alejo Carpentier o Severo Sarduy, han dedicado parte de su tiempo al estudio de este arte, además de emplearlo, este último, técnica y temáticamente en parte de su obra, como ocurre en *Concierto barroco* o *El acoso*. La música está también muy presente en la obra de Valdés. En términos referenciales, hay una gran variedad de estilos que aparecen en su obra, que van desde el rock anglosajón hasta la nueva trova cubana, como se observa en los discos que Monguy consigue para una fiesta habanera en *Café Nostalgia*: desde Led Zeppelin o los Rolling Stones hasta Irakere o los Van Van, pasando por José Feliciano, Santana y Roberto Carlos (139). Más eclecticismo, casi imposible. Sin embargo, hay un género que domina a un nivel más profundo, y éste es el bolero.

Este género ya cuenta con presencia en la narrativa cubana (y es, en muchos casos, un género narrativo en sí mismo). Así, en tiempos recientes, aparece en la

obra de Guillermo Cabrera Infante en "Una mujer que se ahoga", la segunda
sección de *Delito por bailar el chachachá* (1995), o en *Ella cantaba boleros*
(1996), además de Mayra Montero con *La última noche que pasé contigo* (1991)
por citar otro ejemplo en este caso femenino. Valdés no hace sino ampliar esta
comunión entre ambos géneros, narrativa y bolero. Dentro de sus novelas, el
bolero funciona como intertexto en tres niveles: en primer lugar, como título de
algunas de sus obras; en segundo lugar, como modelo estructural y temático de
las mismas; y por último, como intertexto propiamente dicho (referencias y
menciones de las letras en varias de sus obras). Además, algunas obras de Valdés funcionan como elemento propagandístico de cara a la revitalización musical del género. El tono romántico y ligero del popular bolero encaja perfectamente con el tono romántico que tienen algunas de sus novelas, en particular *Te
di la vida entera*, que es el caso del que este trabajo se ocupa con mayor detalle.
De hecho, esta obra ha sido calificada por parte de la crítica como una obra ligera y popular hasta el punto que Espinosa Domínguez indica que esta novela "entrega menos de lo que esperaban nuestras expectativas" (249).

El nacimiento del bolero cubano es problemático, como indica Pineda Franco, puesto que este término se aplicó a distintos tipos de música (120), con lo
que su fecha de origen oscila entre un "nacimiento oficial" en La Habana en
1906, en una presentación ofrecida por músicos cubanos (oficial entendido como el nacimiento para las capas altas), hasta su gestación ya en el siglo anterior:
Zavala señala 1886 como la fecha de inicio (124). Como género musical combina varios de los elementos que configuran la realidad cubana, puesto que es una
mezcla de lo africano (el ritmo y la instrumentación) así como de lo hispano (el
texto y parte de la instrumentación). De hecho, como indica Pérez Sanjurjo, el
bolero cubano no tiene mucho que ver con el mismo ritmo proveniente de España en los siglos XVIII y XIX (332-3).

En principio, la presencia del bolero se aprecia en los títulos de algunas de
sus obras. Su primera novela infantil, dedicada a su hija Attys Luna, se titula *Los
aretes de la luna*, y como se indica en la dedicatoria, este título viene de una
canción de Vicente Valdés compuesta por José Dolores Quiñones, parte de cuya
letra se le ofrece al lector en la misma dedicatoria: "los aretes que le faltan a la
luna, los tengo guardados para hacerte un collar" (5). Esta misma letra aparece
también en *Te di la vida entera* (227), la otra novela de Valdés con título de bolero o, más acertadamente, de un verso de bolero, puesto que pertenece a "Camarera del amor", obra también de José Dolores Quiñones, que se cita en el segundo capítulo de la obra: "En este bar te vi por vez primera, / y sin pensar te di
la vida entera, / en este bar brindamos con cerveza, / en medio de tristeza y emoción" (42). Además, otra de sus novelas, *Café Nostalgia*, tiene el mismo título
que un grupo de música cubana en París que se dedica a la canción tradicional
cubana, bolero incluido; grupo que, como se verá más adelante, está íntimamente relacionado con la obra de Valdés. Por lo tanto, y ya desde el pretexto (en
terminología de Genette) del título, estas obras de Valdés refieren a los lectores
al mundo popular del bolero; de hecho, la misma Valdés en una entrevista reconoce la importancia de éste género musical en *Te di la vida entera*, puesto que

indica que esta obra es un homenaje a La Habana de su juventud cuando iba a los bares en donde se cantaba el bolero y el *feeling* que a ella le gustaban. La relación entre obra y bolero no es solamente estética en cuanto al título, sino que va más allá hasta la estructura y la temática.

Son precisamente estos elementos, la estructura y la temática, los que nos interesan más porque indican una mayor simbiosis entre el género musical y la narrativa de Valdés. Por un lado, el tradicional bolero cubano consta estructuralmente de "una pequeña introducción y de dos partes" (Sánchez de Fuentes, citado en Pérez Sanjurjo 333). Curiosamente, esa es la estructura de *Te di la vida entera*: una pequeña introducción, "Rogamiento de cabeza" (9), que es un rezo a las deidades africanas, y dos partes, la primera con seis capítulos y la segunda con cinco. De esta manera, el bolero, además de prestar título tanto a la obra como a varios de los capítulos, también sirve como motivo estructurador de la misma. De hecho, al igual que ocurría con el tapiz de *La dama con unicornio* en *Café Nostalgia*, en *Te di la vida entera*, además de que el bolero estructure melodramáticamente la novela, cada capítulo lleva por título algún verso de un conocido bolero y éste está íntimamente ligado a la trama del capítulo. Así, el primero "Be careful, it's my heart", lleva la atención al corazón delicado de Cuquita y, al ser el título en inglés, también indica la influencia de los Estados Unidos en la Cuba precastrista (Wasserman 121). El segundo, "Camarera de mi amor", presenta el momento en que Cuca y Juan se conocen, y el siguiente, "Una rosa de Francia" muestra su segundo encuentro, ocho años más tarde, en un concierto de Edith Piaf en La Habana. "Se acabó la diversión" de Carlos Puebla supone un contraste con los anteriores, porque no es un bolero, pero también el capítulo contrasta con su salto temporal de "tres décadas y pico" (97), un salto de la vitalidad de aquellos años prerrevolucionarios a la no vida de los noventas. "Un cubano en Nueva York" le da voz a Juan, que ahora vive en los Estados Unidos... y así sucesivamente. El hecho de que la mayoría de los capítulos en *Te di la vida entera* se refieran a boleros de los años cincuentas, anteriores al triunfo de la revolución castrista, indica una "nostalgia por la cultura cubana de los 50" (Seung-Hee), una cultura que, como se ve en la novela, ya no existe por la rigidez revolucionaria que premia a la nueva trova y al espíritu combativo en vez de esas canciones de amor.

Por otro lado, el bolero representa el drama de una relación amorosa, es la escena del sueño de la realización de un deseo pasional o amoroso. Es en este sentido que el bolero se combina perfectamente con *Te di la vida entera*, novela que cuenta el drama de una pasión amorosa a lo largo de varias décadas, como se indica dentro de esa novela misma: "es el dramón de una mujer enamorada de un sólo hombre, que no es lo mismo que de un hombre solo, ejem... Lo esperó toda su vida, pendiente, sin tan siquiera ella saberlo, de los boleros..." (171). Los boleros también le sirven a la protagonista como catarsis, puesto que ayudan a consolar al individuo en su lucha amorosa. Aquí, obviamente, será el sufrimiento de Cuca por su Juan, entre los tres momentos en que logra estar con él.

Ya se resumió, en el primer capítulo, la trama de la novela. Por otro lado, lo que tiene el lector en esta obra es un discurso que representa por su mayor parte los sentimientos supuestamente femeninos: el sufrimiento del amor, la congoja, el deseo. En gran medida es la temática del bolero para René Campos, "the predominant theme is failed, unfortunate, or unlucky love" (637) ["el tema predominante es el amor fracasado, desafortunado, sin suerte"]; es decir, lo que Zavala denomina, en términos de Lacán, el discurso de la "carencia" (126). Como indica Zavala en "De héroes y heroínas en lo imaginario social: el discurso amoroso del bolero", los protagonistas de los boleros son héroes en el sentido aristotélico del término, es decir, "personas comunes y corrientes, que llegando a un punto o grado cero, adquieren pasiones o emociones sobrehumanas" (123). Estos héroes y heroínas se popularizan en el siglo XVII y con el tiempo llegan a protagonizar, entre otros, géneros musicales como el bolero que es, al fin y al cabo, parte de la literatura de evasión, fomentada por el deseo del lector. Los personajes novelescos de Valdés, que participan de esta pasión por el bolero (Cuca "en lugar de cantarlos, escuchaba boleros" (171) en un agudo juego con el título de la conocida obra de Cabrera Infante también relacionada con el mismo género musical) son en gran medida personas comunes que llegan a vivir esa pasión intensa, aunque filtrada a través del humor.

Esta ironía no sólo se limita a la burla de otras obras literarias, sino que afecta a los mismos personajes y a la misma visión del bolero dentro de la obra. La novela juega, como toda la narrativa de Valdés, con la ironía y el humor, y en su deseo de lograr una heroína normal para su historia, como preconizaba Zavala, llega al ridículo en la figura de Cuquita, que cuando sale "vestida para matar" por la Muchunga y la Puchunga, sus compañeras de pensión, en la noche habanera "se veía más que cómica, ridícula incluso, vestida de aquella manera" (25). La comicidad persiste en su primer encuentro con Juan:

> Al final de uno de tantos pasillos, a ella le pareció que había cientos de ellos, cayó en brazos de él. Era un muchacho delgado, pero de complexión fuerte. La sostuvo, evitando que se desbocara contra el quicio. Tenía el pelo lacio y engrasado con brillantina; al hacer el gesto brusco de sostenerla por los brazos, una mecha larga cayó cruzándole el rostro. Sus ojos eran tan claros como el cielo, cualquier cielo, no hay que ponerse ahora a describir un cielo en específico, y la sonrisa muy bonita, aunque los dientes de abajo estaban un poco encaramados unos encima de otros. (41)

Si bien el comienzo, aunque estereotipado, parece de bolero serio, pronto la novela subvierte esta visión con el humor, al describir el color cielo de los ojos y la dentadura, que más adelante culmina con el pestazo a ajo que despide, como lo señala Cuca en medio de un baile de Beny Moré: "tiene un poquito de peste a boca, mal aliento, vaya" (43). De esta manera, los héroes zavalescos del bolero son perfectamente normales, casi ridículos, lo que no impide que su relación prospere, ya que desde ese primer momento para Cuca Juan es "el hombre de su vida" (45). De hecho es él quien le da el "PRIMER BESO" (49, en mayúsculas en el original) y, más adelante, el segundo, que "duró tres bolerones, uno de cuatro minutos, el segundo de tres minutos veinte segundos, y el tercero de cuatro minutos con treinta y tres segundos. En total fueron once minutos con cincuenta y tres segundos de chupeteo y lengüeteo" (53).

Esta ironía en el tratamiento del bolero no impide que se sigan las normas generales del género, puesto que es un amor heroico el de los dos, ya que después de esa primera noche no se ven hasta pasados ocho años, en un concierto de Edith Piaf, al final del cual hacen el amor por primera vez y "no pararon de templar en una semana" (88). Sigue una temporada de amor semiclandestino, como en los buenos boleros, fuera de la institución matrimonial. De hecho, Zavala indica que el discurso del bolero es el de "la seducción de la promesa" que "[e]lude sin tregua toda relación de seguridad, de verdad, todo discurso impositivo judicial (la familia, el matrimonio); evade los discursos de otro poder que no sea la seducción, con la promesa de un *siempre*" (125; énfasis en el original). Si se lee con atención *Te di la vida entera*, se puede observar que la novela es prácticamente como un bolero, que pasa de la lírica poética a la narrativa. Juan y Cuca en esta época "[s]e veían tres días seguidos, templaban como salvajes, después él desaparecía" (90). De hecho, tras unos años, ella le propone matrimonio y él se asusta y rechaza la idea (92), aunque le pone un piso en el Vedado. Prevalece ese amor pasional que no llega a culminar dentro del marco aceptado socialmente (u oficialmente). Con el triunfo definitivo de la revolución, él desaparecerá por más de 30 años, dejándola "tres décadas y pico sentada en un sillón" (97), escuchando boleros, de tal manera que el bolero se representa también así dentro de la obra a través de la letra de algunas de las composiciones que se mencionan. Además del ya mencionado "los aretes de la luna", también aparecen las letras de algunas composiciones de maestros del género como Pedro Vargas, "me importas tú, y tú, y tú, y solamente tú" (260) o Arsenio Rodríguez, "hay que vivir el momento feliz, hay que gozar lo que puedes gozar" (240), además de menciones a cantantes representativos como Olga Guillot (262) o La Lupe, con un bolero "trágico" y "doloroso" (304). También le deja el famoso dólar que vuelve a recuperar en los noventas, y gracias al cual se verán por última vez.

La popularidad de la obra se justifica con la popularidad del bolero, género que está de nuevo en auge, como prueban los éxitos del mexicano Luis Miguel, uno de los artistas con más ventas en lengua española, cantando, precisamente, boleros. Es el triunfo de lo melodramático, el bolero en términos musicales y el melodrama de la telenovela, género popular en Latinoamérica, como prueba Oropesa en su estudio de *Arráncame la vida* de la mexicana Angeles Mastretta, novela cuya traducción al inglés se titula, muy acertadamente, como indica Oropesa, *Mexican bolero*. Para Oropesa el medio cultural que más influencia tiene en la población mexicana, y aquí podríamos extender eso a muchos otros países, es la televisión, y dentro de este medio los géneros más populares son el melodrama y la comedia, que suelen confluir en el culebrón televisivo (140). Como prueban los éxitos de público tanto de la novela de Mastretta como de la que aquí nos ocupa, esta popularidad de lo melodramático/cómico no se reduce solamente a la televisión, sino que se extiende al mundo de la novela también.

La popularidad de *Te di la vida entera* va a devolver algo al mundo musical del bolero del que toma prestadas varias influencias, de tal manera que completa lo que podríamos llamar el ciclo artístico de la obra, tal vez en espera, con el tiempo, de una película. La popularidad y las expectativas que un título como *Te di la vida entera* proponen en la mente del futuro lector, la novela las devuelve al mundo de la música, al originar o promover una especie de "banda sonora" para la novela, orquestada por el grupo Café Nostalgia, grupo franco-cubano que ha publicado un disco, *Te di la vida entera*, con la música de los boleros a los que se hace referencia en la obra de Valdés. Este disco, editado en Francia, toma como referente una obra popular en su traducción francesa, *La douleur du dollar*. De hecho, no deja de ser curioso que la novela *Te di la vida entera* comience con el "Rogamiento de cabeza" a los Orishas (9) y la obra musical *Te di la vida entera* termine con esa misma pieza, "Rogamiento de cabeza". Parece como si esta oración a los Orishas fuera el caparazón que abre y cierra un conjunto artístico que serían las dos obras.

La misma Valdés escribe un ensayo de presentación en el disco, "A las madres cubanas: escrito bailando", en el que señala la importancia del ritmo y de la música en varios autores cubanos, desde Nicolás Guillén hasta Cabrera Infante, pasando por Piñera, Lezama Lima o Carpentier (2) e indica cómo "leer y bailar" eran sus aficiones favoritas (3). También es importante el ensayo porque explica un poco la génesis de la novela, que según ella fue escrita ya en la isla, aunque no se publicó hasta que ella se encontraba ya en el exilio. De esta manera, esta obra participa en el proceso de producción cultural del bolero, tomando elementos de un género para su propio fin pero devolviéndole al género un aspecto de mercadeo que hace posible que el género del bolero cubano se revitalice sobre todo dentro del mundo musical francés.

La literatura de género

El último elemento popular que se va a comentar en este capítulo es el de la literatura de género, especialmente la literatura neopoliciaca y la de aventuras, de piratas. *Te di la vida entera*, la novela que se acaba de analizar en relación con el bolero, también participa del género de gángsteres o policiaco a través de la subtrama que involucra a Juan con la mafia en busca de ese dólar que contiene el número secreto de una cuenta en Suiza, y que él le había confiado, sin ella saberlo, a Cuca. De esta manera, en esta obra tenemos melodrama, bolero e incluso *thriller*. Esta combinación de géneros, o jirones de géneros, según Prieto, refleja las contradicciones que sufre la isla misma y, como sigue diciendo el mismo crítico, "[n]o cabe duda que los cambios de género en *Te di la vida entera* descalzan la univocidad del texto mientras que el choteo socava la credibilidad del sistema político" (Prieto, "Tropos…" 379).

El género detectivesco o policial está adquiriendo últimamente gran pujanza en las letras hispanas. Ya hacia 1940 contaba con un buen número de lectores en los países hispanos (Braham 3), si bien no es hasta unas tres décadas más tarde que deja de ser un género imitativo y limitado, y se convierte en un "referente genérico indispensable" (Noguerol Jiménez) que permea gran parte de los textos producidos en Latinoamérica.[5] En Cuba la situación política tras 1959 hace que la evolución del género sea un poco particular. Hacia 1976, dentro del proyecto socialista para consolidar la revolución, se estableció con firmeza la novela policial revolucionaria que en muchas ocasiones era más bien de contraespionaje, decididamente a favor del gobierno de Castro y lo que este gobierno propugnaba (y por lo tanto, en contra de la "escoria" social: homosexuales, aspirantes a burgueses y otros elementos similares) (Braham 39). Este género supuso una reacción durante la revolución a la literatura erudita y sofisticada del "boom" y de las vanguardias, pero poco a poco se fue gastando en fórmulas repetitivas durante la década siguiente hasta que fue suplantada por el neopolicial, liderado por Padura Fuentes y su tetralogía "las cuatro estaciones" (Noguera Jiménez). Los nuevos autores, entre los que destaca también Amir Valle, comienzan a reflejar las fallas de la Revolución, amparándose en la mayor permisividad del régimen durante el periodo especial.

Valdés, sin llegar a entrar en este género, flirtea con él, como se vio en *Te di la vida entera*. Pero este juego con lo policiaco no se reduce a esta novela, en la que más bien parece un choteo a ese género policiaco socialista que dominaba en la isla en los setentas, con su trama de contraespionaje y con los Estados Unidos de por medio (en este caso la mafia parece estar relacionada con la comunidad cubana en el exilio, que se entiende con el gobierno isleño para sus propios propósitos). En *Café Nostalgia* hay también un guiño al género, a través de la subtrama que involucra a Marcela y a Jorge, el padre de Samuel, su actual compañero, cuando ella todavía era una jovencita en la isla. Marcela se sentía culpable del asesinato de Jorge a manos de su esposa, quien tras encontrar unas cartas dirigidas a él, se había puesto celosa y había quemado a Jorge mientras dormía. Marcela cree que esas eran las cartas que ella le había escrito, y por eso, cuando descubre que Samuel es hijo de Jorge, se siente incapaz de tener sexo con él. Sin embargo, al final y de manera accidental, Mina, una amiga de Marcela, le confiesa entre sollozos que ella era con quien Jorge se acostaba, pero que no había tenido el valor para confesarle eso a Marcela. Gracias a esta confesión, Marcela se siente más aliviada y logra consolidar su relación con Samuel. No es género policial, puesto que falta el policía, pero sí hay asesinato, confesión y falso culpable.

Sin embargo, la novela que sí se inscribe en mayor medida dentro del género, es *Milagro en Miami*. En esta obra, Tierno Mesurado, el protagonista, es un detective que va a Miami a resolver un caso y, al final, consigue hacerlo, aunque con la ayuda de ciertos fenómenos paranormales y gracias a la muerte del malísimo de la novela, www.HombreProfundamenteBestia.com (otra versión de Fidel Castro). Varios de los elementos de esta obra la acercan al neopolicial, como la atención al contexto social en primer lugar, lo cual deja la solución del misterio en un segundo plano, según Noguera Jiménez. Tierno reflexiona sobre Miami y los cubanos en el exilio, así como la corrupción de ciertos elementos del exilio cubano, comparte con sus amigos y, como por hobby y con mucha fortuna, termina por solucionar el caso, gracias a sus habilidades paranormales. Tierno no tiene familia en la obra, aunque sí muchos amigos que son como su familia, algo también característico del neopolicial hispano, género en el que el detective tiene una rica vida social bien sea con la familia o con los amigos (Braham 101). La entrada del componente paranormal, que le da un aire de realismo mágico a esta novela, la acerca también a toda la literatura paranormal que está de moda en algunos países occidentales, como Estados Unidos, en donde las historias de ángeles y lo espiritual son introducidos dentro de la cultura de masas gracias al cine, la televisión y la literatura, como no, de género (ahí están series como *Angel* o *X-Files*). De nuevo esa mezcla genérica que impide que la obra de Valdés se pueda encasillar en un género único. Como señala René Prieto, "Valdés emplea la caricatura como instrumento para mancillar la ostensible pureza de un género dado. Es decir, que inyectando un género en otro desvirtúa y subvierte la homogeneidad de ambos" ("Tropos..." 379).

También *Bailar con la vida* ofrece un guiño al neopolicial en la historia de Peter, el marido de Canela, el cual vive oculto en Sevilla porque se le buscaba en Londres ya que una serie de fotografías suyas, las cuales reflejaban muertes violentas, habían dado lugar a una serie de asesinatos que concordaban con lo que sus fotos reflejaban. Al final de la primera parte de la obra, parece que, en efecto, él es el posible asesino (además de fotógrafo), aunque queda sin ser atrapado. Aquí no existe un detective, al contrario que en el neopolicial, puesto que que Doris, su ex-esposa no contribuye a su detención, sino que más bien lo utiliza para sus propios fines sexuales. Más que la historia en sí, lo interesante de esta obra con respecto a la literatura de género es la autorreflexión que se ofrece sobre la literatura de género y comercial, que lleva a la parodia en la elaboración de una historia para vender a través de la transformación continua de la misma a instancias de los pedidos o sugerencias que el editor le hace a la escritora y que motivan que Peter, el asesino, sea el mismo nombre que el del editor (*Bailar* 172). A esto se una la reflexión explícita que aparece en ciertos momentos de que "es 'tendencia' mencionar las marcas en las novelas" o "la 'tendencia' es el cinismo al pulso" (*Bailar* 43).

Además del neopolicial, Valdés también experimenta con otros géneros y no duda en retroceder hasta el siglo XVII para aventurarse en la literatura de aventuras, en este caso de piratas, en *Lobas de mar*. Sin embargo, la mezcla de lo popular (la ficción con los piratas) con lo elitista o académico (el cuestionamiento de los papeles sexuales) le confiere a esta obra de nuevo esa subversión genérica: ¿aventura de piratas o aventura bisexual? Esa es la cuestión. Tal como ocurría con anterioridad con lo paranormal, que desvirtuaba lo policial en *Milagro en Miami*, ahora la aventura en los mares de Ann y Mary también se desvirtúa por la odisea bisexual (puesto que se relacionan tanto con hombres como con mujeres) de ambas. Valdés sigue jugando a coser diversos géneros como si de un collage se tratara, pero al menos esto supone una nueva evolución en su obra, alejada de aquel realismo duro de *La nada cotidiana*.

Notas

1. Ver Lindstrom, capítulo 4, para una introducción a la relación entre los medios de comunicación de masas y los escritores en América latina.

2. El cuadro ilustra un episodio bíblico (2 Macabeos 3, 21-28) en el cual Heliodoro, enviado por el rey de Siria para tomar el tesoro que estaba en el templo de Jerusalén, es perseguido y sacado del templo por dos caballeros enviados por Dios, a petición del alto sacerdote Onías. Por lo tanto, quien puede ser Heliodoro en la novela es cuestionable.

3. Otros autores, como Rainer Marie Rilke o Julieta Campos, también quedaron prendados de la magia de estos tapices. Rilke los menciona en *Los cuadernos de Malte Laurids Brigge*, cuando la protagonista visita el Museo de Cluny y los contempla. Campos los menciona en *El miedo de perder a Eurídice*, aunque es sólo una breve referencia.

4. Aunque Erlande-Brandenburg parece tener una idea clara sobre su significado: la dama no está, como sugieren interpretaciones previas, cogiendo el collar, sino "carefully replacing it in its casket after having taken it from her neck—she is shown in wearing it in the five other panels—and wrapping it in a cloth" (68) ["colocándolo cuidadosamente en su caja tras habérselo sacado del cuello—aparece con él en el cuello en los otros cinco tapices—y envolviéndolo en un paño"]. Esta interpretación encajaría con el título de la pieza, "in accordance only with my will," ["de acuerdo sólo con mi deseo"] en la traducción de Erlande-Brandenburg: "The cast-off necklace symbolises the renunciation of the passions aroused by the senses when they are not under control" (68) ["El collar rechazado simboliza la renuncia a las pasiones levantadas por los sentidos cuando no están bajo control"].

5. Por cuestiones de espacio, no nos vamos a detener aquí en analizar la evolución del género detectivesco en Latinoamérica hasta convertirse en el neopolicial de hoy en día. Para obtener información sobre esta evolución, ver Braham (1-17), que además presta atención especial al género en Cuba y cuenta con una excelente bibliografía. Una versión más rápida la ofrece el artículo de Noguerol Jiménez "Neopolicial latinoamericano".

CAPÍTULO SÉPTIMO

La autora como estrella: Valdés como figura literaria y política

Hace unos años, al hablar de los campos de producción cultural, señalaba Pierre Bourdieu que las obras literarias se producen dentro de un universo social determinado, con sus instituciones y sus leyes (163). Como se ha comprobado en la obra narrativa de Zoé Valdés, temáticamente no cabe duda que su obra refleja y participa de ese universo social en términos de la situación cubana durante el periodo especial y la vida de los cubanos en el exilio. Pero no es sólo en la obra de ficción en la que se refleja la mano de Valdés, sino que ella misma se incorpora al juego social en términos de poder dentro del campo de la producción cultural a través del poder otorgado por las instituciones culturales que, en cierta medida, dominan ese campo de producción y valor cultural a base de premios y condecoraciones. Zoé Valdés es una figura que ha participado en numerosos eventos culturales, desde competiciones poéticas y literarias, como en el IV Festival Internacional de Poesía en Medellín, en Colombia en 1994, o como jurado en el Premio Planeta en 1998 y 1999; hasta festivales internacionales de cine, como jurado en el festival de Cannes en su edición de 1998 o también trabajando en el Latino Festival de Nueva York en los años 1990 y 1991.

De hecho, el cine es uno de los campos que le apasiona, y al que no sólo se dedica como espectadora y jurado, sino que participa activamente como guionista e incluso, últimamente, como directora, con un cortometraje codirigido junto a su compañero Ricardo Vega, *Caricias a Oshún*. Esta obra, producida en Francia, es un cortometraje de 15 minutos en el que se reflejan muchas de las preocupaciones que aparecen en la literatura de la autora, como la identidad cubana a través de las deidades africanas y la relevancia del sexo. El corto relata el cortejo sensual de una pareja que termina con su coito, con la bendición de la diosa Ochún desde la cama. Si bien en sus novelas el sexo aparece como algo directo, violento en ocasiones y perturbador para las mentes conservadoras y tradicionales, sorprende en esta obra la delicadeza y la belleza con la que Valdés se aproxima a esta temática erótica, en lo que es un video más sensual que pornográfico, más cerca de *Emmanuelle* que de *Baise-moi*. La delicadeza que la autora presta en ocasiones al lenguaje de su narrativa y de su poesía se transforma dentro del medio cinematográfico en una belleza por la imagen y el decorado, así como la sensualidad del cortejo a través de la danza.

Es interesante que, poco a poco, y tal vez a consecuencia de su ciudadanía francesa en la actualidad, Valdés vaya dándole paso al francés en este tipo de actividades. Así, aunque el film *Caricias a Ochún* no tiene diálogo, sí contiene un poema de Valdés en su banda sonora, que está en español y francés, a partes casi iguales. Además, entra en sus planes escribir una novela breve en francés. No se aleja, por tanto, del fenómeno tan característico de muchos de los autores cubanoamericanos, que a pesar de comenzar su obra en español, como Roberto Fernández con *La vida es un special .75*, se pasaron poco a poco al inglés, aunque en el caso de Rodríguez, bien españolizado en su gramática y sintaxis, con un efecto cómico sorprendente.

Pero además de esta participación en el cine, que no es sino reflejo de la importancia que este medio tiene en su obra narrativa, como se vio en el capítulo anterior, ella también crea obras visuales en la forma de pinturas, otro elemento que también tenía relevancia en sus novelas, como también se vio en *La ira* y *Café Nostalgia*. Así, Valdés ha creado varios cuadros que se pueden ver en Internet, y que dan rienda suelta a su creatividad. Se deja para otro estudio el análisis de su obra pictórica, tan fascinante como la literaria. También es una figura relevante en la prensa, puesto que ha escrito tanto cuentos como piezas no ficticias para los diarios *El País* y *El Mundo* en España, *Le Monde* y *Liberation* en Francia, *El Nuevo Herald* en los Estados Unidos, y revistas como *Qué leer* de España, *Le Nouvel Observateur* de Francia. Esto le confiere el papel de una figura pública importante, alejada un poco de la de otros escritores que prefieren un anonimato y un alejamiento de los temas sociales y políticos, sobre todo a nivel personal, como es el caso de contemporáneas suyas como Canetti o Chaviano.

Esta forma de hacerse ver que tiene le ha acarreado fama de polémica, puesto que al igual que inspira admiración en una parte del público, con su estilo directo, lleno de humor y sexualidad, estos elementos son motivo de crítica de otros lectores, que consideran que su lenguaje es vulgar y su obra pornográfica, y que busca la comercialidad con una gran producción literaria, más cantidad que calidad (básicamente va a novela por año, desde 1995 ha publicado unas 10 novelas y 2 colecciones de cuentos). Mucha de esta crítica proviene de Cuba, en especial del suplemento literario *La Jiribilla*, que se dedica a atacarla con cierta frecuencia, aunque otros autores, como Abilio Estévez, indican que la suya es una "literatura falsa" que no representa a la isla (citado en Whitfield, "Narrando..." 394). También la critican por aprovecharse de la situación cubana para conseguir premios y labrarse una carrera literaria en el exterior (Whitfield, "Fiction(s)..." 11). Esto nos hace pensar, como ocurre en ocasiones con todas las cosas cubanas desde los sesentas para acá, en motivos más bien políticos que literarios. Otros autores, no obstante, alaban su producción, si bien la política está de por medio también. Es cierto, sin embargo, que su obra es fuerte y ha causado un bum en la narrativa reciente, aunque todavía no cualifique para entrar en el canon cubano de un crítico tan prestigioso como Roberto González Echevarría.[1]

Esta relación de aceptación y rechazo por parte de la crítica se traduce también en el público, con lectores que la adoran y otros que no la soportan. Parte del éxito de Valdés se debe a que ella escribe por la gente cubana, la que quedó en la isla, en parte para criticar su sufrimiento, y lo hace como una de ellas, que también ha sufrido en la isla y, más adelante, en el exilio, en sus comienzos, con sus problemas tanto económicos como legales, al estar en el estado de refugiada, sin papeles, como se vio en la introducción a este estudio. Esto le confiere una indudable autoridad por el sufrimiento real y personal que sirve de base a lo que narra, y que es uno de los adagios de la tradición judeocristiana, según Levinson, para quien a la hora de reflejar ese sufrimiento real, quien posee la verdad es aquel que ha pasado el sufrimiento (148). Valdés todavía conserva esa autoridad moral a pesar de que ahora las cosas le vayan mejor y, tal vez en opinión de algunos, se haya convertido en extraña a esa comunidad que queda en la isla.

También es cierto que tiene una carpeta repleta de premios y finalistas en varias competiciones, lo cual le confiere el sambenito de comercial. Hasta la fecha, Valdés ha ganado una serie importante de premios, tanto por su poesía como por su narrativa, hecho que ella resalta en su página web, según la cual en poesía ganó en 1982 el Primer Premio de Poesía Roque Dalton y Jaime Suárez Quemain con el libro *Respuestas para vivir*, poemario que sin embargo no se publicaría hasta 1986, y en 1985 recibió un Accésit al Premio Carlos Ortiz de Poesía con el libro *Todo para una sombra*, publicado al año siguiente en Barcelona por Editorial Taifa. Además fue finalista del premio Casa de las Américas en 1988 con *Vagón para fumadores*. En narrativa, recibió el Primer Premio de Novela Breve Juan March con *La hija del embajador* en 1995, y dos años más tarde recibió el premio LiberaturPreis en Alemania por *La nada cotidiana*. Unos años más tarde, en 2003, recibió el premio Fernando Lara con *Lobas de mar*, y al año siguiente el premio Ciudad de Torrevieja con *La eternidad del instante*. Sin embargo, su éxito más notable fue ser finalista en el Premio Planeta, uno de los de mayor resonancia dentro de las letras hispanas, algo que logró en 1996 con *Te di la vida entera*. También fue finalista del premio La Sonrisa Vertical con *Sangre azul*, su primera novela, en 1987. También ha recibido premios por sus guiones cinematográficos. Si a todo esto añadimos sus distinciones, como la Orden de Chévalier de las Artes y las Letras, condecoración otorgada por el Ministerio de Cultura y de la Comunicación de la República Francesa en 1999, o la concesión de las Tres Llaves de La Florida en 2001, además de algún doctorado Honoris Causa, uno se encuentra ante una escritora que en poco más de una década ha reunido un considerable capital cultural. Muchos críticos la desvalorizan por esto, puesto que existe en nuestra cultura una paradoja a la hora de considerar los premios: entre los que lo ven como algo comercial y los que consideran que son valiosos.

John English reflexiona sobre esta paradoja en su excelente estudio *The Economy of Prestige*:

> On the one hand, cultural prizes are said to reward excellence; to bring publicity to "serious" or "quality" art (thereby encouraging the presumably philistine public to consume higher-grade cultural products); to assist struggling or little-known artists (thus providing a patronage system for the post-patronage era); and to create a forum for displays of pride, solidarity, and celebration on the part of various cultural communities. On the other hand, it is said that they systematically neglect excellence and reward mediocrity; turn a serious artistic

calling into a degrading horse race or marketing gimmick; focus unneeded attention on artists whose reputations and professional livelihoods are already solidly established; and provide a closed, elitist forum where cultural insiders engage in influence peddling and mutual back-scratching. (25)

[Por un lado, se dice que los premios culturales recompensan la excelencia; traen publicidad hacia el arte "serio" o "de calidad" (por lo tanto animan al público presumiblemente ignorante a consumir productos culturales de más calidad); ayudan a los artistas poco conocidos o que pasan por épocas difíciles (así ofrecen un sistema de patronazgo en una época en que el mecenazgo ya no existe); y crean un foro para mostrar el orgullo, la solidaridad y la celebración por parte de las distintas comunidades culturales. Por otro lado, se dice que sistemáticamente olvidan la excelencia y recompensan la mediocridad; convierten la vocación artística seria en una degradante carrera de caballos o una pantomima de mercadeo; centran atención innecesaria en artistas cuyas reputaciones y vidas profesionales ya están sólidamente establecidas; y ofrecen un foro cerrado y elitista en el que quienes están dentro del sistema o tienen acceso a información reservada se dedican a vender influencias y a darse mutuamente palmaditas en la espalda.]

Obviamente, Valdés no escapa de los premios, sino todo lo contrario. Para ella "[l]os premios literarios son muy útiles, pues dan a conocer con la publicación de la obra, acercan al escritor a mayor cantidad de lectores, y a aquéllos que son conocidos les impulsan la obra, y por supuesto, ayudan económicamente, son un gran alivio" ("Zoé Valdés. La desesperanza…"). Aquí se puede ver la importancia que ella les otorga, siendo así una autora a favor de los mismos, no alguien que basa su reputación en una retórica anti-premio, como hacen otros autores. Ella se preocupa de acudir a las ceremonias en que se otorgan los premios cuando los recibe, en donde se atiene a las normas, como describe English (218), y también se preocupa por tener una parte pública accesible a los lectores y a los críticos, a través de entrevistas en Internet, presentaciones públicas de libros y otras actividades.

Los premios literarios, si bien existen desde la antigüedad clásica (ya en Grecia los había, y más adelante los juegos florales), han adquirido más relevancia a partir del siglo XIX y ahora gozan incluso del favor de la crítica cultural.[2] Como indica English, los premios literarios forman parte de la conexión entre diferentes campos sociales, en este caso, la literatura/cultura con el mercado, el consumo, la respetabilidad y otros. Cada una de las personas involucradas en el "juego" de los premios tiene su propia agenda con sus intereses complejos y contradictorios en ocasiones: los autores, los jueces, los organizadores, la prensa (9-11). Lo que sí es cierto es que en el mundo cultural hoy en día la mayoría de lo que English denomina trabajadores culturales ["cultural workers"] cuenta con los premios como una prueba de logros que se muestran en entrevistas, capas de libros e, incluso, obituarios en el momento final de sus vidas (20-21). Hasta cierto punto, son la medida legítima del valor cultural de una persona:

These reflexive recitations, which you can find examples of in your morning paper on just about any day, no doubt contribute to the widespread feeling that there are too many prizes, that the cultural prize has become a debased coin. At the same time, however, they reflect a sustained willingness, even an intensified obligation, on the part of journalists and others to accept the purported equivalence between cultural prizes and cultural value, to accept the medals and trophies as a legitimate measure—perhaps the only legitimate measure—of a person's cultural worth. (21-22)

[Estos comentarios reflexivos, de los que se pueden encontrar ejemplos en el diario matutino casi a diario, contribuyen sin duda al sentimiento ya extenso de que hay demasiados premios literarios, que el premio cultural se ha convertido en una moneda devaluada. Al mismo tiempo, sin embargo, reflejan un deseo mantenido, incluso la obligación intensificada, por parte de los periodistas y otros de aceptar la pretendida equivalencia entre los premios culturales y el valor cultural, a aceptar las medallas y trofeos como la medida legítima—tal vez la única medida legítima—del valor cultural de una persona.][3]

No cabe duda que los premios ofrecen una visibilidad y un reconocimiento, al menos por parte de las masas, de tal manera que dan poder a las organizaciones y funcionarios culturales que los otorgan, puesto que les permiten dirigir culturalmente a las masas. En este sentido, y sin idea de conspiraciones, es interesante que este ascenso y reconocimiento de Valdés en España tiene lugar en una época en la que el Partido Popular está dirigiendo el gobierno de España, con una línea más dura en política exterior con el gobierno de Fidel Castro, alejada de la que mantenía el anterior (y de nuevo ahora) gobierno del Partido Socialista Obrero Español (PSOE). Esta línea dura en política coincide en muchos aspectos con la que mantiene Valdés con respecto a Cuba y a la política que muchos gobiernos occidentales tienen con la isla.

Sin embargo, no es sólo en España en donde Valdés triunfa. También lo hace en Francia y vende mucho en Latinoamérica; de hecho, su casa editorial, Planeta, la emplea como arma de entrada en el mercado estadounidense en lengua española, sobre todo a partir de su nueva campaña de introducción en los diferentes mercados de las Américas a partir de 2001.[4] Así, ese mismo año, apareció *Milagro en Miami*, obra que reflejaba también la geografía estadounidense y su relación con Cuba de manera más directa a lo que ocurría en su obra anterior, más centrada en la isla y en París. De esta manera, Valdés se convierte en una figura global, algo también reflejado en su colaboración en diversos diarios con artículos de opinión relacionados con la situación cubana, y que aparecen tanto en español como en inglés y francés. Se convierte, siguiendo con las ideas del estudio de English, en una estrella del nuevo campo global de las artes.[5]

Este nuevo campo global de las artes surge del cambio que varios críticos ven entre la tensión de lo local y lo global, que dominó en los dos primeros tercios del siglo XX, hasta la victoria de lo global que aparece en el último tercio de dicho siglo y que se refleja en la necesidad de traer voces y artistas de países en vías de desarrollo hacia el llamado primer mundo, una especie de canibalización cultural de las artes de estos países, que aparece tras la canibalización de sus recursos naturales y energéticos en los años anteriores (ya se comentó anteriormente la idea del capitalismo como canibalización). Esta canibalización cultural justificaría en cierta medida esa explosión reciente de las letras cubanas en países como España, Francia e incluso Alemania, además del resto de Latinoamérica, con el gran número premios de reciben los autores cubanos.[6] En algunos casos, bien es cierto, este éxito viene acompañado de una desterritorialización, puesto que ese prestigio no se traduce en el país de origen ni en reconocimiento ni en ventas. En el caso de Cuba, esto se debe a problemas políticos, puesto que las obras de muchos escritores de la diáspora, Valdés incluida, están prohibidas en la isla y sólo circulan de manera subterránea. Al igual que ocurre con los autores de otros países, el tema de la autenticidad de estos escritores como representantes de la cultura autóctona, cubana, o como simples "vendidos" a los nuevos centros de poder mundiales (un poco la queja que Abilio Estévez le había hecho a Valdés), adquiere cierta relevancia.[7]

Aunque no viva en Cuba, a Valdés le preocupa el cubano, y ella siente que sus obras están escritas para el lector cubano, a pesar de que no pueden ser leídas en la isla. En este sentido, su opinión contrarresta la de algunos críticos, como Whitfield, para quien ella, al igual que otros escritores que publican fuera de la isla, están conscientes de que no escriben para cubanos e incluso rechazan al público de la isla (Whitfield, "Narrando..." 395). Su descripción de la situación en la isla no difiere en muchas ocasiones de la que se ofrece en las obras de estos autores que viven en la capital cubana. Como señala Josefina Ludmer, si bien políticamente Cuba puede ser una excepción en Latinoamérica, en términos de mercado literario no lo es tanto, puesto que está involucrada en el juego neoliberal (362). Los novelistas, sobre todo tras la crisis del periodo especial, dependen del mercado extranjero, y de las prioridades de ese mercado. En ese sentido, estas novelas no son tan diferentes de las guías turísticas y de otros textos referentes a la isla dentro del mercado occidental; la única diferencia sería un público distinto, más orientado hacia la ficción, que disfrute del lado oscuro del tercer mundo socialista.

Se esté a favor o en contra de su obra, lo que no cabe duda es que se está convirtiendo en una figura relevante de las letras cubanas, y a través de su imagen pública como novelista accede a un público que a veces la observa como una fuente de autoridad en torno a la situación cubana, no sólo dentro del campo de la ficción y de la literatura, sino como figura política también, como se verá a continuación.

La figura política

Valdés además de ser una prolífica autora, recipiente de varios premios y acumuladora de un creciente capital cultural, difiere un poco de otros escritores de su generación. Al contrario que muchos de los novísimos (la generación nacida en los cincuentas), ella no rehúye de su contexto sociopolítico, como ya ha quedado demostrado en sus novelas de la sexagonía: la crítica política hacia el régimen cubano está presente, al comienzo muy combativa y después, si bien se filtra a través de ciertos recursos estilísticos, sigue siempre presente en su obra. Esta pasión por su país no es sólo producto de su obra literaria, sino que su persona pública aparece combativa contra el sistema. Valdés comenta que, en un discurso, Fidel Castro la nombró como una de las tres enemigas de la revolución cubana (los otros dos eran nada más ni nada menos que Reinaldo Arenas y Guillermo Cabrera Infante). Tan ilustre compañía viene respaldada por sus acciones. Además de la literatura, las apariciones públicas de Valdés no dejan lugar a dudas de su posicionamiento político. En cierta medida, y haciendo honor a los cumplidos del mandatario cubano, Valdés ha tomado el relevo de uno de sus maestros literarios, Guillermo Cabrera Infante, quien, hasta su muerte en 2005, fue uno de los mayores críticos del castrismo en el exterior. Si unimos su desaparición a la anterior de Arenas, de ese "eje del mal" para el gobierno cubano, mencionado por Castro, ella es la única que queda, como el elemento más visible y combativo del exilio.[8]

Además de la crítica política presente en su obra de ficción, que se ha visto ya con anterioridad, también en sus escritos periodísticos ella da muestra de su posición, aquí sin el escudo de la ficción, puesto que es la periodista la que opina de lo que sucede. Así, en "Cuba, la malquerida", ella reflexiona sobre la ausencia de conocimiento que se tiene en su país sobre la Declaración de los Derechos Humanos, de la cual se cumplía medio siglo en la época en que salió el artículo, en 1998. En este artículo, ella protesta abiertamente contra la actitud de la comunidad internacional con respecto a Castro:

> Sorprende que el mundo titubee cuando se trata de condenar los cuarenta años de férrea dictadura impuesta por Fidel Castro. Inclusive, cosa rara, pareciera que, salvo excepciones, donde único coinciden gobiernos o integrantes de partidos, ya sean de izquierdas o de derechas, es en jalarle la leva al barbudo, caerle bien, dorarle la píldora, cosa que, según los más y los menos ingenuos facilitaría la transición pacífica. Y mientras tanto nuestro dolor, el inmenso dolor del pueblo cubano no ha sido reconocido. ("Cuba…")

Y para autentificar esta crítica a los gobiernos occidentales ofrece información sobre distintos casos de tortura hacia personas residentes en la isla por el solo hecho de su ideología política, algo que se respeta en los países que después no actúan de igual manera con el gobierno cubano.

Ella considera que muchos países occidentales todavía conservan una idea romántica de la revolución cubana y no entienden el sufrimiento de la gente que vive en la isla. Además, las madres y esposas de los desaparecidos y encarcelados en Cuba, por esa aureola romántica que envuelve a Castro, no encuentran el mismo apoyo en el exterior que las madres y esposas de las víctimas de dictaduras de derecha, como la de Pinochet en Chile o la dictadura militar argentina durante los ochentas. (Santiago 27-8). Esta situación le parece tremendamente injusta e incomprensible, y en ocasiones se burla con un humor ácido del hecho de que parece que Castro es un titiritero que juega con los otros gobernantes como si fueran marionetas.

También ella escribió su opinión con respecto al conocido caso del niño balsero, Elián González. En uno de los artículos sobre el caso que escribió, y que apareció no sólo en España, sino también en los Estados Unidos y en inglés, ella ataca a los periodistas occidentales por el silencio en algunos aspectos y la cobertura general que hicieron del caso ("vergonzosa" en el caso de algunos periodistas—"La infancia...") o en su deseo de confundir las cosas ("Elián..."). Valdés pone el dedo en la llaga cuando indica que la madre de Elián no se hizo a la mar por dinero, sino por política: "La gente se va de Cuba esencialmente por problemas políticos" ("La infancia..."). Si bien el aspecto económico también puede influir en varios casos, como se observa en los comentarios críticos de otros novelistas y corresponsales, lo que a Valdés le interesa destacar es la cuestión política, en la que radica la fuente de los males que asolan a la isla en este momento histórico, y no se queda corta a la hora de acusar no sólo a Castro, sino a la comunidad cubanoamericana de Miami, por su insensatez política al preocuparse más por ellos mismos que por el niño. En este caso, su opinión en torno a la comunidad cubana de Miami es semejante a la de otros escritores de la diáspora como Vázquez Díaz, quien en *La isla del Cundeamor* hacía dudar a algunos de sus personajes de las intenciones de dicha comunidad hacia Cuba. Y no son sólo las comunidades internacional y cubanoamericana las que son criticadas, sino que, además de ellas y de las críticas al régimen y a su mandamás, Castro (ya vistas con anterioridad en la sección sobre el lenguaje), ella también critica a los intelectuales latinoamericanos, especialmente a Gabriel García Márquez.

Los periodistas, como se acaba de ver, son objeto en ocasiones del blanco de su ira. Esto no sorprende demasiado en una época en la que, desgraciadamente, los medios de comunicación de masas recurren más a los analistas/periodistas que a los profesionales académicos para casi todo tipo de cuestiones intelectuales. Por lo tanto, los periodistas de Valdés pueden ser considerados una especie de antropólogos, en plan amateur. La crítica de Valdés, que en el párrafo anterior se daba en un artículo periodístico, también tiene su espacio en la ficción: en *Te di la vida entera* la voz narrativa señala que "ahora entiendo por qué les encanta a ciertos periodistas venir aquí, es como ir a la montaña, ya que ella no va con ellos. De paso entrevistan a XXL, escriben un libro de tonos montañosos claros, titulado, más o menos, *Cuba rosada*, y andan por el mundo de héroes revo-*lucionarios*" (308). Uno no puede evitar pensar en Román Orozco y su obra *Cuba Roja*, publicada en 1993, después de leer esas palabras—no va mucho del rosado al rojo. Orozco, en esa monumental obra (casi literalmente una montaña con sus cerca de 1000 páginas), elabora un retrato de Cuba para el extranjero, que intenta cubrir todos los campos (de la política a la alcoba) y que en algunos aspectos no hace sino confirmar los estereotipos asociados con la isla. Por lo tanto, económico o cultural, el turista no aparece con buena imagen en estos dos autores.

Estos no son sino algunos ejemplos de esta labor periodística que enlaza más directamente con la política, y que salta de la palestra de las letras a la de la acción misma, al participar en actos que ponen en peligro su salud física por intentar demostrar la crueldad del régimen cubano. Así, no sorprende que en la Feria del Libro que tuvo lugar en la República Dominicana en 2006, ella contara con guardaespaldas, puesto que se habían recibido amenazas contra ella. Hay toda una reflexión sobre este acontecimiento tanto en su blog como en otras fuentes (González Ruisanchez). Si se tiene en cuenta que había sido agredida ante la embajada de Cuba en París unos años antes, en abril de 2003, y también tuvo incidentes en la capital francesa en algunas presentaciones contra la situación de represión que vive la isla, como la exhibición de un documental sobre el Che en que fue agredida de nuevo, no es de extrañar que realmente ella viva en carne propia la situación política de la isla a pesar de estar en el destierro.[9] No hay que olvidar que es la única escritora, de las tres mencionadas por Castro, que todavía está con vida.

Valdés considera que sus actos son los normales de cualquier persona:

> No veo por qué no puedo aparecer en actos públicos que tengan que ver con mi país o con el mundo. Los artistas lo hacen constantemente, lo hizo Bono, el cantante de U2, hace poco, con un concierto en contra de la pobreza en el mundo. Lo hace Fernando Savater en España, Bernard Henry-Lévy en Francia, y así sucesivamente. En Francia, además, hay una tradición de escritores que prestan su voz para las causas humanitarias. En Cuba también existió antes del 1959, muchos escritores se pusieron en contra de Batista y a favor de Castro, hoy lo están pagando.[10]

Esta actitud y su ejercicio del periodismo, algo practicado también por otros autores, unido a su creciente capital cultural, le dan la oportunidad de figurar ahí arriba en la crítica al régimen cubano hoy en día.

Si bien esta actividad política en términos de Cuba es la más visible de su producción a nivel público, no hay que olvidar otro tipo de política en su obra: la feminista. En su obra hay una revalorización de la mujer, como ya se comentó en este estudio, que lleva a ver el mundo desde una óptica femenina, muchas veces reflejada a través de la sexualidad femenina desbordante. A lo largo de su evolución narrativa, ella se adentra con más resolución en la cuestión del género sexual e incluso de la preferencia sexual al hablar del lesbianismo en algunas de sus obras más recientes, como *Milagro en Miami* o *Querido primer novio*. También, en *Lobas de mar* se adentra en el travestismo como reflexión sobre la capacidad de la mujer de tomar el papel del varón, hasta el punto de que ambos pueden desempeñar las mismas funciones, y la asignación genérica es sólo una etiqueta cultural, como se vio en el capítulo tercero.

Pero esta defensa de lo femenino no se reduce, al igual que la política, a la ficción. Así, en uno de los artículos que se acaban de ver sobre el caso Elián, "La infancia ultrajada", y en respuesta a la opinión relativa a la crueldad de la madre de Elián por llevarse a la criatura en una balsa para una travesía tan peligrosa, ella parece apoyar sin reservas la decisión de la madre de llevárselo para salir de Cuba, puesto que ella había sido quien lo parió y estaba en el derecho de decidir por él, a pesar de la oposición del padre de Elián. En caso de disputa sobre el hijo, es la mujer la que tiene la última palabra, por ser la madre la que lo gesta. A veces, la reivindicación de lo femenino, sin embargo, no llega a una situación tan extrema y, para algunos, cuestionable. El tono es más ligero, gracioso, pero sin embargo, punzante. En "De pene, queridos amiguitos", parte de una columna regular que escribía para el diario *El Mundo*, sugiere como alternativa a esta expresión machista "¿Y por qué no de pubis?". Tras una charla con su hija, en la que le había explicado que los hombres tienen pene y las mujeres pubis, en un incidente es la pequeña la que le sugiere a la madre que por qué no dice de pubis, en lugar de pene, y esto la lleva a ella a plantear la cuestión del machismo en el lenguaje, en este caso, el castellano.

A modo de conclusión

La obra de Zoé Valdés, tanto ficción como no ficción, refleja la identidad cubana en esta época de crisis, aumentada por los rumores sobre la enfermedad de Castro, que relanzan el debate sobre el futuro de Cuba tras su muerte. A través del choteo y el reflejo del habla cubana, algo presente en toda su obra; así como de las distintas voces narrativas, a veces en conflicto dentro de la misma obra (como ocurre en *Te di la vida entera* o en *Querido primer novio*); la multiplicidad espacial, reflejo de esa nueva geografía cubana, no reducida a la isla, sino en varias islas extendidas por el globo (La Habana, París, Miami, Madrid...) o los cambios de nombre de las protagonistas (Patria/Yocandra en *La nada cotidiana*, Alma Desamparada/Elisa en *El pie de mi padre*) e incluso los cambios de género sexual en *Lobas de mar*, ella construye una identidad múltiple, para nada homogénea. Como señala Ortiz Cebeiro, "la presentación de esta identidad múltiple permite ir engarzando el discurso narrativo al discurso silenciado sobre la nación" (123). De esta manera, en su narrativa ella ataca la identidad homogénea revolucionaria al mostrar todos estos personajes que no encajan en la oficialidad pero que forman parte de la realidad cubana. Son personajes que se ven abocados a la marginalización y a la soledad en muchos casos, a veces a vivir en un exilio fuera de la isla, en otras ocasiones a la marginalización y al exilio interno, al ostracismo en la isla, como Yocandra en *La nada cotidiana*, o prácticamente muertos como María Regla en *Te di la vida entera*.

La solución que Valdés plantea en su obra es una apertura, que en su narrativa se muestra a través de la intertextualidad y el diálogo con la cultura popular: las referencias a escritores cubanos—desde Lezama Lima a Cabrera Infante, pasando por Piñera o Arenas—o no cubanos—Yourcenar, Proust—y también a representantes de otras artes, como cantantes o cineastas, llama a una hibridación cultural que es un componente importante de la cubanía, en ese sentido de traducción señalado por Pérez Firmat como se vio en el capítulo 2. Esa es la respuesta para una vida que, en la actualidad, no es vida sino soledad, tanto se lleve a cabo en la isla como en el exilio. Así, los personajes de Valdés se sienten solos en la isla y en las grandes ciudades, estableciendo un contraste entre la cantidad de gente que puebla la urbe y la soledad íntima, como le ocurre a Marcela en *Café Nostalgia*. Sus amigos y su familia están dispersos por el mundo, como le ocurre a Valdés misma.

A pesar de la fuerte carga política que tiene su narrativa, que a decir de algunos críticos daña la calidad artística de la misma, pues la hace parecer un ajuste de cuentas que aleja más que atrae al lector (Gac-Artigas), su obra es una expresión artística válida, una expresión de arte comprometido, como muchas que han surgido en las letras hispanas a lo largo de los siglos. Es un mensaje, a veces contradictorio, sobre lo que supone ser de un país arruinado por el mal gobierno. Como señala la protagonista de *La nada cotidiana*, "¡Ay, qué orgullo siento de ser cubana! ¡Ay, qué temor siento de ser cubana!" (169). La contradicción es la marca de la nación, el amor por una isla, pero el rechazo a su gobierno, la frustración por una revolución que quiso construir un paraíso del que muchos escapan por ser un infierno, la soledad de saberse en territorio ajeno...

Notas

1. En su artículo sobre el canon cubano tras la Revolución, "Oye mi son: el canon cubano", parte de una colección de ensayos sobre la literatura cubana en el centenario del nacimiento de la República de Cuba, González Echeverría indica que no hay ninguna obra de la literatura de la diáspora que le impresione y que merezca ser incluida en el canon. Sin embargo, en el mismo volumen en que aparece su artículo, es interesante notar que hay otros tres en los que Valdés aparece reflejada en mayor o menor medida.

2. English analiza algunos de los premios culturales modernos, que según él comienzan en 1901 con la concesión del primer premio Nobel de literatura, el premio más antiguo que "strikes us as fully contemporary" (28) ["nos impacta como plenamente contemporáneo"], y que creó una serie de premios que intentaban emularlo en diferentes campos y países, hasta el punto de que algunos se denominaban extraoficialmente como "el Nobel de...". Sin embargo, él también indica que los premios culturales ya habían exisitido antes por más de dos mil años, al menos desde el siglo VI antes de Cristo, en época de los griegos. Las formas más modernas, como los concedidos por universidades o academias reales, existen ya desde el siglo XVII, época en la que comenzaron a multiplicarse a través de la imitación, hasta culminar en el siglo XX con una explosión de premios realmente sorprendente (29-33).

3. English ofrece otro ejemplo con la controversia en torno a *Beloved* de Toni Morrison en 1987 y 1988, año en que finalmente ganó el Premio Pulitzer, y cita un artículo de Christopher Hitchens publicado en la revista *Vanity Fair*, sobre la manía contemporánea por los premios:

> In 1987 the essayist and poet June Jordan and the novelist Toni Morrison decided that Ms. Morrison, who had just published *Beloved*, deserved and *needed* a prize. They deplored the fact that she had been nominated for the National Book *and* the National Book Critics Circle awards but had not won. Very revealingly, if not very eloquently, June Jordan said that "the awards are the only

kind of validation that makes sense in the literary world." She drummed up a letter to (where else?) the *New York Times Book Review*, and got co-sponsorship from Houston Baker, who professes English at the University of Pennsylvania. With more than forty others, including Alice Walker, Maya Angelou, and Amiri Baraka, they in effect demanded that Toni Morrison be upgraded to prizewinner seating. (242)

[En 1987 la ensayista y poeta June Jordon y la novelista Toni Morrison decidieron que Morrison, quien acababa de publicar *Beloved*, merecía y *necesitaba* un premio. Lamentaban el hecho de que ella había sido propuesta para los premios National Book *y* National Book Critics Circle pero no los había ganado. De manera muy reveladora, aunque no elocuente, June Jordon señaló que "los premios son el único tipo de validación que tiene sentido en el mundo de la literatura". Ella envió una carta al *New York Times Book Review* (¿a dónde sino?) contando con el apoyo de Houston Baker, quien enseña inglés en la Universidad de Pensilvania. Con más de cuarenta firmas de apoyo, entre ellas Alice Walter, Maya Angelou y Amiri Baraka, ellos demandaban de hecho que Toni Morrison fuera subida a la posición de ganadora.]

El artículo original era "These Glittering Prizes", publicado en *Vanity Fair* 56 (Enero de 1993, página 22).

4. En su informe anual del año 2002, el grupo Planeta señala como "destacable" la incursión en los mercados de México, el Pacto Andino y Estados Unidos (*Grupo Planeta 2002* 13). Valdés aparece en la lista de principales autores del grupo (15), al igual que en las nuevas colecciones "Booket" y "Quinteto", de libros de bolsillo a precios asequibles para el gran público, muestra de la popularidad de la autora (25) y de manera especial, en el informe del mismo grupo del año anterior, 2001, se destaca como puntas de lanza tanto a Zoé Valdés como a Daína Chaviano (*Grupo Planeta Dosmiluno* E).

5. English señala que se pueden considerar las artes (y dentro de ellas, la literatura) como un juego o competición en cualquier momento histórico, en el que los distintos agentes culturales tratan de posicionarse lo mejor posible en el campo de la producción cultural (149-50). Así, no es extraño que el bum de los premios culturales a finales del siglo XIX coincida con la aparición de otras competiciones deportivas como el fútbol o los juegos olímpicos. Esto evolucionará hasta la economía global de prestigio que existe hoy en día.

6. La lista de premiados es extensa. En el caso de España, no sólo Valdés queda finalista del Premio Planeta en 1996 con *Te di la vida entera* y gana más adelante el Fernando Lara en 2003 con *Lobas de mar* y el III Premio de Novela Ciudad de Torrevieja en 2004 con *La eternidad del instante*; sino que Alexis Díaz Pimienta gana el Alba-Prensa canaria con *Prisionero del agua* en 1998, el mismo año que Daína Chaviano se hace con el Azorín por *El hombre, la hembra y el hambre*. En 2000 Pedro Juan Gutiérrez gana el Premio Alfonso García Ramos de novela con *Animal tropical*. A nivel global, Eliseo Alberto gana el primer Premio Internacional Alfaguara de novela, con *Caracol Beach*, también en 1998. En México, país en el cual reside Alberto, otro cubano, Andrés Jorge, se haría con el premio Joaquín Mortiz de novela con *Pan de mi cuerpo* en 1997. Y no hay que olvidar el Premio Cervantes ganado por Guillermo Cabrera Infante en 1997 por el conjunto de su obra. Estos son sólo unos pocos ejemplos de esta explosión ganadora en el campo cultural de la diáspora cubana.

7. English menciona este tipo de problemas, pero centrado en los países de habla inglesa de África o del Pacífico. Así, señala que tras el Premio Nobel concedido al nigeriano Wole Soyinka en 1986, se levantó todo un debate en torno a su autenticidad como repre-

sentante o no de África a causa de su educación europea y sus fuertes lazos con Londres y Nueva York. Otro ejemplo que emplea English, dentro del campo de la música, es el conjunto Ladysmith Black Mambazo, que también fue cuestionado tras su éxito mundial colaborando con Paul Simon. Ver capítulos 12 y 13 del libro de English.

8. Si bien no es ella la única novelista que lo hace. Otros narradores, como Chaviano, Bragado o Vázquez Díaz también reflejan su crítica al sistema en la isla, muchas veces a través de su obra literaria, pero no son tan directos y visibles como Valdés.

9. Los efectivos de seguridad de la embajada cubana en París disolvieron violentamente una concentración pacífica (según el corresponsal de *El Mundo*) para protestar una ola represora que tenía lugar en la isla por esas fechas. Según la misma noticia, varios reporteros de Reporteros Sin Fronteras resultaron heridos en el incidente, que Valdés aprovechó para declarar que esa reacción era testimonio de la violencia y las salvajadas que se cometían en Cuba (Romero). A pesar de la acción de la guardia cubana, la policía francesa no intervino, según los corresponsales. Algo similar ocurrió en 2005 durante la exhibición de un documental sobre el Che. Ver también "Entre la realidad y la ficción" de Luis González Ruisánchez.

10. Entrevista personal con la autora, 16 de abril de 2006.

BIBLIOGRAFÍA

Bibliografía primaria: Obras de Zoé Valdés

Novelas:

Sangre azul. 1993. Barcelona: Emecé, 1996.
La nada cotidiana. Barcelona: Emecé, 1995.
La hija del embajador. 1995. Barcelona: Emecé, 1996.
La ira: Cólera de ángeles. Barcelona: Lumen, 1996.
Te di la vida entera. Barcelona: Planeta, 1996.
Café Nostalgia. Barcelona: Planeta, 1997.
Querido primer novio. Barcelona: Planeta, 1999.
Milagro en Miami. Barcelona: Planeta, 2001.
El pie de mi padre. Barcelona: Planeta, 2002.
Lobas de mar. Barcelona: Planeta, 2003.
La eternidad del instante. Barcelona: Plaza & Janés, 2004.
Bailar con la vida. Barcelona: Planeta, 2006.

Cuentos:

"Mujer de alguien". *Estatuas de sal. Cuentistas cubanas contemporáneas: Pa
    norama crítico (1959-1995)*. Ed. Mirta Yañez y Marilyn Bobes. La Haba-
    na: Ediciones Unión, 1996.
Traficantes de belleza. Barcelona: Planeta, 1998.
Los misterios de La Habana. Barcelona: Planeta, 2004.

Literatura infantil:

Los aretes de la luna. León: Everest, 1999.
Luna en el cafetal. León: Everest, 2003.

Poesía:

Respuestas para vivir. La Habana: Letras Cubanas, 1986.
Vagón para fumadores. Barcelona: Lumen, 1986.
Todo para una sombra. Barcelona: Taifa, 1986.
Los poemas de La Habana. Edición bilingüe. Paris: Antoine Soriano, 1997
Cuerdas para el lince. Barcelona: Lumen, 1999.
Breve beso de la espera. Barcelona: Lumen, 2002.

Otros textos (selección):

Prólogo. *En fin, el mar... (Cartas de los balseros cubanos)*. Ed. Basilio Baltasar. Número especial de Bitzoc Literatura 26. Palma de Mallorca: Bitzoc, 1996. 1-8

"¿Por qué me gusta Cuba?" *La Revista* 44. 28 de agosto de 1996.
http://www.larevista.es/num44/textos/zoe.html

"De pene, queridos amiguitos". *La Revista* 78. Abril 1997.
http://www.elmundo.es/magazine/num78/textos/zoe.html

"Cuba, la malquerida". *El País Digital* 957. 16 de diciembre de 1998.
http://www.elpais.es/p/d/19981216/opinion/valdes.htm

"La memoria del éxodo". *El libro del éxodo*. Barcelona: Ediciones de bolsillo, 1998. 5-13

"Escrito bailando (a las madres cubanas)". Folleto del disco *Te di la vida entera*. Grupo Café Nostalgia. Francia: Naïve, 1999. 2-7

"La infancia ultrajada". *El País Digital* 15 de diciembre de 1999.
http://www.elpais.es/p/d/19991215/opinion/zoe.htm

"Elián: El Hijo De Los Delfines". *El Nuevo Herald*. Sin número. 7 de enero de 2000. http://www.elherald.com/content/archivos/cuba/elian/docs/0107 af.htm

"Senilidad del asesino". *El Mundo*. Sin número. 2 de abril de 2000.
http://www.el-mundo.es/2000/04/02/opinion/02NO029.html

"Elián, el cariño y el terror". *El País Digital* 1456. 28 de abril de 2000.
http://www.elpais.es/p/d/20000428/opinion/valdes.htm

Textos cinematográficos:

Espiral. Documental sobre ballet clásico. Dir. Miriam Talavera.
Yalodde. Poema video-arte. Dir. Ricardo Vega.

Dirección cinematográfica:

Caricias de Oshún. Co-directores: Zoé Valdés y Ricardo Vega. Canal + Francia.

Bibliografía secundaria

Ahmad, Aijad. *In Theory: Classes, Nations, Literatures*. Londres: Verso, 1992.
Alberto, Eliseo. *Informe contra mí mismo*. México, D.F.: Alfaguara, 1997.
Allende, Isabel. *Afrodita*. Nueva York: HarperCollins, 1997.
Alvarez Borland, Isabel. *Cuban-American Literature of Exile: From Person to Persona*. Charlottesville: University Press of Virginia, 1998.
_____. "'A Reminiscent Memory': Lezama, Zoé Valdés, and Rilke's Island". *MLN* 119 (2004): 344-362.
Álvarez-Tabío Albo, Emma. *Invención de La Habana*. Barcelona: Casiopea,

2000.

Anderson, Linda. *Autobiography*. Nueva York: Routledge, 2001.

Araujo, Helena. "¿Scientia sexuales o ars erotica?". *Encuentro de la cultura cubana* 14 (Otoño 1999): 109-118.

Artalejo, Lucrecia. *La máscara y el marañón (La identidad nacional cubana)*. Miami: Universal, 1991.

Ballou, Eugenio. "Carne de carnaval: La parodia de la modernidad en *La carne de René* de Virgilio Piñera." *Torre de papel* 8.3 (Otoño 1998): 7-17.

Barthes, Roland. *Roland Barthes by Roland Barthes*. 1975. Trad. Richard Howard. Berkeley: University of California Press, 1994.

Beltrami, Carla, et al. *Cuba*. Nueva York: Dorling Kindersley, 2002.

Benedetti, Mario. "Los temas del escritor latinoamericano en el exilio". *Cultura entre dos fuegos*. Montevideo: Universidad de la República, 1986. 5-21

Bertollini-Ciano, Claudia. "Entrevista Exclusiva con Zoé Valdés." *La Vox* 5 de junio de 2003. www.lavox.com/arte/10-02-2001.phtml

Bobes, Marilyn, Pedro Antonio Valdez, y Carlos R. Gómez Beras, eds. *L@s nuev@s caníbales: antología de la más reciente cuentística del Caribe hispano*. La Habana: Unión; San Juan: Búho; Santo Domingo: Isla Negra, 2000.

Bourdieu, Pierre. *The Field of Cultural Production: Essays on Art and Literature*. Edición e introducción de Randall Johnson. Nueva York: Columbia University Press, 1993.

Braham, Persephone. *Crimes Against the State, Crimes Against Persons: Detective Fiction in Cuba and Mexico*. Minneapolis: University of Minnesota Press, 2004.

Butler, Judith. *Gender Trouble: Feminism and the Subversion of Identity*. Nueva York: Routledge, 1990.

Cabrera Infante, Guillermo. "The Invisible Exile". *Literature in Exile*. Ed. John Glad. Durham: Duke University Press, 1990. 34-40

____. *Mea Cuba*. Madrid: Plaza y Janés, 1992.

Campos, Rene. "The Poetics of the Bolero in the Novels of Manuel Puig". *World Literature Today* 65.4 (Otoño 1991): 637-642.

Canizares, Raul. *Walking in the Night: The Afro-Cuban World of Santeria*. Rochester, Vermont: Destiny, 1993.

Carbonell, Walterio. *Como surgió la cultura nacional*. La Habana: Crítica, 1961.

Castro, Fidel. "Palabras a los intelectuales." *Política cultural de la revolución cubana*. La Habana: Editorial de Ciencias Sociales, 1977. 3-47.

Chambers, Erve (ed.). Introduction. *Tourism and Culture: An Applied Perspective*. Albany: State University of New York Press, 1997. 1-11

Chanan, Michael. *Cuban Cinema*. Minneapolis: University of Minnesota Press, 2004.

Chaviano, Daína. *El hombre, la hembra y el hambre*. Barcelona: Planeta, 1998.

Chomsky, Aviva, Barry Carr y Pamela Maria Smorkaloff, Eds. *The Cuba Reader: History, Culture, and Politics*. Durham: Duke University Press, 2003.

Clark, Stephen. *Autobiografía y revolución en Cuba*. Barquisimeto, Venezuela: Municipio de Iribarrén, 1999.

Cohan, Steven y Linda Shires. *Telling Stories: A Theoretical Analysis of Narrative Fiction*. Nueva York: Routledge, 1988.

Conferencia. *Círculo Digital*. Sin número. Sin fecha. Visto el 5 de febrero de 2000. http://www.circulolectores.com/minisites/zoe/conferencia.htm

Corbett, Ben. *This is Cuba: An Outlaw Culture Survives*. Cambridge, MA: Westview Press, 2002.

Cortina, Rodolfo J. "Cuban Literature of the United Status: 1824-1959". *Recovering the U.S. Hispanic Literary Heritage*. Eds. Ramón Gutiérrez y Genaro Padilla. Houston: Arte Público, 1993. 69-88

Couser, G. Thomas. "Authority". *Auto/Biography Studies* 10.1 (Primavera 1995): 34-49.

Coward, Rosalind y John Ellis. *Language and Materialism: Developments in Semiology and the Theory of the Subject*. Londres: Routledge, 1977.

Cuadra, Angel. "La literatura cubana en el exilio". *La Jornada Semanal*. 16 de agosto de 1998. http://serpiente.dgsca.unam.mx/jornada/1998/ago98/980816/ sem-cuadra.html

Cymerman, Claude. "La literatura hispanoamericana y el exilio". *Revista iberoamericana*. 164-165 (1993): 523-50.

Davies, Catherine. *A Place in the Sun? Women Writers in Twentieth-Century Cuba*. Londres: Zed Books Ltd., 1997.

Díaz, Jesús. *Dime algo sobre Cuba*. Madrid: Espasa, 1998.

Dovalpage, Teresa. *Posesas de La Habana*. Los Angeles: Pureplay Press, 2004.

Eakin, Paul John. *Fictions in Autobiography. Studies in the Art of Self-Invention*. Princeton: Princeton University Press, 1985.

Eckstein, Susan. "From Communist Solidarity to Communist Solitary", *The Cuban Reader*. 607-22

"El grupo de náufragos dominicanos sobrevivió 12 días a la deriva con carne humana y leche materna." *Elmundo.es* Sin número. 12 de agosto de 2004. http://www.elmundo.es/elmundo/2004/08/12/sociedad/1092272771.html

English, John. *The Economy of Prestige*. Cambridge, MA: Harvard University Press, 2005.

Erlande-Brandenburg, Alain. *The Lady and the Unicorn*. París: Editions de la Réunion des Musées Nationaux, 1979.

Espinosa Domínguez, Carlos. *El peregrino en comarca ajena. Panorama crítico de la literatura cubana del exilio*. Boulder: Society of Spanish and Spanish-American Studies, 2001.

Esquivel, Laura. *Como agua para chocolate*. Mexico D.F.: Planeta, 1989.

Faccini, Carmen. "El discurso político de Zoé Valdés: *La nada cotidiana* y *Te di la vida entera*". *Ciberletras* 7 (julio 2002). Visto el 20 de agosto de 2003 http://www.lehman.cuny.edu/ciberletras/v07/faccini.html

Fanon, Frantz. *Peau noire, masques blancs*. 1952. París: Editions du Seuil, 1995.

Fernández Retamar, Roberto. *Cuba defendida*. Buenos Aires: Nuestra América,

2004.

_____. *Todo Calibán*. La Habana: Letras Cubanas, 2000.

_____. "Contra la leyenda negra". 1976. *Algunos usos de civilización y barbarie y otros ensayos*. Buenos Aires: Contrapunto, 1989. 143-169

_____. "Nuestra América y Occidente". 1975. *Algunos usos de civilización y barbarie y otros ensayos*. Buenos Aires: Contrapunto, 1989. 97-140

Franco, Jean. *The Decline and Fall of the Lettered City: Latin America in the Cold War*. Cambridge: Harvard University Press, 2002.

Gac-Artigas, Priscilla. "La memoria fragmentada, reflexiones sobre la novelística de Zoé Valdés." *Reflexiones, ensayos sobre escritoras hispanoamericanas contemporáneas*. Ed. Priscilla Gac-Artigas. Vol. II. S.d.: Nuevo Espacio, s.a. Libro prepublicado en la red. Visto el 5 de febrero de 2001. http://www.monmouth.edu/~pgacarti/ZoéValdés_ensayo.htm

Gallego, Vicente. "Fuegos de artificio: La gracia verbal, único valor de los relatos". Reseña de *Traficantes de belleza* de Zoé Valdés. *Esfera. Crítica de libros*. 12 de abril de 1999. http://www.elmundo.es/esfera/ficha.html?archivo/esf0868

Genette, Gerard. *Paratexts. Thresholds of Interpretation*. 1987. Trad. Jane E. Lewin. Cambridge: Cambridge University Press,1997.

Gerassi-Navarro, Nina. *Pirate Novels: Fictions of Nation Building in Spanish America*. Durham, NC: Duke University Press, 1999.

Giménez Bartlett, Alicia. "Una astracanada caribeña". Reseña de *Te di la vida entera* de Zoé Valdés. *Esfera. Crítica de libros*. 12 de abril de 1999. http://www.el-mundo.es/esfera/ficha.html?archivo/esf0002

Goldberg, Harriet. "Cannibalism in Iberian Narrative: The Dark Side of Gastronomy". *Bulletin of Hispanic Studies* 74.1 (Enero 1997): 107-22.

Goldman, Laurence R. "From Pot to Politics: Uses and Abuses of Cannibalism". *The Anthropology of Cannibalism*. Ed. Laurence R. Goldman. Westport, Connecticut: Bergin & Garvey, 1999. 1-26

González, Eduardo. *Concise Bilingual Dictionary of Special Idioms, Phrases and Word Combinations*. Bloomington: 1st Books, 2003.

González Echevarría, Roberto. "Oye mi son. Mi canon cubano". *Cuba: Un siglo de literatura (1902-2002)*. Eds. Anke Birkenmaier and Roberto González Echevarría. Madrid: Colibrí, 2004. 19-36.

González Ruisanchez, Luis. "Entre realidad y ficción". *Cuba. Encuentro*. Sin número. 2 de mayo de 2006. http://www.cubaencuentro.com/es/encuentro_en_la_red/opinion/ articulos/entre_realidad_y_ficcion

Greenow, Linda. "A Geographic Reading of the Latin American City". *Hispanic Journal* 22.1 (Primavera 2001): 277-286.

Grupo Planeta Dosmiluno. Barcelona: Planeta, 2001.

Grupo Planeta 2002. Barcelona: Planeta, 2002.

Gutiérrez, José Ismael. "Mujer y piratería en *Lobas de mar* de Zoé Valdés: Género, travestismo y subversión". *Chasqui* 35.1 (Mayo 2006): 54-68.

Gutiérrez, Pedro Juan. *Trilogía sucia de La Habana*. Barcelona: Anagrama, 1998.

____. *Animal tropical*. Barcelona: Anagrama, 2000.

____. *Carne de perro*. Barcelona: Anagrama, 2003.

Hanson, Neil. *The Custom of the Sea*. New York: Wiley, 1999.

Harvey, Miles. *The Island of Lost Maps: A True Story of Cartographic Crime*. Nueva York: Random House, 2000.

Hernández, Rafael. *Mirar a Cuba. Ensayos sobre cultura y sociedad civil*. 1999. México, D.F.: Fondo de Cultura Económico, 2002.

Hernández Cuellar, Jesús. "Zoé Valdés: La literatura es Misterio y Libertad". *Contacto Magazine* Sin número. 27 de octubre de 2001. http://www. contactomagazine.com/zoe100.htm

Holgado Fernández, Isabel. "Estrategias laborales y domésticas de las mujeres cubanas en el periodo especial". *Encuentro de la cultura cubana* 8/9 (primavera/verano de 1998): 221-7.

Holub, Robert C. *Reception Theory*. 1984. Londres: Routledge, 1989.

Howe, Linda S. *Transgression and Conformity: Cuban Writers and Artists after the Revolution*. Madison, WI: University of Wisconsin Press, 2004.

Iser, Wolfgang. *The Act of Reading. A Theory of Aesthetic Response*. 1976. Baltimore: John Hopkins University Press, 1991.

Jackson, Richard L. *The Black Image in Latin American Literature*. Albuquerque: University of New Mexico Press, 1976.

Jatar-Hausmann, Ana Julia. *The Cuban Way: Capitalism, Communism and Confrontation*. West Hartford, Connecticut: Kumarian Press, 1999.

Jones, Julie. *A Common Place. The Representation of Paris in Spanish American Fiction*. Lewisburg: Bucknell University Press, 1998.

Joubert, Fabienne. *La tapisserie médiévale au musée de Cluny*. París: Ministère de la Culture/Editions de la Réunion des musées nationaux, 1987.

Kaminsky, Amy. *After Exile: Writing the Latin American Diaspora*. Minneapolis: University of Minnesota Press, 1999.

Kaplan, Caren. *Questions of Travel: Postmodern Discourses of Displacement*. Durham: Duke University Press, 1996.

Kaufman Purcell, Susan. "La Ley Helms-Burton y el embargo estadounidense contra Cuba". *Foro internacional* 63.3 (Julio-Septiembre 2003). Reproducido en *Council of the Americas*. Sin número. Visto el 23 de julio de 2007. http://www.americas-society.org/coa/publications/Article%2009-2003Cuba.html

King, Richard. "The (Mis)uses of Cannibalism in Contemporary Cultural Critique". *Diacritics* 30.1 (Primavera 2000): 106-23.

Kristeva, Julia. *Extranjeros para nosotros mismos*. 1988. Trad. Xabier Gispert. Barcelona: Plaza & Janés, 1991.

____. "Word, Dialogue, and the Novel". *The Kristeva Reader*. Ed. Toril Moi. Nueva York: Columbia University Press, 1986. 34-61

Kutzinski, Vera M. *Sugar's Secrets: Race and the Erotics of Cuban Nationalism*. Charlottesville: University Press of Virginia, 1993.

Lagos-Pope, María-Inés. "Introduction". *Exile in Literature*. Ed. María-Inés Lagos-Pope. Lewisburg: Bucknell University Press, 1988. 7-11

Lamore, Jean. Introducción. Villaverde, 11-56.

Lanfant, Marie-Françoise. Introduction. *International Tourism*. Eds. Marie-Françoise Lanfant, John B. Allcock y Edward M. Bruner. Londres: SAGE, 1995. 1-23

Lejeune, Philippe. "El pacto autobiográfico". *La autobiografía y sus problemas teóricos*. Ed. Angel Loureiro. Barcelona: Anthropos, 1991. 47-61

Levinson, Brett. *The Ends of Literature. The Latin American "Boom" in the Neoliberal Marketplace*. Stanford: Stanford University Press, 2001.

Lindstrom, Naomi. *The Social Conscience of Latin American Writing*. Austin: University of Texas Press, 1998.

Loureiro, Angel. "Introducción: Problemas teóricos de la autobiografía". *La autobiografía y sus problemas teóricos*. Ed. Angel Loureiro. Barcelona: Anthropos, 1991. 2-8

Ludmer, Josefina. "Ficciones cubanas de los últimos años: el problema de la literatura política". *Cuba: Un siglo de literatura (1902-2002)*. Eds. Anke Birkenmaier y Roberto González Echevarría. Madrid: Colibrí, 2004. 357-371

Luis, William. *Literary Bondage: Slavery in Cuban Narrative*. Austin: University of Texas Press, 1990.

MacCannell, Dean. *The Tourist. A New Theory of the Leisure Class*. Nueva York: Schocken Books, 1976.

Man, Paul de. "Autobiography as De-facement". *MLN* 94 (1979): 919-930.

Manzor-Coats, Lillian. "Performative Identities: Scenes Between Two Cubas". *Bridges to Cuba/Puentes a Cuba*. Ed. Ruth Behar. Ann Arbor: University of Michigan Press, 1995. 253-66

Mañach, Jorge. *Indagación del choteo*. 1928. 3a. edición. La Habana: Libro cubano, 1955.

Markusen, Ann. "The Work of Forgetting and Remembering Places". *Urban Studies* 41.12 (Noviembre 2004): 2303-2313.

Martí-Olivella, Jaume. "The Hispanic Post-Colonial Tourist". *Arizona Journal of Hispanic Cultural Studies* 1 (1997): 23-42.

Martínez Alier, Verena. *Marriage, Class and Colour in Nineteenth-Century Cuba*. Cambridge: Cambridge University Press, 1974.

Marting, Diane E. *The Sexual Woman in Latin American Literature. Dangerous Desires*. Gainesville: University Press of Florida, 2001.

Mateo del Pino, Ángeles y José Ismael Gutiérrez. "Entrevista: Zoé Valdés". *Hispamérica* 98 (2004): 49-60.

Méndez Rodenas, Adriana. *Cuba en su imagen: Historia e identidad en la literatura cubana*. Madrid: Verbum, 2002.

Molino, Jean. "Interpretar la autobiografía". *La autobiografía en lengua española en el siglo veinte*. Ed. Antonio Lara Pozuelo. Lausanne: Hispanica Helvetica, 1991. 107-137

Molloy, Sylvia. "The autobiographical narrative". *The Cambridge History of*

Latin American Literature. Eds. Roberto González Echevarría y Enrique Pupo-Walker. 3 volúmenes. Cambridge: Cambridge University Press, 1996. II: 458-464

Niebylski, Dianna C. *Humoring Resistance: Laughter and the Excessive Body in Latin American Women's Fiction*. Nueva York: State University of New York Press, 2004.

Noguerol Jiménez, Francisca. "Neopolicial latinoamericano: el triunfo del asesino". *Ciberletras* 15 (Julio 2006). http://www.lehman.cuny.edu/ciberletras/

Nuez, Iván de la. *La balsa perpetua: Soledad y conexiones de la cultura cubana*. Barcelona: Casiopea, 1998.

Olshen, Barry N. "Subject, Persona, and Self in the Theory of Autobiography". *Auto/Biography Studies* 10.1 (Primavera 1995): 5-16.

Oropesa, Salvador. "Popular Culture and Gender/Genre Construction in *Mexican Bolero* by Angeles Mastretta". *Bodies and Biases: Sexualities in Hispanic Cultures and Literatures*. Eds. William David Foster y Roberto Reis. Minneapolis: University of Minnesota Press, 1996. 137-64

Orozco, Ramón. *Cuba Roja*. Buenos Aires: Cambio16/Vergara, 1993.

Orozco, Ramón y Natalia Bolívar. *Cuba santa: Comunistas, santeros y cristianos en la isla de Fidel Castro*. Madrid: El País/Aguilar, 1998.

Ortiz, Fernando. *Contrapunteo cubano del tabaco y del azúcar*. 1940. La Habana: Editorial de Ciencias Sociales, 1983.

Ortiz Cebeiro, Cristina. "La narrativa de Zoé Valdés: Hacia una reconfiguración de la na(rra)ción cubana". *Chasqui* 27.2 (1998): 116-27.

Padura Fuentes, Leonardo. *El viaje más largo*. San Juan: Plaza Mayor, 2002.

Palencia-Roth, Michael. "The Cannibal Law of 1503." *Early Images of the Americas: Transfer and Invention*. Eds. Jerry M. Williams y Robert E. Lewis Tucson: University of Arizona Press, 1993.

Patterson, Enrique. "Cuba: discursos sobre la identidad." *Encuentro de la cultura cubana* 2 (1996): 49-67.

Pera, Cristóbal. *Modernistas en París. El mito de París en la prosa modernista hispanoamericana*. Bern: Peter Lang, 1997.

Pérez Jr., Louis A. *Cuba: Between Reform and Revolution*. 2ª edición. Nueva York: Oxford University Press, 1995.

____. *On Becoming Cuban: Identity, Nationality, and Culture*. Chapel Hill, NC: University of North Carolina Press, 1999.

Pérez Firmat, Gustavo. *The Cuban Condition. Translation and Identity in Modern Cuban Literature*. Cambridge: Cambridge University Press, 1989.

____. *Life on the Hyphen: The Cuban-American Way*. Austin: University of Texas Press, 1994.

____. "My Own Private Cuba." *Hopscotch* 1.2 (1999): 30-5.

Pérez-López, Jorge F. (ed.). *Cuba at the Crossroads: Politics and Economics after the Fourth Party Congress*. Gainesville: University of Florida Press, 1994.

Pérez Sanjurjo, Elena. *Historia de la música cubana*. Miami: La moderna poesía, 1986.

Pérez Sarduy, Pedro. "¿Y qué tienen los negros en Cuba?" *Encuentro de la cultura cubana* 2 (1996): 39-48.

Pérez Sarduy, Pedro y Jean Stubbs (Eds.). *Afro-Cuban Voices. On Race and Identity in Contemporary Cuba*. Gainesville: University Press of Florida, 2000.

Perrottet, Tony, and Joann Biondi, eds. *Cuba*. London: Apa, 1995.

Pettman, Jan Jindy. "Writing the Body: Transnational Sex". *Political Economy, Power and the Body*. Ed. Gillian Youngs. Londres: Macmillan, 2000. 52-71

Pineda Franco, Adela. "The Cuban *Bolero* and its Transculturation to Mexico: The Case of Agustín Lara". *Studies in Latin American Popular Culture* 15 (1996): 119-30.

Piñera, Virgilio. *La carne de René*. 1952. Barcelona: Tusquets, 2000.

Portes, Alejandro y Alex Stepick. "City on the Edge". *The Cuba Reader*, 581-7.

Prieto, René. "Tropos tropicales: Contrapunteo de la frutabomba y el plátano en *Te di la vida entera* y *Trilogía sucia de La Habana*". *Cuba: Un siglo de literatura (1902-2002)*. Eds. Anke Birkenmaier y Roberto González Echevarría. Madrid: Colibrí, 2004. 373-390

____. *Body or Writing: Figuring Desire in Spanish American Literature*. Durham, NC: Duke University Press, 2000.

Quiroga, José. *Cuban Palimpsests*. Minneapolis: University of Minnesota Press, 2005.

Reinstädler, Janett y Ottmar Ette (eds.). *Todas las islas, la isla. Nuevas y novísimas tendencias en la literatura y cultura de Cuba*. Frankfurt a.M./ Madrid: Vervuert/Iberoamericana, 2000.

Reyes, Israel. *Humor and the Eccentric Text in Puerto Rican Literature*. Gainesville: University Press of Florida, 2005.

Riquelme, Maia. *Paraguay, rojo y verde: Los colores de la identidad*. Asunción: UNESCO Asunción, 2001.

Rivera de la Cruz, Marta. "La importancia de la repetición en la obra de Gabriel García Márquez". *Espéculo* 6 (julio/octubre 1997). Visto el 10 de marzo de 2000. http://www.ucm.es/OTROS/especulo/numero6/intertex.htm

Rodríguez, Argentina. "Zoé Valdés y la nostalgia." *La Jornada Semanal*. Sin número. 23 de mayo de 1999. http://serpiente.dgsca.unam.mx/jornada/1999/may99/990523/sem-argentina.html

Rodríguez, Antonio Orlando. *Aprendices de brujo*. Nueva York: Rayo, 2005.

Rodríguez, Ileana. *Transatlantic Topographies: Islands, Highlands, Jungles*. Minneapolis: University of Minnesota Press, 2004.

Rodríguez Juliá, Edgardo. "Ciudad letrada, ciudad caribeña (Apostillas al libro *San Juan, ciudad soñada*)" *Caribe* 7.2 (Invierno 2004-05): 21-30.

Romero, Pablo. "La seguridad de la Embajada de Cuba en París disuelve con violencia una protesta pacífica". *Elmundo.es* Visto el 25 de abril de 2003. http://www.elmundo.es/elmundo/2003/04/24/internacional/1051201035.html

Rosell, Sara. *La novela antiesclavista en Cuba y Brasil, siglo XIX*. Madrid: Pliegos, 1997.

Rozencvaig, Perla. "La complicidad del lenguaje en *La nada cotidiana.*" *Revista Hispánica Moderna* 49.2 (1996): 430-33.

Rubin, Gayle. "The Traffic in Women: Notes on the 'Political Economy' of Sex". *Towards and Anthropology of Women*. Ed. Rayna E. Reiter. Nueva York/Londres: Monthly Review Press, 1975. 157-210

Sánchez, Yvette. "Esta isla se vende: proyecciones desde el exilio de una generación ¿desilusionada?". *Todas las islas, la isla*, 163-176.

Santiago, Fabiola. "The Sweet and Sexy Sadness of Exile. Interview: Zoé Valdés". *Críticas* 2.1 (Enero/Febrero 2002): 25-28.

Schwartz, Marcy E. *Writing Paris: Urban Topographies of Desire in Contemporary Latin American Fiction*. Albany, NY: State University of New York Press, 1999.

Servera, José. Introducción. *Sab* de Gertrudis Gómez de Avellaneda. 1841. Ed. José Servera. Madrid: Cátedra, 1997. 11-93

Seung-Hee, Jung. "*Te di la vida entera*, una versión en bolero de la Revolución cubana". *Especulo* 25 (noviembre 2003-febrero 2004). http://www.ucm.es/info/especulo/numero25/tedilavi.html

Seyhan, Azade. "Ethnic Selves/Ethnic Signs: Invention of Self, Space and Genealogy in Immigrant Writing." *Culture/Contexture: Explorations in Anthropology and Literary Studies*. Eds. E. Valentine Daniel y Jeffrey M. Pecks. Berkeley: University of California Press, 1996. 175-94

Smith, Verity. "What Are Little Girls Made of Under Socialism?: Cuba's Mujeres [Women] and Muchacha [Girl] in the Period 1980-1991". *Studies in Latin American Popular Culture* 14 (1995): 1-15.

Smorkaloff, Pamela Maria. *Cuban Writers On and Off the Island*. Nueva York: Twayne, 1999.

Strausfeld, Michi. "Isla-Diáspora-Exilio: anotaciones acerca de la publicación y distribución de la narrativa cubana en los años noventa". *Todas las islas, la isla*, 11-23.

Thomas, Hugh S., Georges A. Fauriol y Juan Carlos Weiss. *La Revolución Cubana: 25 años después*. Madrid: Playor, 1985.

Todorov, Tzetan. *The Morals of History*. 1991. Trad. Alyson Waters. Minneapolis: University of Minnesota Press, 1995.

Turchi, Peter. *Maps of the Imagination: The Writer as Cartographer*. San Antonio: Trinity University Press, 2004.

Ugarte, Michael. *Shifting Ground: Spanish Civil War Literature*. Durham: Duke University Press, 1989.

Urry, John. "The Consumption of Tourism". *Cosuming Places*. Londres: Routledge, 1995. 129-40

Valencia, Manuel y Xavier Agulló. "Sexo exótico". *Primera Línea* 171 (Julio 1999): 24-30.

Valle Ojeda, Amir. *Brevísimas demencias: La narrativa joven cubana de los noventas*. La Habana: Extramuros, 2001. http://www.cubaliteraria.cu/edielect/pdfs/brevisimas_demencias.pdf

_____. *Jineteras*. Bogotá: Planeta, 2006.

Veiga, Gema. "Zoé Valdés, escritora: 'Todavía no me he reconciliado con el gremio de la literatura'". *Cubanet Internacional*. Sin número. 5 de abril de 2001. http://www.cubanet.org/CNews/y01/apr01/05o8.htm

Vera-León, Antonio. "Narraciones obscenas: Cabrera Infante, Reinaldo Arenas, Zoé Valdés". *Todas las islas, la isla*, 177-191.

Vicent, Mauricio. "Cuba pide a la industria turística que evite la promoción del sexo". *El País Digital* 895. 15 de octubre de 1998. http://www.elpais. es/p/d/19981015/internac/cuba.htm

_____. "Prohibido hablar de la 'cosa'" *El país Digital* 1655. 13 de noviembre de 2001. http://www.elpais.es/articulo.html?d_date=20011113&xref=2001111 3elpepiint_9&type=Tes&anchor=elpepiint

_____. "Cuba confisca por 'enriquecimiento indebido' cientos de casas a nacionales y extranjeros" *El País Digital*. 6 de agosto de 2001. http://www.el pais.es/articulo.html?d_date=20010806&xref=20010806elpepiint_9&type =Tes&anchor=elpepiint

_____. "18 años de cárcel por una paliza" *El País Digital*. 11 de abril de 2001. http://www.elpais.es/articulo.html?d_date=20010411&xref=20010411 elpepiint_8&type=Tes&anchor=elpepiint

_____. "Clonad a 'Ubre Blanca'" *El País Digital*. 24 de mayo de 2002. http:// www.elpais.es/articulo.html?d_date=20020524&xref=20020524elpepisoc_ 8&type=Tes&anchor=elpepisoc

Villaverde, Cirilo. *Cecilia Valdés o La Loma del Angel*. 1882. Ed. Jean Lamore. Madrid: Cátedra, 1995.

Wasserman, Carol. *La mujer y su circunstancia en la literatura latinoamericana actual*. Madrid: Pliegos, 2000.

Weintraub, Karl J. "Autobiografía y conciencia histórica". *La autobiografía y sus problemas teóricos*. Ed. Angel Loureiro. Barcelona: Anthropos, 1991. 18-33

Weiss, Jason. *The Lights of Home: A Century of Latin American Writers in Paris*. Nueva York: Routledge, 2003.

Whitfield, Esther. "Narrando el dólar en los años noventa." *Cuba: Un siglo de literatura (1902-2002)*. Eds. Anke Birkenmaier and Roberto González Echevarría. Madrid: Colibrí, 2004. 391- 405.

_____. "Fiction(s) of Cuba in Literary Economies of the 1990s: Buying In or Selling Out?" Dissertation. Harvard University, 2001.

Williams, Brackette F. "Introduction. Mannish Women and Gender After the Act". *Women Out of Place: The Gender of Agency and the Race of Nationality*. Ed. Brackette F. Williams. Londres y Nueva York: Routledge, 1996. 1-33

Williams, Jerry M., y Robert E. Lewis (Eds.). *Early Images of the Americas: Transfer and Invention*. Tucson: University of Arizona Press, 1993.

Zamora, Hilma Nelly. "La memoria del exilio y el abismo de la destrucción en *Café Nostalgia* de Zoe Valdes". *Explicación de textos literarios* 28 (1999-2000): 125-132.

Zavala, Iris. "De héroes y heroínas en lo imaginario social: El discurso amoroso

del bolero". *Casa de las Américas* 30.179 (Marzo-abril 1990): 123-9.
"Zoé Valdés. La desesperanza y el humor caracterizan su obra". *vdlBooks.com*
Sin número. 19 de septiembre de 2003. http://www.vdlbooks.com
/detalle_entrevista.php?cod_entrevista=85

ÍNDICE TEMÁTICO

SOBRE EL AUTOR

Miguel González Abellás nació en Ourense, España. Licenciado por la Universidad de Santiago de Compostela en 1990, prosiguió sus estudios en literatura latinoamericana en la University of Kansas, en donde se doctoró en 1997. Desde esa fecha trabaja en Washburn University, en Kansas, en donde ejerce como profesor de lengua española y literatura y cultura latinoamericanas; es además director del departamento de lenguas modernas de dicha institución. Ha publicado con anterioridad *Jugando con estereotipos* (Madrid: Pliegos, 2003), así como varios artículos en *Alba de América*, *Caribe*, *Hispania* y *Hispanic Journal*.

ABOUT THE AUTHOR

Miguel González Abellás was born in Ourense, Spain. He graduated from the University of Santiago de Compostela in 1990 and continued his studies in Latin American literature at the University of Kansas, where he obtained his Ph.D. in 1997. He has been teaching since then at Washburn University, in Kansas, where he teaches Spanish language and Latin American literature and culture. Besides, he currently chairs the Department of Modern Languages at that university. He has previously published *Jugando con estereotipos* (Madrid: Pliegos, 2003), as well as several articles in *Alba de América*, *Caribe*, *Hispania* and *Hispanic Journal*.